日本大学付属高等学校等

基礎学力到達度テスト 問題と詳解

〈2024 年度版〉

英　語

JN099491

収録問題　令和2～令和5年度
3年生 4月／9月
ヒアリングテスト付き

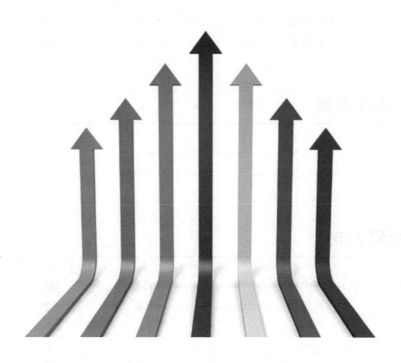

清水書院

目　次

デジタルドリル「ノウン」のご利用方法は巻末の綴じ込みをご覧ください。

令和 2 年度

基礎学力到達度テスト
問題と詳解

I　リスニング・テスト

ただ今から放送によるリスニング・テストを行います。

● テストは Part (A), Part (B), Part (C) に分かれています。それぞれの Part の初めに放送される日本語の説明に従って，解答してください。

● 答えは，放送による英語の質問をそれぞれ聞いたあと，① ～ ④ の中から最も適切なものを1つ選び，番号で答えてください。

Part (A)

　問題用紙に印刷されているそれぞれの写真を見ながら，放送される英文を聞いて答えてください。解答は4つの選択肢の中から，最も適切なものの番号を1つ選んでください。放送を聞きながら，メモをとってもかまいません。英文は2回読まれます。では，第1問から始めます。

問1

問2

問3

Part (B)

　これから，5組の短い対話を放送します。それぞれの対話のあとに，その対話について英語の質問を1つずつします。質問の答えとして最も適切なものを，下に印刷されている答えの中から1つ選び，番号で答えなさい。対話と質問は2回読まれます。

問4

　　① He wants to introduce the woman to his friend.
　　② He wants to borrow some money to buy a new phone.
　　③ He wants to have the screen of his phone replaced.
　　④ He wants to fix the woman's phone for free.

問5

　　① He wants to study more to be better at math.
　　② He is not interested in math.
　　③ Math used to be his favorite subject.
　　④ He uses math in business situations.

問6

　　① The dinner will be at an earlier time with more people coming.
　　② The dinner will be at an earlier time with fewer people coming.
　　③ The dinner will be at a later time with more people coming.
　　④ The dinner will be at a later time with fewer people coming.

問7

問8

①		

Third Floor	Room C	Room D
Second Floor	Room A	Room B
First Floor	Music Room	

②

Third Floor	Music Room		
Second Floor	Room D		
First Floor	Room A	Room B	Room C

③

Third Floor	Music Room		
Second Floor	Room A	Room B	Room C
First Floor	Room D		

④

Third Floor	Room A	Room B
Second Floor	Room C	Room D
First Floor	Music Room	

Part (C)

　これから，やや長い英文を1つ放送します。英文のあとに，その英文について英語の質問を2つします。質問の答えとして最も適切なものを，下に印刷されている答えの中から1つ選び，番号で答えなさい。英文と質問は2回読まれます。

問9

① They are going to meet some artists from Europe.
② They are going to go on a 90-day trip to Europe.
③ They are going to do some shopping at the gift shop.
④ They are going to see paintings from the 19th century.

問10

① They can purchase paintings in the gift shop.
② They can leave their belongings at the entrance.
③ They need to put food and drinks in their bags.
④ They must turn off their digital cameras.

2 次の(A), (B), (C)の問いに答えなさい。

(A) 次の英文の ☐ に入れるのに最も適切な語を①〜④から1つ選び，番号で答えなさい。

問11　In my diary, I can write ☐ I have in mind.
　　　①　wherever　　　②　whenever　　　③　whatever　　　④　however

問12　I arrived at the station ☐ to find that the train had already left.
　　　①　so　　　②　just　　　③　yet　　　④　only

問13　The performance at the show was ☐ from being perfect.
　　　①　across　　　②　near　　　③　beneath　　　④　far

問14　Sam is the one standing by the door ☐ his arms crossed.
　　　①　with　　　②　for　　　③　under　　　④　from

問15　*A* : Where do you want to eat lunch today?

　　　B : How about the new Italian restaurant at the corner? I heard their pizza is good.

　　　A : We should probably go early then. ☐

　　　B : OK, I'll check what time it opens.

　　① I've seen you a few times at the restaurant.
　　② I always see a long line during lunchtime.
　　③ I'm sure there are many good places to eat.
　　④ It's nice of you to show me around the town.

問16　*A* : Are you interested in classical music?

　　　B : I took some piano lessons when I was little. Why?

　　　A : I have some tickets to a concert. It's a family concert, and they'll play some famous pieces of classical music.

　　　B : That sounds interesting. ☐

　　① You were at the concert, weren't you?
　　② Can you tell me more details?
　　③ I enjoyed the performance very much.
　　④ I've never been interested in classical music.

問17　A : Excuse me, where can I find children's books ?

B : We have them at the very back.　Are you looking for anything in particular ?

A :⬚ Can you help me find it ?

B : Sure, I'll look it up in our database.

① Yes, I've written down the title.
② Yes, I've already found the book.
③ No, I like picture books better.
④ No, I'm here to return it.

問18　A : Why are you sweating so much, Bob ?

B : I overslept and missed the bus this morning, so I had to run.　I would have been late to the class if I had waited for the next one.

A : Oh, that's tough.　But you should always look at the bright side.　⬚

B : You're right.　As a matter of fact, I've been gaining weight lately.

① I can't believe you forgot your backpack.
② I'm glad you were able to catch the bus.
③ You should have talked to the teacher first.
④ You can think of it as good exercise.

(C) 次の各英文中の空所には，それぞれ下の①～⑤の語(句)が入ります。下の①～⑤の語(句)を最も適切に並べかえて空所を補い，文を完成させなさい。解答は 19 ～ 28 に入れるものの番号のみを答えなさい。

問19・20　Brian ＿＿＿＿ 19 ＿＿＿＿ 20 ＿＿＿＿ to us.

　　　① without　　② the room　　③ anything　　④ left　　　⑤ saying

問21・22　How long ＿＿＿＿ 21 ＿＿＿＿ 22 ＿＿＿＿ last ?

　　　① will　　　② you　　③ the ceremony　④ do　　　⑤ think

問23・24　He ＿＿＿＿ 23 ＿＿＿＿ 24 ＿＿＿＿ the building.

　　　① inside　　② us　　③ told　　④ stay　　⑤ to

問25・26　No ＿＿＿＿ 25 ＿＿＿＿ 26 ＿＿＿＿ than Dr. James.

　　　① person　　② better　　③ the subject　④ other　　⑤ knows

問27・28　I was hardly ＿＿＿＿ 27 ＿＿＿＿ 28 ＿＿＿＿ in English at the time.

　　　① to　　② make　　③ understood　④ able　　⑤ myself

次のグラフと英文を読んで，あとの各問いに対する答えとして最も適切なものを①～④から１つ選び，番号で答えなさい。

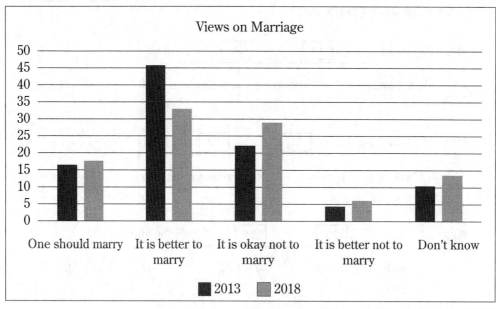

[*International Survey of Youth Attitude 2018]

Today, more and more people are staying single in Japan. People are marrying late, and the percentage of those who remain single for life has been increasing for some decades now. One way to look at this trend is through people's views on marriage.

International Survey of Youth Attitude 2018 reveals what young people in Japan today
5 think about marriage. In the survey, about 1,000 sample answers were collected from people between the ages of 13 and 29.

First, they were asked to choose one answer to the question, "How do you feel about marriage?" The same question was asked in the survey conducted in 2013. As shown in the graph above, in 2013, 62.5% of people answered, "One should marry" or "It is better to
10 marry," and this percentage dropped to 50.9% in 2018. On the other hand, a higher percentage of people answered "It is okay not to marry" or "It is better not to marry" in 2018.

Next, the survey asked participants to choose reasons behind their thoughts on marriage. About 60% of the people who answered "One should marry" or "It is better to
15 marry" chose the reason that marriage enables people to have their own children and family. This was the top response. As for those who answered, "It is okay not to marry" or "It is better not to marry," their top response was that being single enables people to enjoy their hobbies and recreation. This reason was chosen by 53.2% of them.

Though marriage is a personal choice, there is certainly a trend in each period of time.
20 The trend may affect the various aspects of the society.

〔注〕 International Survey of Youth Attitude （我が国と諸外国の若者の意識に関する調査）

問29　次の中で，グラフが表している内容を正しく説明しているものを1つ選び，番号で答え
なさい。
　　① How people's thoughts on marriage changed from 2013 to 2018.
　　② Gender differences in the views on marriage in 2013 and 2018.
　　③ The percentage of people who got married between 2013 and 2018.
　　④ The number of people who participated in the survey from 2013 to 2018.

問30　次の各文で，グラフからわかることを1つ選び，番号で答えなさい。
　　① About 20% of the people answered that it is better not to marry in both
　　　2013 and 2018.
　　② In 2013, more female participants answered that it is better to marry.
　　③ In 2018, nearly 30% of the people answered that it is okay not to marry.
　　④ More people thought that it is better to marry in 2018 than in 2013.

問31　グラフで示された結果に関連して，調査で質問されたこととして本文で述べられている
　　ものを1つ選び，番号で答えなさい。
　　① The survey asked participants if they wanted to get married.
　　② The survey asked participants to choose reasons for their views on
　　　marriage.
　　③ The survey asked participants how many children they wanted.
　　④ The survey asked participants about their views on international marriage.

問32　次の各文で，グラフまたは本文の内容に合致するものを1つ選び，番号で答えなさい。
　　① More people were negative about marriage in 2013 than in 2018.
　　② Young people in Japan want to enjoy their hobbies with their family.
　　③ About half of the participants thought one should marry in both 2013 and
　　　2018.
　　④ Having a family was the top reason for the positive views on marriage.

4 次の【A】，【B】の各英文を読んで，文意が通じるように， 33 ～ 41 に入れるのに最も
適切な語を①〜④から１つ選び，番号で答えなさい。

【A】

　　In social relationships, we can't avoid having conflicts with others, but there are ways to
handle them 33 keeping our mind at peace.

　　First, being in control of our emotions is important to 34 a peaceful relationship with
others.　Negative emotions such as anger or hatred do nothing but produce even more
5 negative feelings in others as well as in ourselves.　We should always try not to act
emotionally when confronting problems.

　　Another important thing is to find a point which everyone can agree on.　To do this, we
need to understand that people have 35 opinions and oftentimes it's difficult to judge
them or to say which one is better than others.　You might want to ask the question: how do
10 we find such a point then?　The answer to this question is simple.　We should give each
other a chance to speak and listen carefully to 36 others have to say.　You don't need to
agree with everything they say, and this goes the other way around, too.　Once all opinions
are 37 and heard, we can see an area where people disagree, and start working from
there.

　　問33

　　　　① since　　　　② while　　　　③ unless　　　　④ instead

　　問34

　　　　① challenge　　② exclude　　　③ maintain　　　④ disturb

　　問35

　　　　① different　　② violent　　　③ whole　　　　④ exact

　　問36

　　　　① what　　　　② how　　　　③ that　　　　④ who

　　問37

　　　　① caused　　　② blamed　　　③ expected　　④ expressed

【B】

There has been a debate over whether America should be called a melting pot or a salad bowl, when it comes to defining its core 　38　. While both terms indicate that America is a country of immigrants, there is a clear difference in their meanings. A melting pot can be defined as a place where things are mixed, and a salad bowl is a *metaphor for a place
5 where different things *coexist, separate and independent from one another.

These days people seem to be leaning more toward the idea of America being a salad bowl. The *Census Bureau data for 2017 further 　39　 this trend. Though it might not be surprising that America's largest state, California, has the highest number of people who speak a language other than English at home, the 　40　 has doubled over the past few
10 decades. In 1980 in California, one in four people spoke a language other than English at home, and in 2017, one in two didn't speak English at home.

People bring their cultures to America. They *cherish their languages and traditions and pass them onto the next generations. Places such as Little Tokyo, Koreatown and Little Saigon are rather obvious "marks" of people coming from outside of America, 　41　 what
15 they grew up with and their cultural identities.

〔注〕 metaphor（暗喩, 例え）　 coexist（共存する）　 Census Bureau（国勢調査局）
cherish（大切にする）

問38

① restriction　　② substitute　　③ conclusion　　④ characteristic

問39

① hides　　② weakens　　③ supports　　④ separates

問40

① currency　　② percentage　　③ discount　　④ income

問41

① preserving　　② abolishing　　③ prohibiting　　④ detecting

― 15 ―

5 次の英文を読んで，あとの各問いに対する答えや，空欄に入るものとして最も適切なものを①
〜④から１つ選び，番号で答えなさい。

(1)   We need food and water in order to live. And there is another thing we absolutely
need in life; that is sleep. Why do we need sleep? For a long time, people have been
trying to figure this out with various studies and researches. Still, much of the precise
mechanism of sleep has remained unknown.

(2)   Sleep is necessary for our brain to recover from *fatigue. Recent studies show that
sleep is our brain's active attempt to rest. In other words, it is a function of our brain to
repair damage and restore energy that is enough for our body to run for another day.
Sleep is also said to be essential for our brain to organize memories and retain
information. Perhaps almost everyone has experienced symptoms of sleep loss. For
example, we would find it difficult to concentrate or remember things when we are not
getting the sleep that we need.

(3)   How many hours do we need to sleep then? The recommended sleep range varies
depending on age. According to the *National Sleep Foundation, *newborns (0-3
months) should sleep 14 to 17 hours a day, and these numbers gradually decrease as
the age goes up. *Preschoolers (3-5 years) are encouraged to sleep at least 10 hours a
day, and school age children (6-13 years) should sleep 9 to 11 hours. Teenagers (14-
17 years) should sleep 8 to 10 hours. As for adults, 7 to 9 hours of sleep are
recommended for those between the ages of 18 and 64. Generally, children need to
sleep longer than adults for body growth.

(4)   Once we are grown up, though, how much sleep do we *really* need? The answer to
this question is not simple. In fact, there are people who can live a perfectly healthy life
with just a few hours of sleep each day. They are called short sleepers. *Napoléon
Bonaparte and *Thomas Edison are well-known short sleepers. Some say, however, the
two often took a nap, so we don't know exactly how much they slept. On the other hand,
German-born *physicist *Albert Einstein is said to have been a long sleeper, who
regularly slept for 10 hours a day. As such, the amount of sleep needed for adults
differs from one person to another. We as individuals should find our own best sleep
range that enables us to perform best during the day.

(5)   Interestingly enough, if we look at animals in the wild, the amount of sleep they get
can be explained by the nature of their eating habits. Plant-eating animals such as goats
and cows generally sleep much shorter than flesh-eating animals such as tigers and
lions. This is because plant-eating animals spend more time a day eating, as plants tend
to have fewer calories and less nutrition than meat. Compared to flesh-eating animals
that can consume more calories and nutrition in one meal, they need to eat more often.
In addition, plant-eating animals are always in danger of getting attacked by their
*predators, making it difficult for them to sleep long hours.

(6)   Our body and brain need sleep to function properly, and in the long term, *sleep
deprivation can cause serious problems in our body. This is true for both humans and

other animals. In fact, experiments on rats have reported that severe sleep deprivation led to death within a few weeks. A good night's sleep will help us live a healthy, 40 productive life; that is to say, to sleep well means to live well.

[注] fatigue（疲労）　National Sleep Foundation（全米睡眠財団）　newborn（新生児）
preschooler（未就学児）　Napoléon Bonaparte（ナポレオン・ボナパルト）
Thomas Edison（トーマス・エジソン）　physicist（物理学者）
Albert Einstein（アルバート・アインシュタイン）　predator（捕食動物，天敵）
sleep deprivation（睡眠不足［遮断］）

問42　In the first paragraph, the author mentions "food and water" to explain ☐ .
　　① 　the difference between what we need in life and what we want in life
　　② 　the importance of sleep as part of necessities in life
　　③ 　why humans need to sleep for long hours every day
　　④ 　how people have studied the mechanism of sleep

問43　According to the second paragraph, sleep can be described as ☐ .
　　① 　a function of our brain to keep in good condition
　　② 　a reward for our brain when it has been used for a long time
　　③ 　an experience of sharing memories and information with others
　　④ 　our brain's attempt to collect new information during the night

問44　In the third paragraph, the author gives information about sleep ranges to ☐ .
　　① 　explain how the recommended sleep ranges have changed over time
　　② 　introduce new studies on body growth in relation to sleep
　　③ 　show how our ages determine how much we should sleep
　　④ 　compare the recommended sleep range to our actual sleep hours

問45　According to the fourth paragraph, which of the following is true ?
　　① 　Many of the great inventors from the past were short sleepers.
　　② 　Taking a nap helps us stay healthy regardless of how much we sleep.
　　③ 　Males tend to be short sleepers while females tend to be long sleepers.
　　④ 　One person's ideal sleep range might not be the best for others.

問46 According to the fifth paragraph, what is one reason that plant-eating animals sleep shorter than flesh-eating animals ?
　　① They have to move constantly from one place to another.
　　② They can restore energy faster when sleeping.
　　③ They need less energy to run their brains and bodies.
　　④ They spend a greater amount of time eating a day.

問47 In the sixth paragraph, what does the author say about sleep deprivation ?
　　① It will cause more serious problems to humans than to other animals.
　　② Its effects on human health are not clear at this moment.
　　③ It can have harmful effects on human health in the long term.
　　④ It has proven to be the cause of death for both humans and other animals.

問48 Which of the following is true ?
　　① Sleep is less important than water but more important than food for humans.
　　② Short sleepers tend to be better at remembering new things than long sleepers.
　　③ Flesh-eating animals can consume more calories in one meal than plant-eating ones.
　　④ Plant-eating animals eat more at night when their predators are asleep.

問49 It can be said that ⬚ .
　　① the mechanism of sleep can be learned from how much we eat
　　② short sleepers tend to live longer than long sleepers
　　③ our brain can perform best when we sleep at least 10 hours
　　④ each of us should know our own sleep range that works best

1 リスニング・テスト

Part (A)

問1 放送文

Number1.　Look at the picture marked Number 1 in your test booklet.

①Some men are holding musical instruments.

②Some men are looking at the paintings on the wall.

③Musical instruments are being carried to the stage.

④Some violins are placed on the stage floor.

放送文の訳

問題用紙の問1と書いてある写真を見なさい。

①数人の男性が楽器を手に持っています。

②数人の男性が壁の絵を見ています。

③楽器がステージに運ばれています。

④数挺のバイオリンがステージの床に置かれています。

[解説]　[答]　①

写真を正しく描写しているのは holding musical instruments「楽器を持っている」で①。

③Musical instruments are being carried to the stage. は Some men are carrying musical instruments to the stage. という進行形の受け身で，楽器が運ばれている最中という意味であり写真の描写ではない。musical instrument「楽器」

問2 放送文

Number 2.　Look at the picture marked Number 2 in your test booklet.

①A woman is taking off her scarf.

②A woman has her hands on her lap.

③A woman is pointing at a man.

④A woman is lying on her back.

放送文の訳

問題用紙の問2と書いてある写真を見なさい。

①女性がスカーフを外しています。

②女性が膝に両手を置いています。

③女性が男性に指をさしています。

④女性が仰向けになっています。

[解説]　[答]　②

女性の動作に注目すれば，消去法で②が正解となる。take off one's scarf「スカーフを外す」

lie on one's back「仰向けになる」

現在分詞形が同じ次の動詞には注意

lie（横になる）–lay–lay–lying

lie（嘘をつく）–lied–lied–lying

問3 放送文

Number 3.　Look at the picture marked Number 3 in your test booklet.

①Some people are painting the fence.

②Some people are drawing pictures on the ground.

③The fence is being built around a tree.

④Pictures are being displayed on the fence.

放送文の訳

問題用紙の問3と書いてある写真を見なさい。

①何人かがフェンスにペンキを塗っています。

②何人かが地面に絵を描いています。

③フェンスが木の周りに建てられています。

④絵がフェンスに展示されています。

[解説]　[答]　④

③④は進行形の受け身で，絵がフェンスに展示されている最中の④が正解。

Part (B)

問4 放送文

W：What happened to your phone, Mike? The screen is all broken.

M：I dropped it on my way home last Friday. I called a shop and asked how much it would cost to replace it, and they suggested I buy

— 19 —

a new one. They said it's better that way because my phone is pretty old.

W：You know what my friend did? He broke his phone, too, but he replaced the screen on his own. It only cost him about 30 dollars for a new screen.

M：Do you think you can ask him to fix mine?

W：OK, I'll ask him.

Question：What is the man hoping to do?

放送文の訳

女性：マイク，携帯電話どうしたの？　画面が完全に壊れているわね？

男性：先週の金曜日，家に帰る途中落としちゃった。お店に電話して，画面の取り換えはいくらかかるか聞いたら，新しいのを買えと言われた。僕の携帯はかなり古いので，そのほうがいいんだって。

女性：私の友達がどうしたか知ってる？　彼も携帯を壊してね，自分で画面を取り換えたのよ。新しい画面代に30ドルくらいで済んだって。

男性：僕のも直してもらうように彼に頼んでくれない？

女性：いいわよ。頼んでみるわね。

質問：男性は何を望んでいるのか？

選択肢の訳

①彼は自分の友達に女性を紹介したい。

②彼は新しい携帯を買うためにお金を借りたい。

③彼は自分の携帯の画面を取り換えてもらいたい。

④彼は女性の携帯を無料で直したい。

[解説]　[答]　③

男性が落として携帯の画面を壊したことに対して，女性は自分で画面を取り換えた友人の例を話した。男性は自分のも取り換えてほしいと思っているので③が正解となる。最後の男性の発言 "Do you think you can ask him to fix mine?" に対して女性の "OK, I'll ask him." の聴き取りがポイント。　on one's way home「家に帰る途中」
on one's own「自力で，独力で」

問5　放送文

M：Hi, Emily. I heard you got a perfect score on the math test. I didn't know you were good at math.

W：Well, I wasn't. It's just that I've been thinking about what I want to do after high school, and I found some interest in economics. It turns out I need to be really good with numbers.

M：That's probably true. My cousin is majoring in economics in college, and he's taking a series of math classes. I can't imagine myself doing that. Math has been my least favorite subject since elementary school.

W：Oh, really? It's actually a lot of fun once you understand how things can be solved with numbers. It helps make good predictions as well.

Question: What can be said about the man?

放送文の訳

男性：やあ，エミリー，数学のテスト満点だったんだね。数学が得意だとは知らなかった。

女性：あのね，得意じゃなかったのよ。ただ，高校を出てからやりたいことを考えて，経済学に興味を持ったの。それには，かなり数字に強くなる必要があるとわかったの。

男性：たぶんその通りだね。僕のいとこは大学で経済学の専攻で，いろんな数学の授業を受けているんだ。僕にはそんなこと想像できないな。数学は小学校の時から一番嫌いな教科なんだ。

女性：まあ,本当なの？　いったん物事がどうやって数字で解決できるかわかると，実はとても楽しいのよ。正確な予測を立てることにも役にたつの。

質問：男性について何が言えるのか？

選択肢の訳

①彼は数学がもっとできるように，頑張って勉強したいと思っている。

②彼は数学に興味がない。

③数学は以前好きな教科だった。

④彼は仕事で数学を使う。

[解説]　[答]　②

　男性の最後の発言 "Math has been my least favorite subject since elementary school." から数学に興味がないことがわかるので②が正解。

my least favorite subject「私の一番嫌いな教科」

it turns out that 〜「〜ということがわかる」

major in economics「経済学を専攻する」

I can't imagine myself doing that「僕がそんなことをするなんて想像できない」doing that はいろいろな数学の授業受けること

once you understand how things can be solved with numbers「いったん物事がどうやって数字で解決できるかわかると」once「いったん〜すれば」

make good predictions「正確な予測を立てる」

問6　放送文

W：Excuse me. I made a dinner reservation for 7:00 p.m. on May 18th, but I need to make some changes. My name is Jane Smith.

M：Sure, Ms. Smith. What would you like to change?

W：Well, I initially booked a table for four, but three more are coming, so there will be a total of seven. Also, would it be possible to change the time from 7 to 8?

M：Changing the time would be no problem. However, we're going to have to have you sit at two separate tables. They are side by side but separated by an aisle. Would that be okay?

W：I guess I don't have any choice. OK, that's fine.

Question：What changes were made in the woman's reservation?

放送文の訳

女性：すみません。5月18日,午後7時にディナーの予約をしたのですが,変更したいのです。私の名前はジェーン・スミスです。

男性：いいですよ,スミス様。どのような変更で

すか？

女性：あの,初めは4人分のテーブルを予約したのですが,あと3人来ますので全部で7人になります。それに,時間を7時から8時に変更できますか？

男性：時間の変更は大丈夫です,ただ,お客様には2つ別々のテーブルに座ってもらうことになります。テーブルは並んでいますが,通路で分かれます。それでよろしいですか？

女性：仕方がないですね。はい,それでいいです。

質問：女性の予約にどんな変更があったのか？

選択肢の訳

①ディナーの時間が早まり,人数が増える。

②ディナーの時間が早まり,人数が減る。

③ディナーの時間が遅くなり,人数が増える。

④ディナーの時間が遅くなり,人数が減る。

[解説]　[答]　③

　女性の2番目の発言の,4人で予約したが3人増えて7人となり,時間は7時から8時にしたいという変更の内容を聴き取ることがポイント。正解は③。数字の聴き取りには特に注意したい。

make a dinner reservation「ディナーの予約をする」

book a table for 4 (people)「4人分のテーブルを予約する」initially「初めは」

have to have you sit at two separate tables「あなた方は2つ別々のテーブルに座ってもらわなくてはならない」have＋人＋sit（動詞の原形）「人に座ってもらう」

side by side「並んで」aisle [áil]「通路」

I don't have any choice.「仕方がない」

問7　放送文

M：How was your trip to Los Angeles, Julia?

W：It was great! Here, I have something for you. Look at this mug. It has the letters "LA" and is big enough to hold coffee for your whole day. I also bought some key chains for my friends. Here they are.

M：What are they? An elephant and … is this a lion?

W：Right. I went to a zoo on the last day. I bought this T-shirt at the gift shop there, too. because it has penguins on it. Look how cute they are!

M：I'm glad you enjoyed your trip.

Question：What did the woman buy in Los Angels?

放送文の訳

男性：ジュリア，ロサンゼルス旅行はどうだった？

女性：最高だったわ！これ，あなたにあげる。このマグカップ見て。LA の文字が入っていて，まる一日分のコーヒーが入るほどの大きさよ。友達にいくつかキーホルダーも買ったの。これよ。

男性：それは何？　ゾウと…これはライオン？

女性：そうよ。最終日に動物園に行ったの。そこのお土産屋でこの T シャツも買ったのよ。ペンギンのプリントだったからね。見て，すごくかわいいでしょ。

男性：楽しい旅行でよかったね。

質問：女性はロサンゼルスで何を買ったのか？

[解説]　[答]　①

　　会話から下の4つの条件に当てはまる絵を選ぶ。

・LA の文字が入っているマグカップ

・象のキーホルダー

・ライオンのキーホルダー

・ペンギンのプリントの T シャツ

　　以上の条件に当てはまる絵は①。

key chain「キーホルダー」　全部の条件を聴き取れなくとも消去法で正解可能である。1つでも多くの条件を聴き取りたい。

問8　放送文

M：There are so many things to see at this school festival. How should we go around?

W：Well, why don't we go up to the second floor first?　We can see paintings and sculptures made by art club members in Room A and B. I also want to taste Japanese tea and sweets. They are served in Room C.

M：OK. It says they are selling sandwiches in Room D, so let's get back here on the first floor for lunch.

W：Sounds good. And there will be a singing performance at 2 p.m. in the Music Room, so we'll go up again to the third floor after lunch.

M：Perfect!

Question：Which floor plans are they looking at?

放送文の訳

男性：この学園祭では見るものがたくさんあるね。どうやってまわる？

女性：最初2階に行ったらどうかしら？　ルームAとBで美術部の絵や彫刻を見ることができるわ。日本茶とお菓子も味わいたいわね，ルームCで提供されているわよ。

男性：ルームDでサンドイッチを売っていると書いてあるね，お昼にはこの1階に戻ってこようよ。

女性：いいわね。それに，午後2時に音楽室で歌の公演があるので，お昼の後はまた上がって3階に行きましょう。

男性：いいね！

質問：彼らはどのフロア案内図を見ているのか？

[解説]　[答]　③

　　彼らの見学順番は次の通り。2階ルームA，Bで美術部の絵，彫刻を見る→ルームCで日本茶とお菓子を味わう→1階ルームDでサンドイッチの昼食→3階の音楽室で歌の公演を見る。これに当てはまるフロア案内図は③。first, second, third の聴き取りに注意したい。

sculpture「彫刻」

It（=the floor plan）says they are selling sandwiches in Room D.「ルームDでサンドイッチを売っていると書いてあるね」

say「(掲示などが) ～と書いてある」

Part (C)

問9，10　放送文

　Thank you for joining our tour.　I'm Emily Jones, and I'll be your guide today. We will spend the next hour exploring this museum together, and at the end of the tour I'll be taking you all to our special gift shop. First, we are going to see the main exhibition of this month, which is a collection of painting from 19th-century Europe. As you might know, it was an interesting period of time in art history when many artists started to express their personal thoughts in their works. There is a lot we can relate to in their works, and I hope that this tour will be a memorable experience for all of you. Before we start, I'd like to make a few announcements. You cannot eat or drink inside this museum. If you have any food or drinks, please make sure that they are inside your bag. Also, flash photography is not allowed. We appreciate your understanding and cooperation.

Question No.9：What are the listeners going to do first on the tour?

Question No.10：What is one thing that the speaker tells the listeners?

放送文の訳

　ツアーに参加していただきありがとうございます。私はエミリー・ジョーンズです。本日のガイドを務めます。この1時間は，一緒に当美術館を見て回ります。ツアーの最後には，当館の特別ギフトショップにご案内いたします。最初に，今月の主要展示である，19世紀ヨーロッパ絵画コレクションをご覧いただきます。ご存知かもしれませんが，それは美術史において興味深い時代で，多くの画家が作品に自分の考えを表現し始めました。彼らの作品に私たちが共感できる点が多くあります。このツアーが皆様に心に残る経験になることを願っています。出発する前に，いくつかお知らせします。館内での飲食はお控えください。食べ物や飲み物をお持ちの場合には，忘れずにカバンの中に入れてください。また，フラッシュ撮影は禁止されております。皆様のご理解とご協力をお願いします。

問9　質問文と選択肢の訳

　聞き手がツアーで最初にすることは何か？
①ヨーロッパからの芸術家に会うこと

②ヨーロッパへ90日間の旅行に行くこと
③ギフトショップで買い物をすること
④19世紀の絵画を見ること

問10　質問文と選択肢の訳

　話し手が聞き手に伝えている1つは何か？
①ギフトショップで絵画を購入できる。
②入り口に持ち物を置くことができる。
③飲食物はカバンに入れておく必要がある。
④デジタルカメラの電源を切らなければならない。

[解説]　問9　[答]　④　　問10　[答]　③

　問9はガイドの "First, we are going to see the main exhibition of this month, which is a collection of painting from 19th-century Europe." を聴き取ることがポイント。④が正解。
first, next, then, finally などの順序を表す副詞は注意したい。

　問10は最後の，"You cannot eat or drink inside this museum. If you have any food or drinks, please make sure that they are inside your bag." の部分がポイント。館内では飲食禁止で，持っている場合には，カバンの中に入れるということで③が正解。

spend the next hour exploring this museum
「この1時間は，当美術館を見て回る」
spend＋時間＋〜ing「〜ing で時間を費やす」
as you might know「ご存知かもしれませんが」
might は as you may know よりも丁寧な表現
There is a lot (which) we can relate to in their works.「彼らの作品に私たちが共感できる点が多くある」目的格の関係代名詞が省略されている
relate to「〜に共感する」
a memorable experience「心に残る経験」
make sure「忘れずに〜する」

2

（A）　文法問題
問11　[答]　③
[訳] 日記には私が考えていることを何でも書くことができる。

[解説] I have A in mind「Aを考えている」の have の目的語が欠けているので，先行詞 anything を含んだ複合関係代名詞 whatever「～ことは何でも」が入る。I can write anything that I have in mind. と書き換えができる。anything that → whatever

[類例] She believes whatever he says. = She believes anything that he says.「彼女は彼の言うことを何でも信じる」

問12 [答] ④
[訳] 駅についたが，電車はすでに出発していたことがわかった。
[解説]「駅についた」「電車はすでに発車してしまった」この2つの英文をつなげるためには，to 不定詞の副詞的用法で結果を表す only を使う。
only + to 不定詞「～して，その結果～」
[類例] I tried it again, only to fail.「私はもう一度試したが，失敗しただけだった」 only の前にカンマがくることが多い。

問13 [答] ④
[訳] そのショーでの演技は決して完全なものではなかった。
[解説] 否定語を使わない否定表現 far from ～「決して～ではない」

問14 [答] ①
[訳] サムは腕を組んでドアのそばに立っている人である。
[解説]「with ＋名詞＋分詞」付帯状況の with「～しながら，～して」が入る。
the one standing by the door「ドアのそばに立っている人」standing は名詞 the one を後ろから修飾する現在分詞の形容詞的用法である。

(B) 会話問題
問15 [答] ②
[訳]
A：今日の昼食はどこで食べたい？
B：角の新しいイタリアンレストランはどうかし

ら？ ピザがおいしいと聞いたわ。
A：それなら，早く行った方がいいね。②お昼時はいつも長い行列ができているから。
B：そうね。何時に店が開くか調べてみるわ。
①そのレストランで何回か君を見かけたよ。
②お昼時はいつも長い行列ができているから。
③食事がおいしい店はたくさんあると思うよ。
④町を案内してくれるなんて，あなたは親切だね。
[解説] 新しいイタリアンレストランで，昼食をとることになったが，Aは「～だから早く行った方がいい」と述べた。その理由に適切なのは②である。それに対してBは開店時間を調べるというので②にふさわしい応答である。
[語句] how about ～？「～はどう？～しませんか？」提案や勧誘を表す。

問16 [答] ②
[訳]
A：クラシック音楽に興味ある？
B：小さい頃，ピアノのレッスンを受けていたけど，なぜ？
A：コンサートのチケットがあるんだ。ファミリーコンサートで，クラシックの有名な曲を演奏するよ。
B：面白そうね。②もっと詳しく教えてくれない？
①君はコンサートにいたよね？
②もっと詳しく教えてくれない？
③演奏を大いに楽しんだよ。
④クラシック音楽に興味を持ったことはないよ。
[解説] Aのクラシックファミリーコンサートの話にBは「面白そうね」と興味を示している。それに続くのは②が最適である。
[語句] take piano lessons「ピアノのレッスンを受ける」

問17 [答] ①
[訳]
A：すみません，児童書はどこですか？
B：一番奥にあります。特に何かお探しのものがございますか？
A：①はい，タイトルを書き留めてきました。探

すのを手伝っていただけますか？

B：承知しました。データーベースで調べてみます。

①はい，タイトルを書き留めてきました。

②はい，もうその本は見つけました。

③いいえ，絵本のほうが好きです。

④いいえ，返却しに来ました。

[解説] 本屋の店員の，特に何かお探しのものがございますか？に対して，Bは探すのを手伝ってほしいと頼んでいる。店員はデータベースで調べてみると答えているので，その本のタイトルはわかっているものと思われる。従って正解は①。

[語句] at the very back「一番奥に」very は名詞 back「奥」の強調「まさしくその」

look for ～「～を探す」in particular「特に」look up「（辞書，コンピューターなどで）調べる」

問18　[答]　④

[訳]

A：どうしてそんなに汗をかいているの，ボブ？

B：今朝寝坊して，バスに乗り遅れて，走らなければならなかったんだ。次のバスを待っていたなら，授業に遅刻したよ。

A：まあ，それは大変ね。でもいい方に考えるべきね。④良い運動だと考えればいいのよ。

B：そうだね。実を言うと，最近体重が増えてきているからね。

①あなたがリュックを忘れるなんて信じられない。

②あなたがバスに乗れてうれしい。

③あなたは最初に先生に話すべきだったのよ。

④あなたは良い運動だと考えればいいのよ。

[解説] 寝坊してバスに乗り遅れ，走ってきたので汗びっしょりのBに対して，Aは大変だったけどいい方に考えるべきだという。それに続くのは④で，ボブも体重が増えてきたので良い運動だったと答えている。④You can think of it as a good exercise.「あなたはそれを（＝走ったこと）良い運動だと考えればいい」think of A as B「AをBと考える」

[語句] sweat「汗をかく」oversleep「寝坊する」

I would have been late to the class if I had waited for the next one（=bus）.「もし次のバスを待っていたなら，授業に遅刻しただろうに」

If + 主語 + had + 過去分詞～，主語 + would/could + have + 過去分詞….「もし～だったら，…だったのに」仮定法過去完了の典型的な形である。（問題文では if 節が後ろにきている）事実はバスに乗らずに走ったから授業に間に合ったのである。

That's tough.「それは大変だ」

look at（on）the bright side.「明るい面を見る」→「いい方に考える」

as a matter of fact「実を言うと」

gain weight「体重が増える」

(C)　整序問題

問19・20　[答]　②・⑤

Brian [left the room without saying anything] to us.

[訳] ブライアンは私たちに何も言わずに部屋を出て行った。

[解説] 主語 Brian に続く動詞は left で，without saying anything「何も言わずに」に気づけば完成する。

問21・22　[答]　②・③

How long [do you think the ceremony will] last?

[訳] 式典はどれくらい続くと思いますか？

[解説] 疑問詞 + do you think ～？「～は…だと思いますか？」のパターンを使う。疑問文 How long will the ceremony last? が do you think に組み込まれると，How long do you think the ceremony will last? という語順になる。Yes, No で答える次の疑問文と区別する。Do you know how long the ceremony last?「式典はどれくらい続くか知っていますか？」last「続く」

問23・24　[答]　②・④

He [told us to stay inside] the building.

[訳] 彼は私たちに建物の中にいるように言った。

[解説]tell ＋ 人 ＋ to do「人に〜するように言う」の構文を使う。

問25・26　[答] ①・③

No [other person knows the subject better] than Dr. James.

[訳] ジェームズ博士よりそのテーマをよく知っている人はいない。

[解説] 比較の書き換えは基本であり，次の4パターンの書き換えは覚えておきたい。

「ジムはクラスで一番速く走る」

A 最上級 Jim runs the fastest in his class.

B 比較級 Jim runs faster than any other boy in his class.

C 比較級 No other boy in his class runs faster than Jim.

D 原級　No other boy in his class runs as fast as Jim.

　問題文では比較級Cのパターン使う。

問27・28　[答] ①・⑤

I was hardly [able to make myself understood] in English at the time.

[訳] 私は当時，英語で理解させることはほとんどできなかった（当時私の英語はほとんど通じなかった）。

[解説] hardly「ほとんど〜ない」make oneself understood「自分の言葉（考え）を人に理解させる」

3

[訳]

　今日日本では，独身でいる人が増えている。晩婚化か進み，生涯独身でいる人の割合がこの数十年間高くなっている。この傾向の1つの見方は，人々の結婚観に表れている

　2018年「我が国と諸外国の若者の意識に関する調査」には，今日の日本の若者が結婚についてどのように考えているかを明らかにしている。この調査では，13歳から29歳の人が対象とされ，約

1,000件のサンプルが回収された。

　最初，「結婚についてどう思いますか？」との質問に1つ選択するように求められた。同じ質問が2013年に行われた調査でもなされた。上のグラフに示されているように，2013年には62.5％の人が「結婚すべきだ」または「結婚したほうがよい」と回答したが，2018年ではこの割合が50.9％に下がった。ところが，2018年には「結婚しなくてもよい」または「結婚しないほうがよい」により多くの割合の人が回答したのである。

　次に，その調査で回答者に結婚観の理由を選択するように求めた。「結婚すべきだ」または「結婚したほうがよい」と回答した人の60％は，結婚は自分の子供や家族をもてるという理由を選択した。これが回答のトップだった。「結婚しなくてもよい」または「結婚しないほうがよい」と回答した人に関しては，トップの回答は，独身でいることは自分の趣味や娯楽を楽しむことができることだった。この理由は53.2％の人に選択された。

　結婚は個人の選択であるが，各時代の傾向は確かにある。その傾向は社会のさまざまな側面に影響を及ぼしているかもしれない。

問29　[答] ①

選択肢の訳

①2013年から2018年における人の結婚観の変化

②2013年と2018年の結婚観における男女差

③2013年から2018年の間に結婚した人の割合

④2013年から2018年に調査に参加した人数

[ヒント]

　グラフのタイトルがView on Marriage「結婚観」で2013年と2018年のその結婚観を比較している。従って①が正解である。

問30　[答] ③

選択肢の訳

①2013年，2018年の両年で，約20％の人が「結婚しないほうがよい」と回答した。

②2013年では，より多くの女性が「結婚したほうがよい」と回答した。

③2018年では，約30％の人が「結婚しなくてもよ

い」と回答した。

④2013年より2018年ほうが,「結婚したほうがよい」と思っている人が多い。

[ヒント]

　グラフから明らかに正解は③である。①は,「結婚しないほうがよい」と回答した人は2013年,2018年ともに5％程度で不正解。男女別々の回答データーはなく②も不正解。「結婚したほうがよい」と思っている人は2013年約45％,2018年約30％で,2013年のほうが多いので④も不正解。

問31　[答]　②

選択肢の訳

①調査では回答者に結婚したいかどうかを質問した。

②調査では回答者に結婚観についての理由を選択するように求めた。

③調査では回答者に子供は何人ほしいか質問した。

④調査では回答者に国際結婚についての考えを求めた。

[ヒント]

　13行目に,その調査は回答者に結婚観の理由を選択するように求めたとあり,正解は②。本文では回答者に「結婚したいかどうが？　子供は何人ほしいのか？　国際結婚についての考えは？」などは言及されていないので①③④はどれも不正解。

問32　[答]　④

選択肢の訳

①2018年よりも2013年のほうが,結婚について消極的な人が多かった。

②日本の若者は家族と一緒に自分の趣味を楽しみたいと思っている。

③回答者のおよそ半数は,2013年と2018年の両年で「結婚すべきだ」と思っていた。

④家族をもつことが,結婚に肯定的な一番の理由だった。

[ヒント]

　①は,9〜11行目に「2013年には62.5％の人が『結婚すべきだ』または『結婚したほうがよい』

と回答し,2018年には50.9％に下がった」とある。ところが「2018年には『結婚しなくてもよい』または『結婚しないほうがよい』により多くの割合の人が回答した」という記述がある。つまり,2018年のほうが結婚には消極的であり①は不正解である。②は第4パラグラフでは結婚に肯定的,積極的な若者と消極的,否定的な若者に分けて質問していて,日本の若者全員にあてはまるものではない。②にあてはまるのは結婚に肯定的,積極的グループのみで②も不正解。③はグラフから明らかで2013年,2018年ともに「結婚すべきである」は20％以下で不正解。④は14〜16行目に,『結婚すべきだ』または『結婚したほうがよい』と回答した人の60％は,結婚は自分の子供や家族をもてるという理由を選択し,これが回答のトップだったとあり,従って④が正解。

[語句と構文]

1行目　stay single「独身でいる」

marry late「晩婚である」

2行目　those who remain single for life「生涯独身でいる人 those who 〜「〜する人々」

remain single は stay single の言い換え

decade「10年間」

3行目　one way to look at this trend「この傾向の一つの見方」this trend 生涯独身でいる割合が上がっている傾向

〜 through people's views on marriage「人々の結婚観に通じている」→人々の結婚観に表れている

4行目　survey「調査」

What do young people in Japan today think about marriage?「今日の日本の若者が結婚についてどのように考えているか？」この疑問文が間接疑問文の語順になって reveal「明らかにする」に接続されている。

7行目　How do you feel about marriage?「結婚についてどう思いますか？」=What do you think about marriage?

8行目　the survey conducted in 2013「2013年に行われた調査」conducted は survey を後ろから修飾する過去分詞の形容詞的用法

as shown in the graph above「上のグラフで示

されているように」

10行目 on the other hand「他方では，これに反して」→ところが

13行目 ask 人 to do「人に～するように頼む」
The survey asked participants to choose ～
「その調査は回答者に～を選択するように頼んだ（求めた）」participants　調査の参加者→回答者
reasons behind their thoughts on marriage
「彼らの結婚に関しての考えの背後にある理由」
→彼らの結婚観の理由

14行目 About 60% of the people (who answered "One should marry" or "It is better to marry") chose the reason that ～「『結婚すべきだ』『結婚したほうがよい』と回答した人の60％は that 以下という理由を選択した」　主語が長いので関係代名詞節を（　　）でくくると主動詞は chose だとわかる。

15行目 the reason that ～「that 以下という理由」
that は reason を説明する同格の that
enable 人 to do「人が～するのを可能にする」
marriage enables people to have their children and family「結婚は人が子供や家族をもてることを可能にする」→結婚は自分の子供や家族をもてる。

16行目 as for those who answered ～「～と回答した人に関しては」as for ～「～に関しては」

17行目 being single enables people to enjoy their hobbies and recreation「独身でいることは自分の趣味や娯楽を楽しむことができる」being single「独身でいることは」that 以下の主語で動名詞である。

20行目 affect「～に影響を及ぼす」

4

【A】
[訳]

　社会的関係において，人と衝突を避けることはできない。だが，心を穏やかに保ち (33) ながら，それらを処理する方法がある。
　まず，自分の感情をコントロールすることが，人と円満な関係を (34) 維持するのに重要である。

怒りや憎しみのような否定的な感情は，自分自身にだけではなく人にも，さらにより否定的な感情を生み出すだけだ。私たちは問題に直面している時は，いつも感情的に行動しないように努めるべきである。
　もう一つ重要なことは，誰もが同意できる点を見つけることである。このためには，人は (35) 異なる意見を持ち，しばしばそれらを評価し，どの意見が他の意見よりも良いのか言うことは難しいことを理解する必要がある。それであなたはどうやって，そのような点を見いだすのか？と聞きたいかもしれない。この質問の答えは簡単である。私たちはお互いに話す機会を与え，人が言う (36) ことを注意して聞くのである。彼らが言うすべてに同意する必要はないし，このことは逆も当てはまる。いったん，全部の意見が (37) 述べられ，聞いたとなると，人が反対している部分がわかるので，そこから取り組み始めるのである。

[解説]
問33　[答] ②
選択肢の訳
①～以来
②～しながら
③～でない限り
④その代わりに
[ヒント]
　「それら（＝衝突）を処理する方法がある」と「心を穏やかに保つ」をつないで意味が通じるのは②。
while (we are) keeping ～　we are の省略

問34　[答] ③
選択肢の訳
①挑戦する
②除外する
③維持する
④邪魔をする
[ヒント]
　自分の感情をコントロールするには，人と円満な関係を 34 するのに重要だという文脈だから③が適している。

― 28 ―

問35 [答] ①
選択肢の訳
①異なる
②乱暴な
③全体の
④正確な
[ヒント]
　誰もが同意できる点を見つけるには，人は 35 の意見を持っていることを理解し，それら意見を評価し，どの意見が他の意見よりも良いのか言うことは難しいという。この文脈では①「異なる」が最適である。

問36 [答] ①
[選択肢]
①what　②how　③that　④who
[ヒント]
　「人が言う 36 を注意して聞く」というので先行詞を含んだ関係代名詞 what が入る。others have something to say「人が言うべきことがある」（to say は something を修飾する形容詞的用法の to 不定詞）　something を先行詞として前に出すと something which others have to say となり，something which が what になる。what others have to say「人が言うこと」have to say「言わねばならない」と解釈をしないこと。

問37 [答] ④
選択肢の訳
①引き起こされる
②非難される
③期待される
④述べられる
[ヒント]
　「いったん，全部の意見が 37 られ，聞いたとなると～」　全部の意見が出て，その意見を聞くのだから④が正解である。
[語句と構文]
1行目 social relationship (s)「社会的関係」
can't avoid having conflicts with others「人と衝突を避けることができない」

avoid doing「～することを避ける」conflict「衝突」there are ways to handle them「それら（＝衝突）を処理する方法がある」to handle は ways を説明する to 不定詞の形容詞的方法
2行目 keep our mind at peace「心を穏やかに保つ」at peace「安らかに，穏やかに」
3行目 being in control of our emotions「自分の感情をコントロールすること」being は動名詞で，主語になっている。
4行目 negative emotions such as anger or hatred「怒りや憎しみのような否定的な感情」
such as ～「～のような」
do nothing but produce even more negative feelings「さらにによりネガティブな感情を生み出すだけである」do nothing but do「～する以外は何もしない，ただ～するだけである」
[類例] He did nothing but laugh.「彼はただ笑ってばかりいた」
even more negative feelings「さらにより否定的な感情」even は比較級（more negative）を強調して「さらに，いっそう」
emotion, feeling はともに「感情」という意味だが，emotion のほうが特に強い感情を表す。
5行目 in others as well as in ourselves「自分自身にだけではなく他人にも」A as well as B「Bだけではなく A も」
try not to act emotionally「感情的に行動しないように」
6行目 when (we are) confronting problems「私たちは問題に直面している時」we are の省略 confront「直面する」
7行目 Another important thing is to find ～「もう一つ重要なことは～を見つけることである」to find は主語を説明する補語になっている to 不定詞の名詞的用法
a point which everyone can agree on「誰もが同意できる点」which は a point を修飾する目的格の関係代名詞
8行目 we need to understand that ～「～を理解する必要がある」that 節は次の構造で，① ② を理解する必要があるという意味になる。

①people have different opinions
②oftentimes it is difficult   to judge ～
                                 to say ～

①人は異なる意見を持っている

②しばしば～を評価したり (to judge)，～と言ったりすることは (to say) は難しい

9行目 You might want to ask ～「あなたは (もしかすると) 聞きたいかもしれない」

推量の might 「(もしかすると) ～かもしれない」
might のほうが may よりも可能性が低い

10行目 such a point = a point which everyone can agree on「誰もが同意できる点」

We should give each other a chance to speak「私たちはお互いに話す機会を与えるべきだ」

give(V) + each other(O) + a chance(O)第4文型
a chance to speak to speak は a chance を修飾する to 不定詞の形容詞的用法

12行目 this goes the other way around, too.「このことは逆にも当てはまる」→「あなたの言うこともすべて同意されることはない」

the other way around「逆に，反対で」
go「～に当てはまる」[類例] What I told him goes for you, too.「私が彼に言ったことは君にも当てはまる」

13行目 an area where people disagree「人が反対している部分」where は an area を先行詞とする関係副詞

【B】
[訳]

　アメリカの核となる (38) 特徴を定義することになると，「人種のるつぼ」または「サラダボウル」と呼ぶべきかの議論がある。どちらの言葉もアメリカは移民の国であることを示唆しているのに対し，その意味するところは明確な違いがある。「るつぼ」が，物が混ざっている場所として定義されるが，「サラダボウル」は異なるものが共存し，互いに別々に独立している場所の例えなのだ。

　最近では，アメリカはサラダボウルという考えにより傾いてきているようだ。2017年の国勢調査局のデーターは，さらにこの傾向を (39) 支持している。アメリカ最大の州カリフォルニアでは，家で英語以外の言語を話す人の数が最も多いことは，驚くべきことではないかもしれないが，その (40) 割合は過去数十年で倍になった。1980年のカリフォルニアでは，4人に1人が家で英語以外の言語を話していたが，2017年では2人に1人しか家で英語を話していなかった。

　人々はアメリカに自分たちの文化を持って来る。彼らは自分たちの言語，伝統を大切にして，次の世代に伝えるのだ。リトルトーキョー，コリアタウン，リトルサイゴンのような場所は，アメリカ以外の国からやってきて，自分たちと一緒に育ってきたものや，文化的アイデンティティを (41) 守ってきた人々のかなりはっきりとした『足跡』なのだ。

問38 ［答］④
選択肢の訳
①制限　　②代用品　　③結論　　④特徴
[ヒント]

　「その（アメリカの）核となる 38 を定義することになると」という文脈だから④の特徴が入る。

問39 ［答］③
選択肢の訳
①～を隠す
②～を弱くする
③～を支持する
④～を分ける
[ヒント]

　最近，アメリカは「人種のるつぼ」より「サラダボウル」であるという考えに傾いてきていて，2017年の国勢調査局のデーターもこの傾向をさらに 39 しているという。副詞の further「なおそのうえに，さらに」に注目するとこの傾向を裏付けているので③が適切である。

問40 ［答］②
選択肢の訳

①通貨　②割合　③割引　④収入
[ヒント]
　カリフォルニアでは，家で英語以外の言語を話す人の数が最も多く，その　40　は過去数十年で倍になった。1980年では，4人に1人が家で英語以外の言語を話し，2017年では2人に1人しか家で英語を話していなかったという流れなので　40　には②の割合が最適である。

問41　[答]　①
選択肢の訳
①守って
②廃止して
③禁止して
④見つけて
[ヒント]
　自分たちの文化，言語，伝統を大切にし，次の世代に伝えるということだから，　41　には①が最適である。
[語句と構文]
1行目　There has been a debate over ～「～についての議論がある」過去から現在もその議論があるという現在完了の継続用法
whether America should be called a melting pot or a salad bowl「アメリカは『人種のるつぼ』または『サラダボウル』と呼ぶべきか」
2行目　when it comes to defining its core characteristic「その（アメリカの）核となる特徴を定義することになると」when it comes to ～「～のことになると，～に関して言えば」
define「定義する」
While both terms indicate that ～「どちらの言葉も that 以下のことを示唆しているのに対し」while「（対比を表して）～なのに対して」
indicate「示唆する」both terms は「人種のるつぼ」と「サラダボウル」の2つの言葉
4行目　as a place where things are mixed「物が混ざっている場所として」where は a place を先行詞とする関係副詞
a metaphor for a place where different things coexist「異なるものが共存している場所の例え」

where は a place を先行詞とする関係副詞
5行目　where は a place を先行詞とする関係副詞 different things 以下は分詞構文になっている。接続詞 and を補って書き換えると，different things が主語で different things coexist and different things are separate and independent from one another「異なるものが共存して，そして（異なるものが）互いに別々に独立しているのである」という意味になる。接続詞 and と主語の different things を省略して分詞構文にすると being separate and independent ～となり being が省略されていると考える。
6行目　lean more toward ～「～により傾く」
the idea of America being a salad bowl
「アメリカはサラダボウルという考え」of は同格の of「～という」[類例] the island of Guam「グアムという島（グアム島）」
of は前置詞で直後には，名詞，動名詞がくるがここでは動名詞 being の意味上の主語 America がきている。[類例] My mother is always complaining about the kitchen being too small.「私の母は台所が狭すぎることについていつも不平を言う」動名詞 being の意味上の主語が the kitchen である。
7行目　thought it might not be surprising that ～「that 以下のことは驚くべきことではないかもしれないが」it は形式主語で that 以下が真主語
9行目　people who speak a language other than English「英語以外の言語を話す人」who は people を先行詞とする主格の関係代名詞
10行目　one in four people「4人に1人」
13行目　pass them（=their languages and traditions）onto the next generation「それら（言語，伝統）を次の世代に伝える」
places such as Little Tokyo, Koreatown and Little Saigon「リトルトーキョー，コリアタウン，リトルサイゴンのような場所」
14行目　rather obvious "marks" of people ～「～の人々のかなりはっきりした足跡」of 以下は次のような構造で people 説明している。

```
people ┌ coming from outside of America
       │            ┌ what they grew up with
       └ preserving ┤
                    └ their cultural identities
```

people coming from outside of America「アメリ
カ以外の国からやって来た人々」coming は people
を後ろから修飾する現在分詞の形容詞的用法
people preserving what they grew up with and
their cultural identities
「自分たちと一緒に育ってきたものと自分たちの
文化的アイデンティティを守ってきた人々」
preserving も people を後ろから修飾する現在分
詞の形容詞的用法
what は先行詞を含んだ関係代名詞

5

[訳]
(1)私たちは生きるために食糧と水が必要である。
そして，生きていくのに絶対に必要なものがもう
1つある。それは睡眠である。なぜ睡眠が必要な
のか？　長い間，人々はいろいろな研究や調査で
これを解決しようとしている。それでもなお，睡
眠の正確なメカニズムの大部分は解明されていな
い。
(2)睡眠は脳が疲労から回復するのに必要である。
最近の研究では，睡眠は休息しようとする脳の積
極的な試みであると明らかにしている。言い換え
れば，それはダメージを修復し，私たちの体が新
たな1日をうまく送るのに十分なエネルギーを取
り戻す脳の機能なのだ。睡眠はまた，脳が記憶を
整理し，情報を保持するのにもきわめて重要であ
ると言われている。たぶん大部分の人は睡眠不足
の症状を経験している。例えば，必要な睡眠を取
れていない時には，集中したり物事を記憶したり
することが難しいとわかるものである。
(3)それでは，私たちは何時間寝る必要があるの
か？　推奨される睡眠時間は，年齢によって異
なっている。全米睡眠財団によると，新生児（0
〜3か月）は1日に14〜17時間眠るべきだとして
いる。そしてこの数字は年齢が上がるにつれて

徐々に減ってくる。未就学児（3〜5歳）は1日
に少なくとも10時間寝るように奨励され，学齢児
童（6〜13歳）は9〜11時間寝るべきだとしてい
る。10代の若者（14〜17歳）は8〜10時間で，大
人について言えば，18〜64歳の人は7〜9時間の
睡眠時間が勧められている。一般的に，体の成長
のためには子供は大人よりも長く睡眠を取る必要
がある。
(4)では大人になって，実際どれくらい睡眠が必要
なのか？　この問いの答えは簡単ではない。事実，
毎日ほんの数時間の睡眠でも，完全に健康的な生
活を送っている人がいる。彼らはショートスリー
パーと言われている。ナポレオン・ボナパルトや
トーマス・エジソンは有名なショートスリーパー
である。しかし，2人はよく昼寝をしていたとい
う人もいて，彼らはどれくらい寝たのかは正確に
はわからない。一方，ドイツ生まれの物理学者ア
ルバート・アインシュタインは，ロングスリーパー
だったと言われ，規則正しく1日10時間寝ていた
という。そのようなわけで，大人にとって必要な
睡眠時間は人によって異なるのである。私たちは
個々に，昼間に最高の状態で働くことができる最
適な睡眠時間を見つけるべきである。
(5)大変興味深いことに，野生動物を見てみると彼
らの睡眠時間は，食習慣の特徴によって説明でき
る。一般に，ヤギやウシのような草食動物は，ト
ラやライオンのような肉食動物よりも睡眠時間が
はるかに少ない。これは，植物は肉よりもカロ
リー，栄養が少ない傾向があるので，草食動物は
1日により多くの時間を食事に費やすからであ
る。1回の食事でより多くのカロリーと栄養を摂
取できる肉食動物に比べて，草食動物はより頻繁
に食べる必要があるのだ。さらに，草食動物は常
に天敵に襲われる危険にさらされていて，その結
果自分たちが長時間寝ることを難しくしているの
である。
(6)私たちの体と脳は正常に機能するために，睡眠
が必要である。長い目で見れば，睡眠不足は私た
ちの体に深刻な問題を引き起こす可能性がある。
これは人間にも動物でも言えることだ。実際，ネ
ズミを使った実験では，過酷な睡眠不足で数週間

```
```

で死に至ったことが報告されている。十分な睡眠によって，私たちは健康的な，豊かな生活を送れるのである。すなわち，「よく寝る」ことは「よく生きる」という意味になる。

[解説]

問42 [答] ②

第1段落で筆者は，[　　　　]を説明するために「食糧と水」に言及している。
① 生きるのに必要なものと欲しいものの違い
② 生きるのに必要な一部としての睡眠の重要性
③ なぜ人間は毎日長時間睡眠を必要とするのか
④ どのように人間は睡眠のメカニズムを研究したのか

[ヒント]

冒頭に「私たちは生きるために食糧と水が必要である。そして，生きていくのに絶対に必要なものがもう1つある。それは睡眠である」と述べているので正解は②である。

問43 [答] ①

第2段落によると，睡眠は[　　　　]として説明される。
① 良い状態に保つための脳の機能
② 長時間使われてきた際の脳への報酬
③ 記憶や情報を人と共有する経験
④ 夜に新しい情報を集めようとする脳の試み

[ヒント]

5〜9行目に，睡眠は脳が疲労から回復するのに必要であり，最近の研究では，睡眠は休息しようとする脳の積極的な試みであるという。また，睡眠はダメージを修復し，新たな1日をうまく送るのに十分なエネルギーを取り戻す脳の機能という説明がある。つまり，睡眠とは脳が正常な状態になるために必要なことなので①が正解となる。

問44 [答] ③

第3段落で，筆者は[　　　　]ために，睡眠時間についての情報を提示している。
① 推奨される睡眠時間は，時がたつにつれてどのように変化していくのかを説明する
② 睡眠に関連した体の成長についての新しい研究

を紹介する
③ 年齢によって，どれくらい寝るべきか決まっていることを明らかにする
④ 推奨される睡眠時間と実際の睡眠時間を比較する

[ヒント]

12行目に，私たちは何時間寝る必要があるのか？ 推奨される睡眠時間は，年齢によって異なっていると述べ，新生児，未就学児などの睡眠の推奨時間を提示している。従って③が正解。

①は推奨される睡眠時間は，年齢とともに変化しているが，第3段落ではその説明ではなく，あくまで推奨される睡眠時間の提示だけなので①は不正解。

問45 [答] ④

第4段落によると，正しいものは次のうちどれか？
① 過去の偉大な発明家の多くはショートスリーパーだった。
② どれくらい寝るのかに関わらず，昼寝は健康維持に役に立つ。
③ 男性はショートスリーパーの傾向であり，一方女性はロングスリーパーの傾向である。
④ ある人の理想の睡眠時間は，他の人にとってはベストではないかもしれない。

[ヒント]

26〜28行目に，大人にとって必要な睡眠時間は人によって異なり，自分自身で昼間に最高な状態で働ける最適な睡眠時間を見つけるべきだとある。従って正解は④である。

問46 [答] ④

第5段落によると，草食動物が肉食動物よりも睡眠時間が少ない1つの理由は何か？
① 草食動物はある場所から他の場所へと常に移動しなければならないからである。
② 草食動物は寝ている時のほうが速くエネルギーを取り戻すことができるからである。
③ 草食動物は脳や体を動かすのに必要なエネルギーが少ないからである。

④草食動物は１日に多くの時間を食事に費やすからである。

[ヒント]

32行目に植物は肉よりもカロリー，栄養が少ない傾向なので，草食動物は１日により多くの時間を食事に費やすとある。従って正解は④。植物を食べて必要なカロリー，栄養を摂取するにはそれだけ時間がかかるのである。

問47　[答]　③

第６段落によると，筆者は睡眠不足について何と述べているか？

①動物よりも人間に対してより深刻な問題を引き起こすであろう。

②今のところ，人間の健康への影響は明らかではない。

③長い目で見れば，人間の健康に悪影響をおよぼす可能性がある。

④人間にも動物にも死ぬ原因になると判明している。

[ヒント]

37～38行目に，長い目で見れば，睡眠不足は私たちの体に深刻な問題を引き起こす可能性があると述べているので③が正解である。過酷な睡眠不足の実験で，死に至ったのは動物（ネズミ）であるという記述はあるが，人間も死に至るという記述はないので④は不正解となる。

問48　[答]　③

次の文のうち，正しいものはどれか？

①人間にとって，睡眠は水ほど重要ではないが，食糧よりは重要である。

②ショートスリーパーのほうがロングスリーパーよりも，新しいことを覚えるのが得意な傾向がある。

③肉食動物は草食動物よりも，一度の食事で多くのカロリーを摂取できる。

④草食動物は，天敵が寝ている夜により多く食べる。

[ヒント]

①は第１段落で，人間が生きるために食糧と水，

さらに睡眠が必要だと述べているだけで，どれが一番重要かの説明はない。従って①は不正解。

②は第２段落で，睡眠不足が集中したり，物事を記憶したりすることを難しくするとあるが，ショートスリーパー，ロングスリーパーのどちらが物事を記憶するのが得意なのかという記述はないので②も不正解。

③は33～34行目に「１回の食事でより多くのカロリーと栄養を摂取できる肉食動物」という記述通りで正しい文である。また④は，草食動物は夜に食事するという記述は本文にはない。

問49　[答]　④

◯◯◯◯◯と言える。

①睡眠のメカニズムは，私たちの食事の量から学べる

②ショートスリーパーはロングスリーパーより長生きする傾向がある

③私たちの脳は，少なくとも10時間寝た時に最高の働きをすることができる

④私たち一人一人が最高に効果のある睡眠時間を知るべきである

[ヒント]

26～28行目に，大人にとって必要な睡眠時間は人によって異なり，一人一人が昼間に最高な状態で働ける最適な睡眠時間を見つけるべきだとあり，これに合うのは④で，この英文の筆者の主張でもある。

[語句と構文]

1行目 in order to live「生きるために」in order to do「～するために」目的を表す to 不定詞の副詞的用法

there is another thing（which）we absolutely need in life「生きていくのに絶対に必要なものがもう１つある」目的格の関係代名詞 which の省略　absolutely「完全に，絶対に」

3行目 still「それでもなお」have been trying ～現在完了進行形の継続用法で，今でも研究調査している意味である。to figure this out「これ（＝睡眠の必要性）を解決すること」

4行目 remain unknown「知られていないまま

でいる」→解明されていない

5行目 for our brain to recover from fatigue「脳が疲労から回復する」for our brain は to 不定詞（to recover）の意味上の主語　recover from ～「～から回復する」

recent studies show that ～「最近の研究では that 以下のことを明らかにしている」

6行目 our brain's active attempt to rest「休息しようとする私たちの脳の積極的な試み」to rest は attempt を説明する形容的用法の to 不定詞

in other words「言い換えれば」

it is a function of our brain to repair damage and restore energy「それ（＝睡眠）はダメージを修復し，活力を取り戻す脳の機能である」

to repair, to restore は our brain を説明する形容詞的用法の to 不定詞。

7行目 energy that is enough for our body to run for another day「私たちの体が新たな1日をうまく送るのに十分なエネルギー」

for our body は to run の意味上の主語

run「活動・生活などが進む」［類例］His life runs smoothly.「彼の人生は順風満帆だ」

that は energy を先行詞とする主格の関係代名詞

8行目 sleep is also said to be essential「睡眠はきわめて重要であるとも言われている」

essential「きわめて重要な」

for our brain to organize memories and retain information「脳が記憶を整理し，情報を保持する」for our brain は to 不定詞（to organize, to retain）の意味上の主語

9行目 symptoms of sleep loss「睡眠不足の症状」

10行目 find it difficult to concentrate or remember things「集中したり物事を記憶したりすることが難しいとわかる」it が形式目的語で to 不定詞（to concentrate or remember）をさしている。

12行目 the recommended sleep range「推奨される睡眠の範囲」→推奨される睡眠時間

vary depending on age「年齢によって異なる」

13行目 according to ～「～によると」

14行目 these numbers gradually decrease

「この数字は徐々に減る」these numbers →新生児の14～17時間の睡眠時間

15行目 as age goes up「年齢が上がるにつれて」

be encouraged to sleep at least 10 hours a day「1日に少なくとも10時間寝るように奨励される」

16行目 school age children「学齢児童」

17行目 as for adults「大人について言えば」

18行目 for those between the ages of 18 and 64「18～64歳の人」

19行目 for body growth「体の成長のためには」

21行目 people who can live a perfectly healthy life「完全に健康的な生活を送ることができる人」who は people を先行詞とする主格の関係代名詞　live ～ life 動詞の名詞形や動詞と似た意味の目的語が後ろに来る同族目的語の構文

［類例］He died a miserable death.「彼は無残な死を遂げた」　die の名詞形→ death

24行目 take a nap「昼寝する」

How much did they sleep?「彼らはどれくらい寝たのか？」これが we don't know exactly ～に接続されて間接疑問文の語順になっている。

25行目 ～ is said to have been a long sleeper.「～はロングスリーパーだったと言われている」

to have been と完了不定詞になっているので，「現在言われている（is said）」という主節に対して，「昔は～だった（to have been）」と時制がずれている。

a long sleeper, who regularly slept for 10 hours a day「ロングスリーパーで規則正しく1日10時間寝ていた」who は a long sleeper が先行詞の主格の関係代名詞であるが，直前にカンマがあるので a long sleeper を補足的に説明する非制限用法である。

26行目 as such「そのようなわけで」大人の睡眠時間はどれくらいなのか，ショートスリーパーの人もいればロングスリーパーの人もいる，そのようなわけで

the amount of sleep needed for adults「大人にとって必要な睡眠の総量」→睡眠時間　needed は sleep を後ろから修飾する過去分詞の形容詞的用法

27行目 differ from one person to another「人によって異なる」

we as individuals「私たちは個人個人として」→私たちは個々に

our own best sleep range that enables us to perform best during the day「私たちが昼間に最高の状態で働くことができる最適な睡眠時間」that は our own best sleep range を説明する主格の関係代名詞である。

29行目 interestingly enough「大変興味深いことに」the amount of sleep (which) they get「彼ら（=野生の動物）が取る睡眠時間」→彼らの睡眠時間　目的格の関係代名詞 which の省略

30行目 the nature of their eating habits「彼ら（=野生動物）の食習慣の特徴」

nature「特質，特徴」

plant-eating animals such as goats and cows「ヤギやウシのような草食動物」

31行目 sleep much shorter than ~「~よりもはるかに短く寝る」→睡眠時間がはるかに少ない

much は比較級（shorter）を強めている

flesh-eating animals such as tigers and lions「トラやライオンのような肉食動物」

32行目 this is because ~「これは~だからだ」this →草食動物は肉食動物よりも睡眠時間が短いこと

plant-eating animals spend more time a day eating「草食動物は1日により多くの時間を食事に費やす」

as plants tend to have fewer calories and less nutrition than meat「植物は肉よりもカロリー栄養が少ない傾向があるので」as「~なので」理由を表す接続詞

tend to do「~する傾向がある」

fewer calories and less nutrition「より少ないカロリー，より少ない栄養」

few/fewer は数えられる名詞（calories）を修飾

little/less は数えられない名詞（nutrition）を修飾

33行目 compared to ~「~に比べて」

flesh-eating animals that can consume more calories and nutrition in one meal「1回の食事でより多くのカロリーと栄養を摂取できる肉食動物」that は flesh-eating animals が先行詞の主格の関係代名詞　consume「~を消費する」→~を摂取する

34行目 they（=plant-eating animals）need to eat more often「草食動物はより頻繁に食べる必要がある」

35行目 in addition「さらに，そのうえ」in danger of ~「~の危険にさらされている」

36行目 , making it difficult …文脈から分詞構文で前の文につながっている。「その結果~である」という意味で，接続詞 and を補って書き換えると主節の主語が plant-eating animals だから~and plant-eating animals make it difficult for them to sleep long hours「そして，その結果草食動物は自分たちが長時間寝ることを難しくしているのである」となる。it は形式目的語で to sleep long hours を指しているが，to 不定詞に意味上の主語が for them（=草食動物）がある。

37行目 to function properly「正常に機能するために」目的を表す副詞的用法の to 不定詞

in the long term「長い目で見れば」

38行目 can cause serious problems「深刻な問題を引き起こす可能性がある」can「（可能性・推量を表わして）~がありうる」

be true for=be true of「~に当てはまる，~にも言えることだ」

39行目 in fact「実際に」experiments on rats ネズミを使った実験　severe「厳しい，過酷な」

40行目 lead to death「死に至る」

lead–led –led「~に導く」

a good night sleep will help us to live ~「十分な睡眠は私たちが~の生活が送るのに役に立つ」→十分な睡眠によって，私たちは~の生活が送れる help 人（to）do「人が~するのに役にたつ」

a healthy, productive life「健康的な，（実りが多く）豊かな生活」live a~life の同族目的語の構文

41行目 that is to say「すなわち，つまり」

英語　　正解と配点

問題番号		正　解	配　点
1	1	①	2
	2	②	2
	3	④	2
	4	③	2
	5	②	2
	6	③	2
	7	①	2
	8	③	2
	9	④	2
	10	③	2
2	11	③	2
	12	④	2
	13	④	2
	14	①	2
	15	②	2
	16	②	2
	17	①	2
	18	④	2
	19	②	2
	20	⑤	
	21	②	2
	22	③	
	23	②	2
	24	④	
	25	①	2
	26	③	
	27	①	2
	28	⑤	

問題番号		正　解	配　点
3	29	①	3
	30	③	3
	31	②	3
	32	④	3
4	33	②	2
	34	③	2
	35	①	2
	36	①	2
	37	④	2
	38	④	2
	39	③	2
	40	②	2
	41	①	2
5	42	②	3
	43	①	3
	44	③	3
	45	④	3
	46	④	3
	47	③	3
	48	③	3
	49	④	3

＊問19～28は2つ完答で2点。

令和3年度

基礎学力到達度テスト
問題と詳解

I リスニング・テスト

ただ今から放送によるリスニング・テストを行います。

● テストは Part1，Part2 に分かれています。それぞれの Part のはじめに放送される日本語の説明にしたがって，解答しなさい。

● 答えは，放送による英語の質問をそれぞれ聞いたあと，この問題用紙に印刷されている①〜④の中から最も適切なものを1つ選び，番号で答えなさい。

Part 1

これから，4組の短い対話を放送します。それぞれの対話のあとに，その対話について英語で質問を1つします。質問の答えとして最も適切なものを，下に印刷されている答えの中から1つ選び，番号で答えなさい。対話と質問は2回読まれます。

(1)
　① At a hospital.
　② At a library.
　③ At a department store.
　④ At a city hall.

(2)

(3)
　① He is going to write a letter to his high school friend.
　② He is going to invite his friend out to dinner next week.
　③ He is going to ask his old friend to visit his house.
　④ He is going to make a phone call to an old friend of his.

(4)

Part 2

　これから，短い英文を2つ放送します。それぞれの英文のあとに，その英文について英語の質問を1つします。質問の答えとして適切なものを，下に印刷されている答えの中から1つ選び，番号で答えなさい。英文と質問は2回読まれます。

(5)

Scheduled Arrival Time	Origin	Airline	Flight Number	Gate
8:55	Paris	Air France	292	39
9:35	Amsterdam	Royal Dutch Airlines	867	38
9:40	London	British Airways	19	36
10:00	Helsinki	Finnair	77	6

① 8:05　　　　② 8:35　　　　③ 9:15　　　　④ 9:30

(6)

2 次の(A), (B)の問いに答えなさい。

(A) 次のそれぞれの英文が説明する語として最も適切なものを①〜④から１つ選び，番号で答えなさい。

(7) This word means making you feel ashamed, nervous, or uncomfortable, especially in front of other people.
　　① embarrassing　　② calm　　③ grateful　　④ boring

(8) This word means to take something that someone offers you, or to agree to do something that someone asks you to do.
　　① consider　　② include　　③ deal　　④ accept

(9) This word means a picture or shape that has a particular meaning or represents a particular organization or idea.
　　① resource　　② factor　　③ model　　④ symbol

(10) This word means to be very important or large, when compared to other things or people of a similar kind.
　　① minor　　② positive　　③ major　　④ obvious

(B) 次の各英文の ☐ に入れるのに最も適切な連語を①～④から 1 つ選び，番号で答えなさい。

(11) When it ☐ playing the piano, no one in the class can play like Emily.
① comes to ② stays up ③ goes to ④ looks at

(12) The next international rugby games will ☐ in France in 2023.
① take on ② take place ③ take out ④ take back

(13) Mr. Jackson, I would like to ask you about the report that we are supposed to ☐ by next Friday.
① throw away ② hand in ③ pull back ④ look after

(14) We are campaigning ☐ thousands of refugees.
① in terms of ② regardless of
③ on behalf of ④ in spite of

3 次の各英文の ☐ に入れるのに最も適切な語（句）を①〜④から1つ選び，番号で答えなさい。

(15) Kazuya is only ten, so he is ☐ to participate in the election.
　　① not old enough　　② too old　　③ young enough　　④ not too young

(16) He sat on the sofa with his ☐ and soon fell asleep.
　　① legs crossed　　② legs crossing　　③ crossed legs　　④ crossing legs

(17) After you pay a bill, ☐ a receipt to show that you have paid.
　　① you give　　　　　　　　② you are given
　　③ you have given　　　　　④ you had been given

(18) When I got into the taxi, I noticed that I ☐ my wallet at home.
　　① forget　　　　　　　　② was forgotten
　　③ have forgotten　　　　④ had forgotten

(19) *A* : Have you decided ☐ places you will visit in France?
　　B : No, not yet. Do you have any recommendations?
　　① when　　　② whose　　　③ which　　　④ where

4 次の各英文中の空所には，それぞれ下の①～⑤の語が入ります。下の①～⑤の語を最も適切に並べかえて空所を補い，文を完成させなさい。解答は2番目と4番目に入れるものの番号のみを答えなさい。

(20) Many Japanese people ＿＿＿ □ ＿＿＿ □ ＿＿＿ communicate in English.

　　① very　　　② to　　　③ find　　　④ difficult　　　⑤ it

(21) What ＿＿＿ □ ＿＿＿ □ ＿＿＿ John would come back?

　　① did　　　② the　　　③ say　　　④ time　　　⑤ e-mail

(22) Today's ＿＿＿ □ ＿＿＿ □ ＿＿＿ whether we should accept the offer.

　　① discussed　　② be　　　③ is　　　④ question　　⑤ to

(23) I must apologize to you ＿＿＿ □ ＿＿＿ □ ＿＿＿ birthday party last week.

　　① coming　　② not　　　③ your　　　④ for　　　⑤ to

5 次の対話の空欄(24)〜(27)に入れるのに最も適切なものを①〜⑥から1つずつ選び，番号で答えなさい。ただし，同じ選択肢を2度以上使ってはいけません。

Jessica : Hi, Mom.

Mother : How did you do on the test?

Jessica : [(24)] I'm so relieved that it's over.

Mother : I'm glad to hear that. You've been studying so hard the past few weeks. Now, you
5   can relax and take it easy.

Jessica : Yes. What are you cooking? It smells really good.

Mother : I'm baking a cake. It's your favorite cheesecake.

Jessica : It looks very delicious. You're really good at baking, Mom. Oh, I also see some
        cookies over there. Can I have some?

10 *Mother* : No, you can't. John has to take something to his friend's house tomorrow. So those
        cookies are for him. Don't touch them. Got it?

Jessica : OK. Can I have a piece of the cheesecake now? [(25)]

Mother : Don't you want to wait until after dinner? Well, OK, go ahead.

Jessica : Thanks, Mom. By the way, did you see the new cranberry pie recipe that was
15   posted on that cooking website?

Mother : No, not yet. But I want to try it. You know our family is crazy about pies.

Jessica : When do you want to try the new recipe? I want to learn how to bake it, too.

Mother : OK. Well, I can get some cranberries at the supermarket tomorrow, and we could
        start baking in the afternoon when you get home from school.

20 *Jessica* : [(26)] So I won't get home until five tomorrow. Would that be too late to start
        baking, I wonder?

Mother : In that case, I'll prepare dinner early. Then I'll have everything ready before you
        get home.

Jessica : You used a lot of sugar and eggs to bake the cake and cookies today, right? Do we
25   have enough?

Mother : Don't worry. We still have enough to make at least ten pies.

Jessica : Ten pies? We can't eat that much. Let's make four cranberry pies then; one pie per
        person. That's enough, I think.

Mother : OK. It's a deal. Oh, I need to start cooking on today's dinner. Your dad and John
30   will be home soon. I'm sure they'll be very hungry and want dinner right away.

Jessica : [(27)]

Mother : I'll make roast beef and minestrone soup.

Jessica : Oh, they are my favorites. I can't wait!

— 47 —

① I'm so hungry and I have a weakness for sweets.
② Please choose whatever food you like.
③ I made a promise to go shopping with my friend.
④ I got a failing score on that test.
⑤ I knocked it out of the park.
⑥ What will we have for dinner?

(A) 次の英文とグラフを読んで，あとの問いに答えなさい。⒆～⒇は答えとして最も適切なものを①～④から１つ選び，番号で答えなさい。㉛は問題の指示に従って英語で答えなさい。

Have you ever heard of the term "food self-sufficiency ratio"? It's an *indicator that shows how much of the food consumed by the people of a country is produced domestically. Also, many people know that Japan's food self-sufficiency ratio is quite low. In 1946, just after the war, it was 88%. However, it began to fall slowly and has
5 remained steady at around 40% for over 20 years from 1995. The main reason is that the demand for meat and bread for which Japan has to depend on through imports increased rapidly.

Compared to other developed countries, Japan's food self-sufficiency ratio is the lowest. Canada, which has the highest food self-sufficiency ratio, exceeds 250%,
10 followed by Australia, the United States, and France, which exceed 100%. The other group, which keeps less than 100% ratio, contains Germany, Great Britain, Italy, Switzerland, and Japan.

Japan's low food self-sufficiency ratio has given many Japanese an impact and a sense of crisis. When imports from foreign countries are interrupted for some reason,
15 such as due to bad or *abnormal weather, or some other international situation, the Japanese diet is greatly affected. There are also concerns about a potential global food shortage due to the *explosive population growth of the world.

The first step in raising the food self-sufficiency ratio is to make sure that each person is aware of the problem and that the government, companies, and consumers do
20 what they can do from their *respective *standpoints.

〔注〕 indicator（示すもの，指標） abnormal（異常な） explosive（爆発的な） respective（各自の）
standpoint（立場）

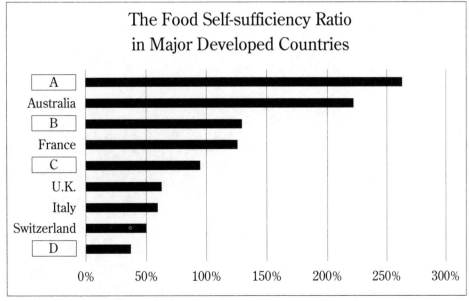

The Food Self-sufficiency Ratio in Major Developed Countries

(28) Which country is in blank C?
　　① Japan
　　② the United States
　　③ Canada
　　④ Germany

(29) Why is Japan's self-sufficiency ratio low?
　　① Because Japan's population is increasing.
　　② Because it's cheaper to import farm products from abroad.
　　③ Because the eating habits of Japanese have greatly changed.
　　④ Because Japan is under pressure to buy farm products.

(30) According to the passage, which of the following statement is <u>NOT</u> true?
　　① Japan's food self-sufficiency ratio has been decreasing for the last 20 years.
　　② Japan's food self-sufficiency ratio in 1946 was more than twice as high as that of today.
　　③ Many people recognize that the food self-sufficiency ratio in Japan is very low.
　　④ About 60% of Japan's food supply has depended on supplies from abroad.

(31) According to the passage, what should we do to raise Japan's food self-sufficiency ratio? Answer in English on your answer sheet. Your answer may be two or more sentences, but should be no more than 15 words.

(B) 次の各問いのパラグラフ(段落)には,まとまりをよくするために取り除いた方がよい文が それぞれ1つあります。取り除く文として最も適切なものを,下線部①〜④から1つ選び, 番号で選びなさい。

(32)

World Heritage Sites are places which are very important from a cultural or natural point of view. ①These places are selected by UNESCO, an agency of the United Nations. The World Heritage Convention is a United Nations *treaty that governs the selection and protection of these sites. Nations that have agreed to the treaty elect 21 nations to
5 the UNESCO World Heritage Committee. ②That committee decides on the inclusion of sites to the list. ③Mont Saint-Michel and its bay were designated as a World Heritage Site in 1979. ④Sites include places such as forests, mountains, lakes, deserts, monuments, buildings, complexes, or cities.

〔注〕 treaty(条約)

(33)

Clouds are made out of water *droplets or ice crystals floating in the air, and the frozen water in a typical cloud can be as heavy as several million tons. The reason clouds don't fall onto the ground is related to *density. ①When you fill a bathtub with water and drop a large cotton ball into it, it remains floating on the surface even if it is
5 heavy enough to sink. ②That's because the cotton ball has a lower density than the water. The cotton ball and the water in the bathtub are like a cloud and the air in our atmosphere. ③*Cumulonimbus clouds are created when rising warm air meets cool air at higher altitudes. ④Just like this, the cloud never comes crashing down to the ground because it is less dense than the air.

〔注〕 droplet(水滴) density(密度) cumulonimbus cloud(積乱雲)

(34)

We can use imaginary lines to show our location on Earth. The *equator divides the Earth into two *hemispheres. Lines of *latitude run parallel to the equator. ①We can measure latitude by using degrees from 0 degrees to 90 degrees; from the equator to the North and South Poles. ②It is often assumed that the equator is the hottest place
5 on Earth, but this is not true. ③On the other hand, *vertical lines are called lines of *longitude. ④The 0 degrees line that serves as the standard of longitude, which is called the Prime Meridian, passes through Greenwich, England. The International Date Line is roughly along 180 degrees longitude, opposite the Prime Meridian.

〔注〕 equator(赤道) hemisphere(半球) latitude(緯度) vertical(垂直の) longitude(経度)

7 次の英文を読んで，あとの各問いに対する答えや，空欄に入るものとして最も適切なものを①〜④から１つ選び，番号で答えなさい。

The first *Incas settled in a valley near Cusco in what it is now Peru around 1200 and gradually built a great kingdom through their military strength. The Inca civilization had become the largest empire in the Americas before the arrival of Columbus. At that time, the Inca Empire extended 3,200 kilometers through northern Ecuador to central Chile and
5　united different cultures and religions into a harmonious society.

　　The collapse of the Inca Empire started when Spanish explorers carried diseases such as *smallpox and the flu to the Incas. These diseases spread surprisingly fast as they didn't have *immunity against newly brought viruses. As a result, the population of the Empire greatly decreased, which led to the decline of its national strength.

10　Disease also caused another serious incident, a civil war. It was *triggered when the eleventh emperor, *Huayna Capac, and his crown prince, *Ninan Cuyochi, died of smallpox in 1527. According to the Inca tradition, only the son of the emperor and his *legal wife could be the next emperor after the death of his father. Following this tradition, *Huascar was the *successor to the *throne after the death of his older brother, Ninan Cuyochi, and
15　was crowned in Cusco. Meanwhile, in the second capital of the Inca Empire, *Quito, his *half-brother, *Atahualpa was considered a more capable warrior and was crowned by his supporters. However, he didn't have *legitimacy to the throne as his mother was a *concubine.

　　Huascar thought of himself as the true successor to the empire and started a long civil
20　war which 　(A)　 five years until 1532. Atahualpa eventually won the war and seized the throne, but the Inca Empire was *torn apart by the long civil war. In this way, the decline of the empire started before the Spanish *conquistador, Francisco Pizarro, arrived, but his arrival 　(B)　 its decline and eventually destroyed its civilization.

　　It was in 1532 that the conquest of the Inca Empire started. One day in November of
25　that year, a group of Spanish adventurers led by Pizarro arrived in Cajamarca. Atahualpa welcomed them, but Pizarro *stuck at nothing to achieve his aims. He tricked Atahualpa into visiting the Spanish camp. Atahualpa regarded the meeting with them as a peaceful gathering where the newcomers would present their respect to the emperor. He soon found his view wrong, but it was too late. Pizarro captured him and made him prisoner, and then
30　killed him on August 29, 1533.

　　Once the absolute ruler was dead, Pizarro and his men easily entered Cusco in late 1533 and began the conquest of the empire with their superior weapons. They had firearms, which seemed to the Incas, like weapons of *supernatural power from the gods. Meanwhile, Inca weapons were made of bronze and stone. So they were no match for the
35　guns and swords the enemies used. By 1537, the whole of the Inca Empire was under the control of Spain.

　　(C)Under the rule of Spain, Inca culture greatly changed, and ultimately became *Hispanicized. Spain brought its culture to the Incas and forced them to adopt it. The Inca

religion was destroyed, and a new religion, *Christianity, took over the whole country. A
40 new language, Spanish, took the place of *Quechua, the official language of the Inca Empire.
The traditional Inca social structure collapsed, and a new, foreign social system was imposed
on the Incas. The Incas could hardly protect their tradition and culture.

〔注〕 Inca（インカ人）　 smallpox（天然痘）　 immunity（免疫）　 trigger（引き金を引く）
Huayna Capac（ワイナ＝カパック）　 Ninan Cuyochi（ニナン＝クヨチ）　 legal wife（正妻）
Huascar（ワスカル）　 successor（継承者）　 throne（帝位）　 Quito（キト）
half-brother（異母兄弟）　 Atahualpa（アタワルパ）　 legitimacy（正当性）　 concubine（側室）
torn（tear［…を引き裂く］の過去分詞）　 conquistador（征服者）　 stick at nothing（手段を選ばない）
supernatural（超自然的な）　 Hispanicize（スペイン化する）　 Christianity（キリスト教）
Quechua（ケチュア語）

(35) Which of the following is true about the beginning of the Inca Empire?
　　① Some immigrants from Spain built the empire near Cusco around 1200.
　　② The Incas moved to Cusco from countries such as Peru, Ecuador and Chile.
　　③ The Incas first appeared in what it is now Peru about 820 years ago.
　　④ The first Incas settled in a valley near Cusco in the early 12th century.

(36) What influence did diseases like smallpox and the flu have on the Inca Empire?
　　① People were forbidden from going out to stop the further spread of the
　　　 diseases.
　　② A pandemic occurred as the Incas didn't have immunity to these viruses.
　　③ The successor of the empire lost his position due to these infectious diseases.
　　④ The Incas suffered a serious food shortage and many of them died of hunger.

(37) What made it difficult for Atahualpa to succeed the throne?
　　① His father, Huayna Capac, opposed him being the successor to the throne.
　　② He was thought to be a less capable warrior than his older brother, Huascar.
　　③ He didn't win the support of the public because he was rude and violent.
　　④ His succession was against the Inca tradition as his mother wasn't an official
　　　 wife.

(38) Choose the right combination of words to fill in blanks (A) and (B).
　　① (A): lasted　　　　 (B): accelerated
　　② (A): lasted　　　　 (B): prevented
　　③ (A): ended　　　　 (B): hastened
　　④ (A): ended　　　　 (B): witnessed

〔問題は次ページへ続きます〕

(39) Which of the following is true about Francisco Pizzaro?
   ① He was captured and sent to prison but escaped.
   ② He cheated Atahualpa into going to Spain by ship.
   ③ He showed respect to Atahualpa when they met.
   ④ He was a man who stopped at nothing to accomplish his purpose.

(40) How did Francisco Pizzaro and his men indicate their superiority to the Incas?
   ① They fought with bronze and stone swords.
   ② They used firearms such as guns in battle.
   ③ They entered Cusco after the death of Atahualpa.
   ④ They began the conquest of the Inca Empire.

(41) Which of the following is NOT included in the Hispanicization of the Incas in underlined part (C)?
   ① A new language, Spanish, became the dominant language of the Incas.
   ② The traditional social system was changed and a new one was introduced.
   ③ The King of Spain also held the post of Emperor of the Inca Empire.
   ④ The Incas were forced to convert from their native religion to Christianity.

(42) Which is the best title of the passage?
   ① The remains of an ancient Inca city in Peru
   ② A nation that once dominated the vast regions of South America
   ③ A Spanish conquistador who conquered the Incas
   ④ The decline and fall of the Inca Empire

令和3年度　9月実施

Ⅰ　リスニング・テスト

ただ今から放送によるリスニング・テストを行います。

● テストは Part (A), Part (B), Part (C) に分かれています。それぞれの Part の初めに放送される日本語の説明に従って，解答してください。

● 答えは，放送による英語の質問をそれぞれ聞いたあと，①〜④の中から最も適切なものを1つ選び，番号で答えてください。

Part (A)

問題用紙に印刷されているそれぞれの写真を見ながら，放送される英文を聞いて答えてください。解答は4つの選択肢の中から，最も適切なものの番号を1つ選んでください。放送を聞きながら，メモをとってもかまいません。英文は2回読まれます。では，第1問から始めます。

問1

問2

問3

Part (B)

これから，5組の短い対話を放送します。それぞれの対話のあとに，その対話について英語の質問を1つずつします。質問の答えとして最も適切なものを，下に印刷されている答えの中から1つ選び，番号で答えなさい。対話と質問は2回読まれます。

問4

  ① She is planning to move to Spain.
  ② Her favorite band sings in Spanish.
  ③ She wants to sing Spanish songs.
  ④ Her brother is fluent in Spanish.

問5

  ① She will borrow some books from the man.
  ② She will ask the man to help her with her schoolwork.
  ③ She will get up early and study in the morning.
  ④ She will exercise in the morning to stay healthy.

問6

  ① They will order two pizzas and cook pasta.
  ② They will cook pasta and make a salad.
  ③ They will order three pizzas and some side dishes.
  ④ They will make a salad and order French fries.

問7

①
②
③
④

問8

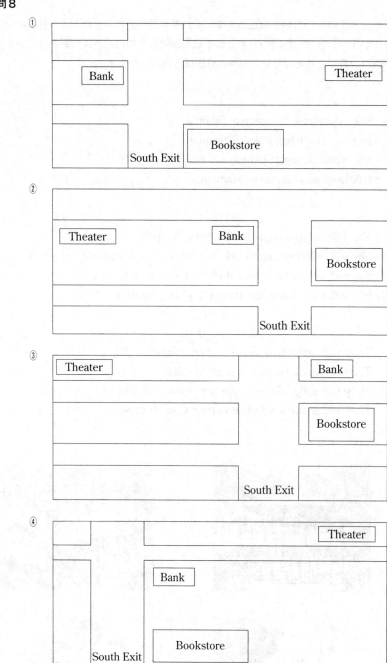

Part (C)

これから，やや長い英文を1つ放送します。英文のあとに，その英文について英語の質問を2つします。質問の答えとして最も適切なものを，下に印刷されている答えの中から1つ選び，番号で答えなさい。英文と質問は2回読まれます。

問9

① The department store will open earlier than usual.

② People can buy summer clothing at half the price.

③ People can save up to 20% on furniture items.

④ There will be new restaurants and cafes.

問10

① People can buy one sweater and get another for free.

② People can have some items delivered for free.

③ People can get special discounts on tables and beds.

④ People can eat at restaurants and cafes cheaply.

2 次の(A), (B), (C)の問いに答えなさい。

(A) 次の英文の ☐ に入れるのに最も適切な語(句)を①～④から1つ選び, 番号で答えなさい。

問11　Kate is reading a news article ☐ in French.
　　　① write　　　② written　　　③ writing　　　④ wrote

問12　Sam had already finished dinner when his brother ☐ home.
　　　① comes　　　② would come　　　③ came　　　④ had come

問13　Is there anything you want to ☐ about?
　　　① mention　　　② discuss　　　③ say　　　④ talk

問14　Jack fell asleep ☐ watching TV.
　　　① while　　　② as　　　③ during　　　④ since

(B)　次の対話の □ に入れるのに最も適切なものを①〜④から 1 つ選び，番号で答えなさい。

問15　A : Dan, do you have a minute ? I want to ask you something.

　　　B : Now ? Let me finish writing this essay. I'll be done in five minutes.

　　　A : □ I'll wait.

　　　B : OK.

　　　① You must be kidding.

　　　② I did my best.

　　　③ Thanks for asking.

　　　④ Take your time.

問16　A : I forgot my pencil case today. Do you have an extra pen or pencil ?

　　　B : I have both. Which do you want ?

　　　A : □

　　　B : I'll let you use the pencil then. You can use this eraser, too.

　　　A : Thanks.

　　　① I thought you had one.

　　　② I need a red pen.

　　　③ Either one is fine.

　　　④ None of them are useful.

〔問題は次ページへ続く〕

問17　*A :* Have you met Jessie ? She's a new student.

　　B : Yes, I have. I had a chance to talk to her this morning. It turns out ☐ .

　　A : Oh really ? How so ?

　　B : Well, we both like playing sports, watching movies, and taking pictures.

　　① 　we were born in the same town

　　② 　I haven't seen her for a long time

　　③ 　we have a lot in common

　　④ 　she is good at basketball

問18　*A :* Hi, Joe, I'm glad I ran into you ! I was planning to call you, but ☐ .

　　B : What is it ?

　　A : I got accepted into Boston Music Academy.

　　B : Wow, that's great news ! Congratulations !

　　① 　it's good that I can tell you in person

　　② 　I'm happy that we were able to talk

　　③ 　you are the one who asked me to call you

　　④ 　you should have told me earlier

(C) 次の各英文中の空所には，それぞれ下の①～⑤の語(句)が入ります。下の①～⑤の語(句)を最も適切に並べかえて空所を補い，文を完成させなさい。解答は 19 ～ 28 に入れるものの番号のみを答えなさい。

問19・20 I couldn't tell ＿＿＿＿ 19 ＿＿＿＿ 20 ＿＿＿＿ not.

① joking ② was ③ if ④ or ⑤ he

問21・22 I ＿＿＿＿ 21 ＿＿＿＿ 22 ＿＿＿＿ me.

① want ② to ③ with ④ you ⑤ come

問23・24 I ＿＿＿＿ 23 ＿＿＿＿ 24 ＿＿＿＿ well like you.

① could ② the guitar ③ I ④ play ⑤ wish

問25・26 Our new gym is ＿＿＿＿ 25 ＿＿＿＿ 26 ＿＿＿＿.

① one ② as ③ twice ④ as large ⑤ the old

問27・28 Sarah ＿＿＿＿ 27 ＿＿＿＿ 28 ＿＿＿＿ yesterday.

① out ② feel ③ didn't ④ like ⑤ going

3 次のグラフと英文を読んで，あとの各問いに対する答えとして最も適切なものを①～④から１つ選び，番号で答えなさい。

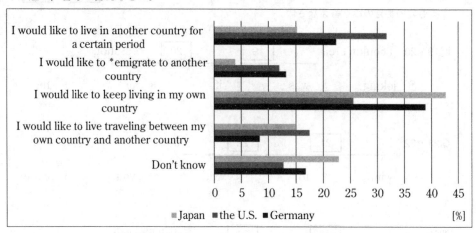

[Adapted from International Survey of Youth Attitude 2018, Cabinet Office]

Do you like traveling abroad？ Perhaps many people would answer "yes" to this question. But how many people want to *live* abroad？ Moving to another country is different from visiting. It forces one to face various challenges yet helps one understand cultural differences and values on a much deeper level.

5　　In a survey that was conducted in 2018, about 7,000 people between the ages of 13 and 29 from seven countries were asked whether they would like to live in another country in the future. The above graph shows the answers of people from three of the seven countries: Japan, the United States, and Germany.

As shown in the graph, the participants were given five choices, and more than 40% of
10 Japanese participants answered that they want to keep living in Japan. This percentage was the highest among the seven countries. In contrast, the United States had the highest percentage of people who said they want to live in another country for a certain period.

The answers from Germany were somewhat similar to those from Japan, with the top answer being "I would like to keep living in my own country," but about 13 percent of
15 participants answered they would like to emigrate to another country. In Japan, only 4 percent of people chose this answer.

People have different reasons for wanting to live in another country or stay in their own country, so we can't make any conclusion about young people's attitude toward living abroad. The attitude expressed by Japanese youth may reflect their satisfaction with the
20 society and culture of their own country. That is a point that should be *appreciated, but on the other hand, I believe that living in another country can help us understand more about our own country, too.

〔注〕emigrate：移住する　　appreciate：(～のよさ)を評価する

— 64 —

問29 次の各文で，グラフが表している内容を正しく説明しているものを1つ選び，番号で答えなさい。

① The change in popularity of the three countries as tourist destinations.

② How people's attitudes toward living abroad differ from country to country.

③ The comparison of the living standards in the three countries.

④ The number of people who want to move to Japan, the U.S., or Germany.

問30 次の各文で，グラフからわかることを1つ選び，番号で答えなさい。

① The number of people who want to live in another country for a certain period is lower in Germany than in Japan.

② The number of people who want to keep living in their own country is higher in the U.S. than in Germany.

③ Japan has the lowest percentage of people who would like to emigrate to another country.

④ Germany has the highest percentage of people who want to travel between their own country and another country.

問31 グラフで示された結果に関連して，筆者の意見として本文で述べられているものを1つ選び，番号で答えなさい。

① The experience of living in another country can give us a better understanding of our own country.

② Many people move to another country because they believe they can start new lives.

③ Traveling is one of the best ways to explore and understand cultural differences.

④ People today have many chances to learn new languages within their own countries.

問32 次の各文で，グラフまたは本文の内容に合致するものを1つ選び，番号で答えなさい。

① About 7,000 people in Japan participated in the survey along with thousands of others in the U.S. and Germany.

② The survey was conducted in a total of seven countries, and the graph shows part of its results.

③ More than 20% of people in Japan answered they would like to live in another country for a certain period.

④ More people in Japan now are willing to move out of their own country and experience different lives than ever before.

4 次の【A】，【B】の各英文を読んで，文意が通じるように，[33]～[41]に入れるのに最も適切な語を①～④から1つ選び，番号で答えなさい。

【A】

Have you ever heard of the term "glass ceiling"? It's a *metaphor for an invisible barrier that prevents women and members of minorities from improving their positions at work. In Japan, it often refers to a [33] that is imposed on women that keeps them from getting higher positions in their workplaces.

5 　In the past, this "ceiling" was rather visible. There was no law to protect women from being treated unfairly at work, [34] for when they get pregnant and have children. For a long time, the Japanese society expected women to "stay at home" once they got married. This has led many women to give up their careers. Today, it seems that men and women are given the same [35] to advance in society, but have people's views on gender roles 10 changed over time?

　A survey that was conducted in Japan in 2009 revealed that 46% of people were supportive of the idea that women should continue working after having children. Ten years later, in 2019, this figure had [36] to 61%. On the other hand, 20% of people in 2019 answered that women should quit their jobs once they get pregnant and return to work after 15 their children have grown up. It should also be noted that 4% of people chose the answer "It's better for women not to have a job." It's important to have a system that assures gender equality, but [37] *ultimately removes the glass ceiling is people's attitudes.

〔注〕metaphor：暗喩，例え　ultimately：最終的に

問33
① career　　② wage　　③ benefit　　④ limit

問34
① recently　　② carefully　　③ annually　　④ especially

問35
① opportunities　② industries　③ experiments　④ quantities

問36
① increased　　② dropped　　③ returned　　④ remained

問37
① that　　② which　　③ what　　④ how

【B】

Plastic waste is one of the biggest ⬛38⬛ problems in the world today. Many countries have been making efforts to reduce the use of plastic. France, for example, is taking steps to ban all *single-use plastics by 2040. Single-use plastic products such as plates and cups are now banned there. Last year, Japan made its own move. Since July 1, 2020, *retail
5 stores in Japan have been ⬛39⬛ to charge for plastic bags. It might be a small step, but it's an important start.

Still, more than 300 million *tonnes of plastic products are produced every year globally, and the great majority of them end up as waste. Henderson Island, an *uninhabited island located in *the South Pacific Ocean, has become a representation of plastic waste.
10 The currents of the ocean bring some thousand pieces of plastic to its beach every day, and about 18 tonnes of plastic waste have reached the island over decades. This island reportedly has more plastic waste than any other area of its size, which means it has the highest ⬛40⬛ of plastic waste in the world.

It's so easy to forget about problems like this ⬛41⬛ our house gets covered with plastic
15 waste that someone else has thrown away. But plastic waste is a global issue, and we are all responsible for it. What we do now will change our future.

〔注〕 single-use：使い捨ての　　retail store：小売店，商店　　tonne：メートルトン（重さの単位）
　　　uninhabited：無人の　　　the South Pacific Ocean：南太平洋

問38
　　① medical　　② environmental　③ traditional　　④ bilingual

問39
　　① required　　② explained　　③ competed　　④ criticized

問40
　　① priority　　② density　　③ stability　　④ quality

問41
　　① if　　　② when　　③ unless　　④ because

5 次の英文を読んで，あとの各問いに対する答えや，空欄に入るものとして最も適切なものを①
　～④から１つ選び，番号で答えなさい。

(1)　　　We all know that computers can do certain things much faster and more efficiently than humans. In fact, much of our life today depends on what computers do for us. Now, the emergence of artificial intelligence, or AI, is expected to take us to a new level of life.

(2)　　　One way to define AI is that it's an ability of a machine to perform tasks that require　5 human intelligence such as speech recognition and visual perception. This is why AI robots can respond to people telling them to do certain tasks or identify objects on their own. With the ability to process a massive amount of data in a matter of seconds, AI is expected to be useful in a number of fields, from automated driving, language translation to medical care. In the field of *nursing care, for example, an AI-based sensor can be　10 used to monitor the health conditions of patients in nursing homes 24 hours a day. Caretakers can rely on the sensor which detects anything unusual and immediately notifies them.

(3)　　　AI is also expected to be highly beneficial in enhancing security in our everyday lives. Facial recognition in particular has been adopted by many organizations as a way　15 to verify people's identities. The machine recognizes facial features of a person and compares the information to its existing data about the person. If the two sets of data match, the person is verified. In this way, AI not only identifies people who want to be correctly identified, but it can help catch criminals by identifying those who are wanted by police. The matching can be done instantly with high accuracy; even a person　20 wearing a face mask or sunglasses can be identified now.

(4)　　　While AI benefits our lives in many ways, some people see it as a threat to humanity. *McKinsey Global Institute predicts that 40 to 160 million women worldwide may be required to change their jobs by 2030. As we have already seen many *clerical tasks being replaced by machines, occupations such as secretaries, receptionists and　25 *bookkeepers are more likely to be lost to robots and machines. According to their data, 72% of clerical jobs in advanced countries are held by women. Another group that is likely to be affected is the young generation. This is because many young people tend to get their first jobs as cashiers and servers which are routine-based, and generally do not require much experience. These types of jobs are at a high risk of automation.　30

(5)　　　Is AI going to have an influence on the field of art as well? In 2014, a group of experts in the fields of data science and art history began working on a project titled "The Next Rembrandt." It was an attempt to bring Rembrandt van Rijn, a world-famous *Dutch artist from the 17th century, back to life by creating a new painting based on the data of his 346 artworks. They collected data, analyzed patterns, and let the　35 computer create a new painting that could possibly pass as something made by Rembrandt himself. This project, completed in 2016, *startled the world, as the work looked exactly like a real Rembrandt's painting. Whether or not AI can create art is still debatable, but this project has shown the possibilities of what we can do with data.

(6)   So what should we expect next? There is no doubt that AI technology will continue 40
to grow and surprise us in many years to come. Some jobs will be lost in the process,
but at the same time, such technology is expected to generate new kinds of jobs and
business opportunities. It's up to us to decide whether we adapt or give in to changes.

〔注〕 nursing care：介護
McKinsey Global Institute：マッキンゼー・グローバル・インスティチュート（マッキンゼー社の研
究機関）
clerical task：事務作業　　bookkeeper：簿記係
Dutch：オランダ人の　　startle：驚かせる

問42　In the first paragraph, the author implies that AI ☐.
    ① will help a certain group of people make the world a better place
    ② will make us experience things we have never seen before
    ③ will enable computers to develop new technology on their own
    ④ will replace human brains with its ability to predict the future

問43　According to the second paragraph, how can AI be useful in nursing homes?
    ① It constantly monitors the conditions of patients.
    ② It can help caretakers work 24 hours a day.
    ③ It processes the data of patients to suggest treatment plans.
    ④ It detects unusual behavior of visitors and gives a signal.

問44　According to the third paragraph, how can AI enhance security in our life?
    ① It helps various organizations to protect personal data of their clients.
    ② It helps the police to collect information about patterns of various crimes.
    ③ It helps catch criminals by identifying people with certain facial features.
    ④ It helps find people who are hiding their faces with masks or sunglasses.

問45　According to the fourth paragraph, which of the following is true?
    ① Women and young people are most likely to be affected by technologies
      replacing human jobs.
    ② It is predicted that new technology will generate 40 to 160 million jobs by
      2030.
    ③ Young people can adapt to changes more easily than adults because
      technology is part of their life.
    ④ More than 72% of clerical jobs today require both technology and
      management by humans.

〔問題は次ページへ続く〕

問46 According to the fifth paragraph, "The Next Rembrandt" was a project ⬚ .
 ① to preserve Rembrandt's 346 paintings from the 17th century
 ② to make an accurate copy of a Rembrandt's artwork using AI technology
 ③ to create a portrait of Rembrandt based on the analysis of modern artists
 ④ to have a computer create a new painting based on the data of Rembrandt's artworks

問47 According to the sixth paragraph, what is the author's view on the future of AI technology ?
 ① It is doubtful that humans will be able to make good use of new technology.
 ② It will replace some human jobs but can create new ones at the same time.
 ③ It will make more people lose jobs and force them to create new jobs on their own.
 ④ It will make people give in to changes and let computers take control of their life.

問48 Which of the following is true ?
 ① AI can be defined as an ability of a machine to understand human emotions.
 ② AI today can recognize facial features of a person even if the face is partially hidden.
 ③ More than half of clerical jobs in the world are being replaced by machines and robots now.
 ④ AI can be used to create accurate portraits of people from the past.

問49 It can be said that ⬚ .
 ① AI will bring more disadvantages than advantages to human life
 ② AI will exceed the ability of human brain in the next few years
 ③ AI will change the kind of jobs that are available for humans
 ④ AI is expected to be highly useful in the field of art creation

令和3年度　4月実施　解答と解説

1 リスニング・テスト

Part 1

（1） 放送文

M：Excuse me. I'd like to borrow these books.

W：Sure. Do you have your library card?

M：Oh, no. I don't have a library card.

W：You can get one right now if you'd like. Could you fill out this application form and show me your ID card?

M：I'm finished. Here you go.

Question：Where is this conversation taking place?

放送文の訳

男性：すみません。これらの本を借りたいのですが。

女性：いいですよ。図書カードはありますか？

男性：いいえ。ありません。

女性：よろしければ，すぐにお持ちになれます。この申込書に記入して，あなたのIDカードを見せてくださいますか？

男性：終わりました。はい，どうぞ。

質問：この会話はどこで行われているのか？

選択肢の訳

①病院　②図書館　③デパート　④市役所

[解説]

（1） [答] ②

　冒頭で男性が「本を借りたい」と述べ，女性が「図書カードはあるのか？」と聞いていることから図書館での会話だとわかる。正解は②。

fill out this application form「この申込書に記入する」

（2） 放送文

W：Are you going to eat dinner at home tomorrow?

M：Yes, I am. But why?

W：I will probably be late coming home tomorrow. Can you cook dinner for us?

M：Of course. What do you want to eat?

W：Well…, I want some chicken and potatoes. I can go to the supermarket in the morning, so I will buy them.

M：Sounds good. OK, I'll make them tomorrow. When you come home, let's eat dinner together.

W：Oh, thank you. It's very kind of you.

Question：What will the man do tomorrow?

放送文の訳

女性：明日は家で夕食を食べるの？

男性：そうだよ。でも，なぜ？

女性：たぶん，明日は帰りが遅くなるのよ。夕食作ってくれる？

男性：もちろん。何が食べたい？

女性：そうね，チキンとポテトが食べたいわ。午前中にスーパーに行って，それらを買っておくね。

男性：いいね。明日作るよ。君が帰ったら，一緒に夕食にしよう。

女性：ありがとう。とても親切ね。

質問：男性は明日何をするのか？

[解説]

（2） [答] ④

　明日帰りが遅いので，夕食を作ってくれないかという女性のお願いに，男性は，"Of course." と返事している。さらに最後にも，「明日作るよ。帰ったら，一緒に夕食にしよう」と述べている。従って正解は夕食を作っている④となる。

（3） 放送文

M：I just received a letter from one of my friends from high school. He will come back to this town. In his letter, he asked me to have dinner together.

W：That's nice. When will he come back here?

M：June 7. Oh, on that day, your mother will visit our house. I can't go to see him.

W：All right. I will tell my mother about it, so you should see your old friend for the first time in a while.

M：Thank you. Then I will write back to him soon.

W：You're lucky to be back in touch with your friend again.

M：Yes. I'm looking forward to seeing him.

Question：What is the man going to do?

放送文の訳

男性：高校時代の友達から手紙が届いてね，この町に戻って来るそうなんだ。手紙の中で，一緒に夕食を食べようと誘ってきたよ。

女性：いいわね。いつ戻って来るの？

男性：6月7日だよ。あっ，その日は君のお母さんが家に来る日だ。彼に会いに行けないな。

女性：大丈夫よ。そのことを母に言っておくわ。久しぶりだから，昔の友達に会い行ったら？

男性：ありがとう。それじゃ，彼にすぐに返事を書くよ。

女性：また友達と連絡を再開することは幸運なことよ。

男性：そうだね。会えることが楽しみだよ。

質問：男性は次に何をするのか？

選択肢の訳

①彼は高校時代の友人に手紙を書く。

②彼は来週友人を夕食に招待する。

③彼は昔の友人に家に訪ねてくるように頼む。

④彼は昔の友人に電話をする。

[解説]

（3）［答］①

　最後のほうで，男性が "Then I will write back to him." 「手紙で彼に返事を書く」と述べているので正解は①。この部分の聞き取りがポイント。for the first time in a while 「久しぶりに」

（4）　放送文

W：Have you had enough time to look over the menu?

M：Yes, I was just about to order. I'd like this A set.

W：Sure. You can choose grilled fish or sirloin steak.

M：Sirloin steak, please.

W：Certainly. Will there be anything else that I can get you?

M：Yes. Can I get a salad and some bread? And I'd like a glass of orange juice.

W：Sure. Just a moment.

Question：Which picture shows what the man is going to have?

放送文の訳

女性：メニューはゆっくりご覧になりましたか？

男性：はい，ちょうど注文するところでした。このAセットをお願いします。

女性：わかりました。焼き魚かサーロインステーキを選べます。

男性：サーロインステーキをください。

女性：承知しました。他に何かお持ちするものがありますか？

男性：はい，サラダとパンをお願いします。それに，オレンジジュースもください。

女性：わかりました。少々お待ちください。

質問：男性が食べるものを表しているのはどの絵か？

[解説]

（4）　［答］③

　男性のセリフ "Sirloin steak, please." "Can I get a salad and some bread? And I'd like to a glass of orange juice" の聴き取りがポイントで③が正解。あらかじめ，魚の絵は① ②，ステーキの絵は③ ④と頭に入れておきたい。

Part 2

（5）　放送文

M：Good morning, ladies and gentlemen. This is ABC International Airport flight information. Please notice there are some changes in the scheduled arrival time. There is a delay in Air France flight 292 from Paris and it will arrive at quarter past nine at Gate 39. KLM Royal Dutch Airline flight 867 from Amsterdam will arrive an hour earlier than scheduled at Gate 38. British Airways flight 19 from London will arrive an hour and thirty-five minutes earlier than scheduled at Gate 36. Finnair flight 77 from Helsinki will arrive thirty minutes earlier than scheduled at Gate 6.

Question：What time will the flight from London arrive?

放送文の訳

男性：皆さま，おはようございます。こちらはABC国際空港のフライト情報です。予定到着時刻に変更がありますのでご注意ください。パリ発のエールフランス292便に遅れが出ており，39番ゲートに9時15分に到着予定です。アムステルダム発KLMオランダ航空867便は38番ゲートに予定より1時間早く到着予定です。ロンドン発ブリティッシュ・エアウェイズ19便は36番ゲートに予定より1時間35分早く到着予定です。ヘルシンキ発フィンランド航空77便は6番ゲートに予定より30分早く到着予定です。

please notice ～「～に注意してください」
the scheduled arrival time「予定到着時刻」
quarter past nine「9時15分」
arrive an hour earlier than scheduled（arrival time）「予定よりも1時間早く到着する」
質問：ロンドン発の便は何時に到着予定か？

[解説]

（5）[答] ①

　表ではロンドン発ブリティッシュ・エアウェイズ19便は36番ゲートに9時40分が到着予定時刻だが，アナウンスで"～ will arrive an hour and thirty-five minutes earlier than scheduled"「予定よりも1時間35分早く到着」とあり，9：40－1：35＝8：05で正解は①となる。時間，金額，

単位などの数字は日頃から注意したい。

（6）　放送文

W：I belong to the volunteer club at school. Last month, we cleaned the beach for half a day with the people of the nearby community. There was a lot of trash on the beach, like plastic bags, empty cans, and plastic bottles. Last Saturday afternoon, we went to a home for elderly people in our town. First, we cleaned each elderly person's room in small groups. Then, we all gathered in a big room and had a good time talking and singing together. We gave them some presents when we left there. Our visit made them very happy, and their smiles also made us happy. We received letters of thanks from them yesterday. We are going to visit the home again and enjoy cooking together after the midterm exams.

Question：Which picture shows what the members of the volunteer club did last Saturday?

放送文の訳

女性：私は学校でボランティア部に入っています。先月は半日，近くの地域団体の人たちと海岸の清掃をしました。海岸には，ビニール袋，空き缶，ペットボトルのようなたくさんのゴミがありました。先週の土曜日の午後には，町の老人ホームに行きました。最初に，各お年寄りの部屋を小グループになって掃除しました。その後，みんなで大きな部屋に集まり，話したり歌ったりして楽しく過ごしました。帰る時には，お年寄りにプレゼントをあげました。私たちの訪問は彼らをとても幸せに，彼らの笑顔で私たちも幸せになりました。昨日，彼らからのお礼の手紙を受け取りました。私たちは，中間テストの後で，再び訪問して一緒に料理を作って楽しむつもりです。

質問：先週の土曜日にボランティア部のメンバー

がしたことを示す絵はどれか？

[解説]

（6）[答] ②

　先週の土曜日の午後は，町の老人ホームに行って部屋の掃除，大部屋で話したり歌ったり，帰る時にはプレゼントをあげたというので，②のイラストが正解である。

2

（A）

（7）[答] ①

[訳] この語は特に他人の前で，人に恥ずかしさ，緊張，気まずさを感じさせることを意味する。

①まごつかせる　②穏やかな　③感謝して　④退屈な

（8）[答] ④

[訳] この語は人が提供した物を受け取ったり，人が頼んだことを同意したりすることを意味する。

①よく考える　②含む　③取り扱う　④引き受ける

（9）[答] ④

[訳] この語は特別な意味を持っていたり，特定の団体や考えを表わしたりする絵や形を意味する。

①資源　②要因　③模範　④象徴

（10）[答] ③

[訳] この語は同じ種類の物や人を比べたときに，とても重要か大きいことを意味する。

①小さい，重要でない
②肯定的な，前向きな
③大きい，重要な
④明らかな，わかりきった

（B）

（11）[答] ①

[訳] ピアノを弾く _____ と，クラスで誰も

エミリーのようには弾けない。

①（～ということに）なる　②起きている
③～に及ぶ　④～を見る

when it comes to ～「～のことになると」to は前置詞で後には名詞や動名詞が続く。

（12）[答] ②

[訳] 次のラグビーの国際試合は2023年にフランスで _____ 。

①引き受ける　②行われる　③取り出す
④取り戻す

（13）[答] ②

[訳] ジャクソン先生，今後の金曜日までに _____ ことになっているレポートについて聞きたいことがあります。

①処分する　②提出する　③取り返す
④世話をする

（14）[答] ③

[訳] 私たちは何千人もの難民 _____ 運動しています。

①～に関して　　②～にもかかわらず
③～を代表して　④～にもかかわらず

3

（15）[答] ①

[訳] カズヤはまだ10歳なので，選挙に参加できるほどの年ではない。

[解説] 形容詞 + enough + to do「to do するのに十分な～」の構文にする。

[類例] He is old enough to drink.「彼は酒を飲んでもよい年齢だ」否定文にすると He is not old enough to drink.「彼は酒を飲んでもよい年齢ではない」③He is young enough to participate in the election.「十分に若いので選挙に参加できる」（不自然）

（16）[答] ①

[訳] 彼はソファに足を組んで座り，すぐに眠り

についた。

[解説] with＋名詞＋分詞 の付帯状況のパターンである。名詞と分詞の間に be 動詞を補って現在分詞にするのか過去分詞にするのか判断する。His legs were crossed.「彼の足は組まれる」という関係から過去分詞の①を選ぶ。

(17)　[答] ②

[訳] 勘定を払った後，あなたは支払いが済んだことを示す領収書が渡される。

[解説] 勘定をすると領収書が発行されるという日常の習慣であるので現在時制にする。give＋you＋a receipt「あなたに領収書に与える」you を主語に受け身にすると，you are given a receipt となり正解は②となる。

(18)　[答] ④

[訳] タクシーに乗ったときに，家に財布を忘れたことに気がついた。

[解説] 家に財布を忘れたのは，タクシーに乗ったという過去より前のことなので，④の過去完了を選ぶ。

(19)　[答] ③

[訳] A：フランスのどの場所を訪問するか決めた？
B：いいえ，まだです。おすすめはありますか？

[解説] 疑問詞＋名詞の疑問形容詞のパターンは選択肢では whose か which になるが,「どの場所」と考えるのが適切で③which を選ぶ。
Which places will you visit in France?
「あなたはフランスのどの場所を訪問しますか？」
この疑問文を Have you decided ～に続けて間接疑問文にすると，平叙文の語順にすればよいので Have you decided which places you will visit in France? となる。

4

(20)　[答] 2番目⑤　4番目④
Many Japanese people [find it very difficult to]

communicate in English.

[訳] 多くの日本人は英語でコミュニケーションをとることは大変難しいとわかっている。

[解説] 形式目的語 it の構文である。

[類例] I found it difficult to read this book.
「私はこの本を読むことは難しいと気づいた」
it は to 不定詞をさす。従って「～ find it very difficult to 不定詞」の形にする。

(21)　[答] 2番目①　4番目⑤
What [time did the e-mail say] John would come back?

[訳] メールではジョンは何時に帰ってくると書いてありますか？

[解説] What time would John come back? という疑問文を Did you know …? に接続し Yes / No で答える疑問文にすると，Did you know what time John would come back?「ジョンは何時に帰ってくるか知っていましたか？」と，what time 以下が平叙文の語順になる。設問の「メールではジョンは何時に帰ってくると書いてありますか？」と Yes / No で答えられない疑問文の場合には疑問詞を文頭におく。従って，What time did the e-mail say John would come back? となる。

(22)　[答] 2番目⑤　4番目①
Today's [question to be discussed is] whether we should accept the offer.

[訳] 今日の議論されるべき問題は，私たちがその申し入れを受け入れるべきかどうかである。

[解説] 主語が Today's question で述語動詞は is で Today's question is whether ～「本日の問題は～かどうかである」と英文の骨格が明らかになる。さらに，不定詞の形容詞的用法で question を説明して Today's question to be discussed「本日討論されるべき問題」とすればよい。

(23)　[答] 2番目②　4番目⑤
I must apologize to you [for not coming to your] birthday last week.

— 75 —

[訳] 私は先週あなたの誕生日パーティーに行かなかったことに謝らなければいけません。

[解説] apologize to A for B「A に B のことで謝罪する」A → you B → for not coming to your birthday party last week とすればよい。前置詞 for に動名詞 coming が続くが，動名詞を否定するには直前に not をおく。

[類例] I'm proud of not being late for school. 「私は学校に遅刻しないことを誇りに思っている」

5

[訳]

ジェシカ：ただいま，お母さん。

母親　：テストはどうだった？

ジェシカ：(24)よくできたのよ。テストが終わってほっとした。

母親　：それを聞いてうれしいわ。この数週間ずっと一生懸命勉強してきたものね。リラックスしてのんびりしたら？

ジェシカ：うん。何作ってるの？　すごくいい匂い。

母親　：ケーキを焼いているのよ。あなたの大好きなチーズケーキ。

ジェシカ：とてもおいしそう。お母さんは本当にケーキを焼くのが上手ね。あら，そこにクッキーもあるけど，少し食べてもいい？

母親　：だめ，だめ，ジョンが明日友達の家に何か持っていく必要があるの。だから，そのクッキーはジョンの。触っちゃだめ。わかった？

ジェシカ：はい。じゃ，チーズケーキ一切れ食べてもいい？(25)とてもお腹がすいているし，甘いものには目がないの。

母親　：夕食後まで待てないの？　じゃ，いいわよ，どうぞ。

ジェシカ：ありがとう，お母さん。ところで，あの料理のウェブサイトに投稿されていた新しいクランベリーパイのレシピ見た？

母親　：いいえ，まだだけど，そのレシピ試したいわ。うちの家族はパイが大好きでしょ。

ジェシカ：いつやるの？　私もその焼き方覚えたいのよ。

母親　：いいわね，それじゃ，明日スーパーでクランベリー買ってくれば，あなたが学校から帰ったら，午後にでも焼き始めることができるかもしれないわね。

ジェシカ：(26)私友達と買い物に行く約束があるの。だから，明日は5時まで帰れないわ。それでは焼き始めるのが遅すぎるかしら？

母親　：だったら，早めに夕食の支度するね。それであなたが帰って来る前には，すべて準備しておくよ。

ジェシカ：今日，ケーキやクッキーを焼くのに砂糖と卵をたくさん使ったでしょ。まだ十分あるの？

母親　：心配しないで。まだ少なくとも10個のパイを作れるぐらいあるわ。

ジェシカ：10個も？　そんなには食べられないよ。それじゃ，クランベリーパイは一人一個で4個作ろうよ。それで十分よ。

母親　：そうね，それに決まりね。あっ，今日の夕食の準備を始めないと。お父さんもジョンももうすぐ帰ってくる。きっと二人とも腹ペコで，すぐに夕食を食べるわ。

ジェシカ：(27)夕食は何なの？

母親　：ローストビーフとミネストローネスープよ。

ジェシカ：あら，私の大好物。待ちきれないわ！

選択肢の訳

①とてもお腹がすいているし，甘いものには目がない。

②どんな好きな食べ物でも選んでください。

③私は友達と買い物に行く約束をした。

④私はテストで落第点を取った。

⑤私は野球で場外ホームランを打った。

⑥夕食は何ですか？

(24) [答] ⑤

[ヒント] 母親がジェシカにテストの結果を聞くと，ジェシカの ⎡24⎤ の後で，母親は喜んでいる。だから ⎡24⎤ はテストがうまくいったという肯定的な内容を選ぶことになる。冒頭から食べ物の話ではないので①②⑥は不適切。③は前後関係が合わない。④は肯定的な内容でなく不適切。従って消去法から⑤が正解となる。

knock（＝hit）it（＝the ball）out of the（ball）park「野球場の外へボールを打つ」→場外ホームランを打つ→「予想以上の成果を挙げる」(野球用語からきた言葉)消去法で⑤を選ぶしかない。

(25) [答] ①

[ヒント] ジェシカの「チーズケーキ一切れ食べてもいい？」それに続くのだから①が最適。母親も ⎡25⎤ の後で，夕食後まで待てないなら食べなさいと述べている。

(26) [答] ③

[ヒント] 明日ジェシカが学校から帰ったらクランベリーパイを作ろうと言う母親にたいして，ジェシカは ⎡26⎤ の後で5時までは家に帰れないと言う。従って ⎡26⎤ には5時までは家に帰れない理由が入るので③「友達と買い物に行く約束をした」が自然である。

(27) [答] ⑥

[ヒント] ⎡27⎤ の直後に母親はローストビーフとミネストローネスープを作ると答えているので，ジェシカは何を作るのかと聞いている⑥が入る。

[語句と構文]

⎡4行目⎤ You've been studying so hard the past few weeks.「あなたはこの数週間ずっと一生懸命勉強してきた」現在完了進行形の継続用法

⎡5行目⎤ take it easy「のんびりして，落ち着いて」

⎡11行目⎤ Got it?「わかった？」

⎡13行目⎤ Don't you want to wait until ～?「～まで待ちたくないの？」→～まで待てないの？

⎡14行目⎤ the new cranberry pie recipe that was posted on that cooking website「あの料理のウェブサイトに投稿されていた新しいクランベリーパイのレシピ」that は the new cranberry pie recipe を説明する関係代名詞

⎡16行目⎤ I want to try it.「そのレシピ試して見たい」it は料理のウェブサイトに投稿されていた新しいクランベリーパイのレシピ。

be crazy about~「～に夢中，～が大好き」

⎡18行目⎤ and we could start baking in the afternoon「午後にでも焼き始めることができるかもしれない」could「～かもしれない」現在，未来のことについての可能性・推量を表す。

⎡20行目⎤ Would that be too late to start baking, I wonder?「それでは，（クランベリーパイを）焼き始めるのに遅すぎるかしら？」that は明日友達と買い物に行くので，帰りは5時過ぎになることを指す。

⎡22行目⎤ have + everything(O) + ready(C)「すべてを準備しておく」O と C の関係が everything is ready となっている第5文型。

⎡24行目⎤ Do we have enough (sugar and eggs)?「十分（砂糖と卵が）あるの？」

⎡27行目⎤ one pie per person「一人につき一個」per「～につき」

⎡29行目⎤ It's a deal. deal「取引」「それは取引だ」→その内容で手を打つ→それで決まり

6

(A)

[訳]

あなたは「食料自給率」という言葉を聞いたことがありますか？ それはある国の人々によって消費される食べ物がどれくらい国内で生産されているのかを示す指標である。また，多くの人は日本の食料自給率はかなり低いことを知っている。1946年の戦争直後は88％だったが，ゆるやかに下がり始め，1995年から20年以上にわたり40％前後で横ばいに推移している。主な理由は，日本が輸入に頼らなければならない肉やパンの需要が急速に高まったからである。

他の先進諸国と比べると，日本の食料自給率は最も低い。カナダは食料自給率が最も高く250％を超えている。その後に，オーストラリア，アメリカ，フランスが続いているが，どれも100％を超えている。もう1つのグループは100％未満で，ドイツ，イギリス，イタリア，スイス，日本を含んでいる。

日本の低い食料自給率は，多くの日本人に衝撃と危機感を与えている。外国からの輸入が悪天候，異常気象，他の国際情勢の原因で妨げられるときに，日本人の食事は大きな影響をうける。さらに，世界の爆発的な人口増加の原因で，潜在的な地球規模の食料不足に陥る懸念もある。

食料自給率を上げる第一歩は，各自がその問題を知ることと，政府，企業，消費者が各自の立場でできることを確実にすることである。

[解説]
(28) [答] ④
空欄Cはどこの国か？
①日本　②アメリカ　③カナダ　④ドイツ
[ヒント] グラフからCは食料自給率100％未満グループの中で最上位の国である。11行目によると「もう1つのグループは100％未満でドイツ，イギリス，イタリア，スイス，日本を含んでいる」とあるので，Cは④ドイツである（ちなみに日本はD）。

(29) [答] ③
なぜ日本の食料自給率は低いのか？
①日本の人口が増加しているから
②海外から農産物を輸入するほうが安いから
③日本の食習慣が大きく変わったから
④日本は農産物を買うように圧力をかけられているから
[ヒント] 5行目に「主な理由は，日本が輸入に頼らなければならない肉やパンの需要が急速に高まった」とあり，食習慣の大きな変化なので③が正解。本文では①②④の記述はない。

(30) [答] ①
文章によると，次のうち正しくないのはどれ

か？
①日本の食料自給率はこの20年間下がり続けている。
②1946年日本の食料自給率は今日の2倍以上だった。
③多くの日本人は日本の食料自給率はかなり低いことを認識している。
④日本の食料供給の約60％は外からの供給に依存している。
[ヒント] 5行目に日本の食料自給率は，1995年から20年以上40％前後で横ばいとあるので①は正しくない。②は4行目に1946年には食料自給率は88％とあるので，現在の40％前後と比べて確かに2倍以上である正しい。3行目に多くの人は日本の食料自給率はかなり低いことを知っているとあり③も正しい。2行目の食料自給率の説明に「ある国の人々によって消費される食べ物がどれくらい国内で生産されているのかを示す指標」とある。従って日本の食料自給率40％は海外から60％供給されることなので④も正しい。

(31) [解答例] We should be aware of the problem and do what we can do. (13words)
文章によると，日本の食料自給率を上げるためには私たちは何をすべきか？　英語で解答用紙に答えなさい。2文以上，15字未満で答えなさい。
[ヒント] 受験者の考えを述べる設問ではないので，あくまで18行目以下「食料自給率を上げる第一歩は，各自がその問題を知ることと，政府，企業，消費者が各自の立場でできることを確実にすることである」の部分を2文以上，15字未満でまとめなくてはいけない。従って「私たちがその問題をよく知る」「私たちができることをする」と2文にまとめればよい。

[語句と構文]
1行目 food self-sufficiency ratio「食料自給率」ratio [réiʃiou]「比率，割合」
it's an indicator that shows ～「それは～を示す指標である」it は food self-sufficiency ratio
that は関係代名詞で先行詞が an indicator，関係代名詞節は文の最後まで続く。

— 78 —

2行目 the food（consumed by the people of a country）「ある国の人々によって消費される食べ物」consumed は the food を修飾する過去分詞の後置修飾である。consumed から a country までカッコでくくると英文の骨格が明らかになる。

it's an indicator that shows ～ show how much of the food（consumed ～　　　）is produced domestically「それは（～によって消費される）食べ物がどれくらい国内で生産されているのかを示す指標である」

domestically「国内で」形容詞は domestic

5行目 has remained steady「安定（steady）した状態を保っている」→横ばいに推移している 現在完了形の継続用法（1995年から今日まで継続している）The main reason is that ～「主な理由は that 以下である」

6行目 the demand for meat and bread「肉やパンの需要」述語動詞は increased rapidly「急速に高まった」

8行目 compared to other developed countries「他の先進諸国と比べると」

9行目 exceed「超える，上回る」

11行目 keep less than 100%「（食料自給率）100% 未満を維持する」→100% 未満である

13行目 has given（V）+ many Japanese people（O）+ an impact and a sense of crisis（O）「多くの日本人に衝撃と危機感を与えている」S + V + O + O の文型。また，食料自給率が40% 前後を継続しているので，この現在完了形（has given）も継続用法である。

14行目 be interrupted for some reason「何らかの理由で妨げられる」

15行目 for some reason such as due to ～「～の原因のような何らかの理由で」due to「～の原因で」due to bad or abnormal weather, or some other international situation「悪天候，異常気象，他の国際情勢が原因で」

16行目 Japanese diet is greatly affected「日本の食事は大きな影響をうける」affect「影響を与える」concern「心配，懸念」

a potential global food shortage「潜在的な地球

規模の食料不足」

18行目 the first step in raising the food self-sufficiency is to make sure that ①and that ②「食料自給率を上げる際の第一歩は，①と②を確実にすることである」

make sure that ～「確実に～する」

①each person is aware of the problem「各自がその問題を知る」the problem は食料を輸入に依存しすぎると，不測の事態で輸入がストップすること。

②the government, company, and consumers do what they can do from their respective standpoints「政府，企業，消費者が各自の立場でできることをする」what they can do「各自ができること」what は関係代名詞

(B)

(32)　［答］③

［訳］

　世界遺産は文化的，自然的な観点からとても重要な場所である。①これらの場所は，国際連合の1つの機関であるユネスコによって選ばれる。世界遺産条約は，これらの場所の選出と保護を運営する国際連合の条約である。その条約に同意した国は21カ国をユネスコ世界遺産委員会に選ぶ。②その委員会は，リストに場所を含めるかどうかを決める。③モン・サン＝ミシェルとその湾は1979年に世界遺産として指定された。④場所には，森林，山，湖，砂漠，記念碑，建物，複合体，都市のようなものが含まれる。

［ヒント］世界遺産の登録，選出の手続きなどに関する内容で③のモン・サン＝ミシェルの例は不必要である。

［語句と構文］

1行目 World Heritage Site「世界遺産」
from a cultural or natural point of view「文化的，自然的な観点から」
the World Heritage Convention「世界遺産条約」

3行目 govern the selection and protection of these sites「これら（世界遺産）の場所の選出と保護を運営する」govern「運営する，管理する」

4行目 nations（that have agreed to the treaty）「その条約に同意した国」that は関係代名詞，先行詞は nations。文中に挿入されている関係代名詞節をカッコでくくると，述語動詞（elect）がわかる。elect 21 nations to the UNESCO World Heritage Committee「21カ国をユネスコ世界遺産委員会に選ぶ」

5行目 decide on the inclusion of sites to the list「（推薦された）場所を（世界遺産）リストへ含めるかどうかを決める」decide on ～「～を決める」inclusion「含めること」動詞は include

6行目 Mont Saint-Michel「モン・サン＝ミシェル」フランス西海岸，サン・マロ湾上に浮かぶ小島，及びその上にそびえる修道院

7行目 be designated as ～「～として指定される」complex「集合体，複合体」

(33) ［答］③
［訳］
　雲は空中に浮遊する水滴や氷の結晶で作られている。典型的な雲の中にある凍った水は，数百万トンほどの重さになることがある。雲が地上に落ちない理由は密度と関係がある。①水で満たした浴槽に大きな綿の玉を落としたとき，たとえ沈むのに十分な重さでも，水面に浮いたままである。②それは綿の玉が水よりも密度が小さいからである。浴槽の綿の玉と水は，大気中の雲と空気のようなものである。③積乱雲は暖かい上昇気流がより高い上空で冷たい空気と出会うときに作り出される。④まさにこのように，雲は空気よりも密度が小さいので絶対に地上に落ちてこないのである。
［ヒント］雲が地上に落ちてこない理由の説明で，③の積乱雲の発生理由は不自然である。
［語句と構文］
1行目 be made out of ～「～で作られている」water droplets or ice crystals floating in the air「空中に浮遊する水滴や氷の結晶」floating は water droplets or ice crystals を説明する現在分詞の後置修飾である。

2行目 can be as heavy as several millions tons

「数百万トンほどの重さになることがある」
can「（推量）～になることがある」

3行目 the reason（why）clouds don't fall onto the ground「雲が地上に落ちない理由」関係副詞 why の省略　be related to density「密度と関係がある」

4行目 it（＝the cotton ball）remains floating「それ（その綿の玉）は浮いたままである」
even if it is heavy enough to sink「たとえ沈むのに十分な重さでも」

5行目 that's because ～「それ（＝大きな綿の玉が浮いたままで沈まないのは）は～だから」

7行目 when rising warm air meets cool air at higher altitude「暖かい上昇気流がより高い上空で冷たい空気と出会うときに」rising warm air「暖かい上昇気流」altitude「高さ，高度」

8行目 come ～ing「～ing しながらやってくる」come crashing down to the ground「地上に落ちながらやってくる」→地上に落ちてくる

9行目 because it（＝the cloud）is less dense than the air「それ（＝雲）は空気よりも密度が小さいからである」

(34) ［答］②
［訳］
　私たちは地球上で自分の位置を示す架空の線を使うことができる。赤道は地球を2つの半球に分けている。緯度の線は赤道と平行に走っている。①私たちは，0度から90度，赤道から北極点や南極点までの度合いで緯度を計測することができる。②赤道はしばしば地球で一番暑い場所だと想定されているが，これは真実ではない。③一方，垂直の線は経度と呼ばれている。④経度の基準として役目を果たしている0度の線は，本初子午線と呼ばれ，イギリスのグリニッジを通っている。国際日付変更線は，本初子午線の反対側，およそ経度180度に沿っている。
［ヒント］地球上で自分の位置を示す緯度，経度など，架空の線の説明に，赤道の暑さ述べている②は不必要である。
［語句と構文］
1行目 be made out of ～「～で作られている」

1行目 imaginary line「架空の線」
divide A into B「AをBに分ける」
2行目 parallel to ～「～と平行に」
4行目 It is often assumed that ～「～としばしば想定される」it は形式主語，that 以下が真主語
5行目 on the other hand「その一方で」
6行目 修飾部をカッコでくくると

The 0 degrees line (that serves as the standard of longitude) (,which is called the Prime Meridian,) passes through Greenwich, England.
「0度の線がイギリスのグリニッジを通っている」
という骨格が見えてくる。

The 0 degrees line (that serves as the standard of longitude)「経度の基準として役目を果たしている0度の線」

～ (,which is called the Prime Meridian)「本初子午線と呼ばれているか」which の先行詞は the 0 degrees line　the Prime Meridian「本初子午線」意味がわからなくても，基準0度の経線のことである。

7行目 the International Date Line「国際日付変更線」

7

[訳]
　最初のインカ人は，1200年頃，今のペルーのクスコ近くの谷に定住した。そして，軍事力によって徐々に巨大な王国を築いた。インカ文明は，コロンブスが到着する前の南北アメリカ大陸で最大の帝国になった。当時，インカ帝国はエクアドルの北部からチリの中央部まで3,200kmに及び，さまざまな文化や宗教を調和の取れた社会に統合した。

　インカ帝国の崩壊は，スペインの探検家が天然痘やインフルエンザのような病気をインカ人にもたらしたときに始まった。彼らは新しくもたらされたウイルスに対する免疫がなかったので，これらの病気は驚くほどのスピードでまん延した。結果として，帝国の人口が大幅に減少し，国力の衰退につながったのである。

　病気はまた別の重大な事件である内戦も引き起こした。それは11代皇帝ワイナ＝カパックと皇太子ニナン＝クヨチが1527年天然痘で死んだことが引き金となった。インカの伝統によると，皇帝と彼の正妻の息子だけが父の死後，次の皇帝になれるのである。この伝統に従って，兄のニナン＝クヨチの死後，ワスカルが帝位の後継者となりクスコで皇帝に即位した。その一方，インカ帝国の第2の首都キトで，彼の異母兄弟アタワルパの方がより有能な戦士と見なされ，支持者によって皇帝の地位についた。しかし，彼の母は側室だったので，彼の帝位には正当性がなかった。

　ワスカルは自分自身を帝国の真の後継者と考え，1532年まで5年(A)続いた内戦を起こした。結局，アタワルパが内戦に勝利し帝位を手に入れた。しかし，インカ帝国は長い内戦によって引き裂かれてしまった。このように，帝国の衰退はスペインの征服者フランシスコ＝ピサロが到着する前から始まっていた。だが，彼が来たことは，帝国の衰退を(B)加速させ，ついにその文明を崩壊させた。

　インカ帝国の征服は1532年に始まった。その年の11月のある日，ピサロに率いられたスペインの探検家の一団がカハマルカに到着した。アタワルパは彼らを歓迎したが，ピサロは自分の目的を達成するのに手段を選ばなかった。彼はアタワルパをだましてスペインの駐留地を訪問させた。アタワルパは，その会談を新しくやって来た者たちが，皇帝に敬意を示す平和的な集まりだと考えた。彼はすぐに自分の考えが間違っているとわかったが，手遅れだった。ピサロは彼を捕らえて捕虜にし，1533年8月29日に彼を殺害した。

　絶対的な支配者が死ぬとすぐに，ピサロとその部下は1533年の終わりには，苦もなくクスコに入り，優れた武器を使って帝国を征服し始めた。彼らは小火器を持っていた。それは，インカ人にはまるで神から超自然的な力を与えられた武器のように見えた。その一方で，インカの武器は青銅と石でできていた。それらは敵が使った銃や剣には比べ物にならなかった。1537年までにインカ帝国全体が，スペインの支配下になった。

(C)スペインの支配下で, インカ文化は大きく変わり, ついにはスペイン化された。スペインはインカ人に自国の文化を持ち込み, 彼らにそれを取り入れるよう強制した。インカの宗教は廃止され, 新しい宗教であるキリスト教が国全体を乗っ取ったのである。新しい言語のスペイン語が, インカ帝国の公用語であるケチュア語に取って代わった。伝統的なインカの社会構造は崩壊し, 新しい社会制度がインカ人に課せられた。インカ人は自らの伝統や文化をほとんど守ることはできなかった。

[解説]

(35) [答] ③

インカ帝国の起源について, 正しいのはどれか?

①1200年頃, スペインからの移民がクスコの近くに帝国を築いた。

②インカ人がペルー, エクアドル, チリのような国からクスコに移住してきた。

③インカ人は初め, およそ820年前に現在のペルーのところに現れた。

④最初のインカ人は12世紀初めにクスコの近くの谷に定住した。

[ヒント]

冒頭に最初のインカ人は, 1200年頃今のペルーのクスコ近くの谷に定住し, 軍事力によって徐々に巨大な王国を築いたとあり, ③が正解となる。(2020年−820年＝1200年でおおよそ合っている)④の12世紀初めとは, たとえば1110〜1140年頃であり, 本文の1200年頃とは考えにくいので不正解。①②の記述はない。

(36) [答] ②

天然痘やインフルエンザの病気はインカ帝国にどのような影響を及ぼしたのか?

①人々は病気のさらなる拡大を防ぐために, 外出を禁じられた。

②インカ人はこれらのウイルスの免疫がなかったので大流行が起こった。

③皇帝の後継者はこれらの感染症のために, 自分の地位を失った。

④インカ人は深刻な食料不足に苦しみ, 多くの人が飢餓で死んだ。

[ヒント]

7行目に「彼らは新しくもたらされたウイルスに対する免疫がなかったので, これらの病気は驚くほどのスピードでまん延した」とあり②が正解である。①③④の記述はない。

(37) [答] ④

アタワルパが皇位継承するのに何が困難にしたのか?

①彼の父ワイナ＝カパックが彼の皇位継承に反対した。

②彼は兄のワスカルよりも劣った戦士だと思われた。

③彼は無礼で暴力的なので, 民衆の支持を得られなかった。

④彼の母が正式な妻でなかったので, 彼の継承はインカの伝統に反していた。

[ヒント]

12行目によると, インカの伝統では, 皇帝と正妻の息子だけが皇帝になれるとあり, また17行目では, アタワルパの母は側室で彼の帝位には正当性がないという。従って④が正解となる。

(38) [答] ①

空欄(A)(B)に入る適切な語句の組み合わせを選べ。

① (A)：続いた　　　(B)：加速させた

② (A)：続いた　　　(B)：防いだ

③ (A)：終わった　　(B)：急がせた

④ (A)：終わった　　(B)：直面する

[ヒント]

空欄(A)の直前に, ワスカルは内戦を起こしたとあり, また21行目で, 「インカ帝国は長い内戦によって引き裂かれた」とある。つまり1532年まで5年も(A)続いた内戦だと考えるのが適切で(A)は lasted が入る。さらに次の英文で「帝国の衰退はスペインの征服者フランシスコ＝ピサロが到着する前から始まっていた」とあり, その長い内戦が帝国崩壊の1つの原因で, ピサロの到着が

その崩壊にさらに拍車をかけたということで(B)には「加速させた」accelerated が適切である。この組み合わせは①になる。

(39) ［答］④

　フランシスコ＝ピサロについて正しいものはどれか？

①彼は捕らえられ，監獄に送られたが脱出した。

②彼はアタワルパをだまして船でスペインに行かせた。

③彼は会ったときに，アタワルパに敬意を表した。

④彼は目的を達成するためには，何があってもやめたりしない。（＝手段を選ばない）

［ヒント］

　④は26行目の Pizarro stuck at nothing to achieve his aims.「ピサロは自分の目的を達成するのに手段を選ばなかった」と同意表現で正解である。①②は本文にその記述はない。27行目に「アタワルパは，彼らとの会談を新しくやって来た者たちが，皇帝に敬意を示す平和的な集まりだと考えた」とあるが，ピサロの態度についての記述はなく③も正しくはない。従って stopped at nothing という意味がわからなくても消去法で④が選択できる。

(40) ［答］②

　フランシスコ＝ピサロと彼の部下たちは，インカ人に対してどのように彼らの優位性を示したのか？

①彼らは青銅や石の剣で戦った。

②彼らは戦いで銃のような小火器を使った。

③彼らはアタワルパの死後クスコに入った。

④彼らはインカ帝国を征服し始めた。

［ヒント］

　32行目に，彼らは優れた武器を使って帝国を征服し，彼らの小火器は，インカ人にはまるで神から超自然的な力を与えられた武器のようだったとある。34行目では，インカの武器は青銅と石でできていて，敵が使った銃や剣には比べ物にならなかったとある。このことから武器に優劣があったのは明らかで正解は②となる。

(41) ［答］③

　下線部(C)においてインカ人のスペイン化に含まれていないのはどれか？

①スペイン語という新しい言語がインカの支配的な言語になった。

②伝統的な社会制度が変えられ，新しい制度が導入された。

③スペイン王がインカ帝国の皇帝の地位も就いた。

④インカ人は母国の宗教からキリスト教に改宗することを強いられた。

［ヒント］

　①は40行目に，新しい言語のスペイン語が，インカ帝国の公用語ケチュア語に取って代わったとありスペイン化である。②は41行目に，伝統的なインカの社会構造は崩壊し，新しい社会制度がインカ人に課せられたとあるのでスペイン化である。④は39行目に，インカの宗教は廃止され，新しい宗教キリスト教が国全体を乗っ取ったとあるのでスペイン化に含まれる。従って，本文にないのは③である。

(42) ［答］④

　この文章に最も合うタイトルはどれか？

①ペルーにある古代インカの都市の遺跡

②かつて南アメリカの広大な地域を支配した国

③インカを征服したスペインの征服者

④インカ帝国の衰亡

［ヒント］

　インカ帝国の成り立ちとスペインの征服によるインカ帝国の滅亡を述べた④が正解である。

［語句と構文］

1行目 in what it is now Peru「それが今のペルーであるところに」→「今のペルー」it はインカ人の定住地 a valley near Cusco で，what は先行詞を含んだ関係代名詞 what S is「現在のS」

【類例】My parents made me what I am today.「両親が私を今日の私にしてくれた」→「今日の私があるのは両親のおかげです」

2行目 through their military strength「彼らの（インカ人の）軍事力によって」

3行目 the Americas「南北アメリカ大陸」

5行目 a harmonious society「調和の取れた社会」

6行目 the collapse of the Incas「インカ帝国の崩壊」

7行目 diseases such as smallpox and the flue「天然痘やインフルエンザのような病気」

8行目 immunity against newly brought viruses「新しくもたらされたウイルスに対する免疫」virus [váiərəs] as a result「結果として」

9行目 ～ ,which led to the decline of its national strength「～が国力の衰退につながった」（カンマ）which の非制限用法の関係代名詞で直前の文の内容（＝人口が大幅に減少したこと）が先行詞となっている。decline「衰退」

10行目 civil war「内戦，内乱」

12行目 according to the Inca tradition「インカの伝統によると」

15行目 meanwhile「その一方」

19行目 Huascar thought of himself as the true successor to the empire「ワスカルは自分自身を帝国の真の後継者と考えた」think of A as B「AをBと考える」

20行目 eventually「結局は，ついには」
seize「手に入れる，奪取する」

21行目 in this way.「このように」→スペイン人がもたらした天然痘，インフルエンザの大流行による人口の激減と皇帝の座をめぐる内戦によって

24行目 It was in 1532 that ～「～なのは1532年だった」in 1532を強めた強調構文
conquest「征服」

25行目 a group of Spanish adventurers led by Pizarro「ピサロに率いられたスペインの探検家の一団」過去分詞 led は a group of Spanish adventurers を修飾する過去分詞の後置修飾

26行目 tricked Atahualpa into visiting the Spanish camp「アタワルパをだましてスペインの駐留地を訪問させた」trick 人 into ～「人をだまして～させる」

27行目 regarded the meeting with them as a peaceful gathering「彼ら（＝ピサロ率いるスペイン人一行）との会談を平和的な集まりだと考えた」regard A as B「AをBと考える」

28行目 a peaceful gathering where the newcomers would present their respect to the emperor「新しくやって来た者たちが，皇帝（＝アタワルパ）に敬意を示す平和的な集まり」where は先行詞 a peaceful gathering を説明する関係副詞

29行目 found (V) + his view (O) + wrong (C)「彼の考え（＝view）が間違っているとわかった」made (V) + him (O) + prisoner (C)「彼（＝アタワルパ）を捕虜（prisoner）にした」2文とも「OはCである」の第5文型である。

31行目 once 接続詞「～するとすぐに」
the absolute ruler「絶対的な支配者（＝アタワルパ）」

33行目 firearm , which seemed to the Incas, like ～ the gods. カンマ which の非制限用法の関係代名詞節は最後の the gods まで, firearms「小火器」を補足説明している。

34行目 be made of ～「～でできている」
they（＝Inca weapons）were no match for the guns and swords the enemies（＝Pizarro and his men）used「それら（＝インカの武器）は, 敵（＝ピサロとその一団）が使った銃や剣には比べ物にならなかった」no match for ～「～に比べ物にならない」

35行目 be under the control of ～「～の支配下にある」

38行目 force them to adopt it「彼らに（＝インカ人）それ（＝スペインの文化）を取り入れるよう強制する」force 人 to do「人に～することを強制する」adopt「採用する，取り入れる」

39行目 be destroyed「廃止される」
take over「引き継ぐ，乗っ取る」

40行目 take the place of ～「～に取って代わる」

41行目 be imposed on ～「～に課せられる」

42行目 hardly「ほとんど～ない」

英語　　　正解と配点

問題番号		正　解	配　点
1	1	②	2
	2	④	2
	3	①	2
	4	③	2
	5	①	2
	6	②	2
2	7	①	1
	8	④	1
	9	④	1
	10	③	1
	11	①	2
	12	②	2
	13	②	2
	14	③	2
3	15	①	2
	16	①	2
	17	②	2
	18	④	2
	19	③	2
4	20	⑤④	2
	21	①⑤	2
	22	⑤①	2
	23	②⑤	2

問題番号		正　解	配　点
5	24	⑤	2
	25	①	2
	26	③	2
	27	⑥	2
6	28	④	3
	29	③	3
	30	①	3
	31	※	3
	32	③	4
	33	③	4
	34	②	4
7	35	③	3
	36	②	3
	37	④	3
	38	①	3
	39	④	3
	40	②	3
	41	③	4
	42	④	4

※31の解答例
We should be aware of the problem and do what we can do. (13words)

＊20～23の正答は2番目と4番目の順，2つ完答で2点

1 リスニング・テスト

Part （A）

問1 放送文

Number1. Look at the picture marked Number 1 in your test booklet.

①A panda is rolling a soccer ball on the ground.

②A panda is sitting on a soccer ball.

③A panda is holding a soccer ball.

④A panda is climbing up a tree.

放送文の訳

問題用紙の問1と書いてある写真を見なさい。

①パンダが地面にボールを転がしています。

②パンダがサッカーボールに座っています。

③パンダがサッカーボールを持っています。

④パンダが木に登っています。

[解説]　[答] ③

写真を正しく描写しているのは③holding a soccer ball「サッカーボールを持っている」

問2 放送文

Number 2. Look at the picture marked Number 2 in your test booklet.

①A woman is looking at some fruit.

②A woman is carrying a baby in her arms.

③A woman is putting some pieces of fruit in her bag.

④A woman is leaving the supermarket.

放送文の訳

問題用紙の問2と書いてある写真を見なさい。

①女性が果物を見ています。

②女性が赤ん坊を腕に抱いています。

③女性が果物をいくつか袋に入れています。

④女性がスーパーマーケットを出ています。

[解説]　[答] ①

女性の動作は①である。

問3 放送文

Number 3. Look at the picture marked Number 3 in your test booklet.

①People are riding bikes on the streets.

②Many people are crossing the street.

③A bus and a truck are running on the street.

④ There are buildings on both sides of the street.

放送文の訳

問題用紙の問3と書いてある写真を見なさい。

①人々が通りで自転車を乗っています。

②多くの人が通りを渡っています。

③バスとトラックが通りを走っています。

④通りの両側にビルが建っています。

[解説]　[答] ④

人や乗り物の動きがない④が正解。

Part （B）

問4 放送文

W：Mark, you lived in Spain when you were little, right? How good is your Spanish? Can you still speak it?

M：Well, I don't remember much now. I just know some greetings and simple words. Why?

W：There's a band that I really like, and they sing in Spanish. I love their music, but I don't understand their lyrics at all. I want to learn the language because I want to know what they're singing.

M：I see. But I'm not the best person to ask. Maybe my brother can help you. He's still very fluent.

W：Great! Can you ask him to teach me?

Question：Why does the woman want to learn Spanish?

放送文の訳

女性：マーク，あなたは小さいときスペインに住んでいたよね？　スペイン語はどれくらい上手なの？　まだ話せる？

男性：うーん，今はあまり覚えていない。いくつかの挨拶と簡単な単語しかわかんない。どうして？

女性：大好きなバンドがいてね，スペイン語で歌うの。音楽は最高なのよ，でも歌詞が全くわからないの。何と歌っているか知りたいから，言葉を学びたいのよ。

男性：なるほど。でも，僕に頼んでもだめだね。多分，兄なら助けになるかもしれない。まだすらすらと話せるよ。

女性：いいわね！　私に教えるよう彼に頼んでくれない？

質問：女性はなぜスペイン語を学びたいのか？

選択肢の訳

①彼女はスペインに移住する計画がある。

②彼女の好きなバンドがスペイン語で歌う。

③彼女はスペイン語の歌を歌いたいと思っている。

④彼女の兄はスペイン語が流ちょうである。

[解説]　[答] ②

　女性の2番目の発言で，大好きなバンドがスペイン語で歌っていて，歌詞がわからないのでスペイン語を学びたいと述べている。従って②が正解となる。Can you ask him to teach me?「私に教えるよう彼に頼んでくれない？」

ask 人 to do 「人に〜するよう頼む」

問5　放送文

M：You look tired these days. Are you OK?

W：Yeah, it's just that I have an important exam next week and I also have a lot of books to read for my other classes. So, I usually stay up until midnight every day. What time do you go to bed?

M：I'm usually in bed by 10.

W：Really? That's very early. When do you study?

M：I usually get up at 5：30 and study in the morning. I think I can learn better in the morning because I feel more refreshed. You should do it, too.

W：Yeah, I'll try that.

Question：What will the woman probably do?

放送文の訳

男性：このところ疲れているようだね。大丈夫？

女性：あの，ただ来週重要な試験があって，それに他の授業でもたくさん本を読まなければならないのよ。だから，毎晩12時まで起きているの。あなたは何時に寝るの？

男性：いつも10時までに寝るよ。

女性：本当？　すごく早いわね。いつ勉強するの？

男性：いつも5時半に起きて朝勉強するんだ。朝のほうが気分爽快で，よく勉強できると思う。君もやるべきだよ。

女性：ええ，やってみるわ。

質問：女性はおそらく何をするのか？

選択肢の訳

①女性は男性から何冊か本を借りる。

②女性は男性に学校の勉強を手伝ってくれるように頼む。

③女性は朝早く起きて勉強する。

④女性は健康のために朝運動をする。

[解説]　[答] ③

　毎晩遅くまで勉強する女性に，男性は5時半に起きて朝勉強する，その方が気分爽快でよく勉強でき，女性にもやるべきだと述べている。女性は最後に "Yeah, I'll try that." と答えているので③が正解となる。it is just that 〜「ただ that 以下なことだけなんだ」

問6　放送文

W：How many pizzas should we order for the party tomorrow? Do you know exactly how many people are coming?

M：I'm still waiting for some replies. I think Jane is bringing some friends, and Bob's sister might come, too. I'd say there will be seven or eight people, including us, so we should order at least two pizzas and maybe some other food.

W：I'm planning to cook pasta, so I think two pizzas will be enough.

M：Oh, you don't need to cook! Let's add one more pizza and some side dishes then. Why don't we order a salad and French fries?

W：OK, sounds good.

Question：What do they decide to do for the party?

放送文の訳

女性：明日のパーティーに何枚ピザを注文する？何人来るのか正確にわかる？

男性：まだ何人かの返事を待っている。ジェーンは友達を何人か連れて来ると思うよ，ボブの妹も来るかもしれない。僕たちを入れて7，8人だと思う。だから，少なくともピザ2枚と他の食べ物を注文しよう。

女性：私パスタを作る予定だから，ピザ2枚で足りるわよ。

男性：ねえ，料理する必要ないよ。そうしたら，ピザをもう1枚増やしていくつかサイドディッシュを注文しよう。サラダとフライドポテトはどうだろう。

女性：そうね，いいわよ。

質問：彼らはパーティーに何をしようと決めたのか？

選択肢の訳

①彼らはピザを2枚注文し，パスタを作る。

②彼らはパスタとサラダを作る。

③彼らはピザを3枚と，いくつかサイドディッシュを注文する。

④彼らはサラダを作り，フライドポテトを注文する。

[解説] [答] ③

　女性はピザを2枚注文し，パスタは自分で作ると言っていたが，男性が「料理する必要はない，ピザをもう1枚増やし，サイドディッシュにサラダとフライドポテトも注文しよう」と提案した。それに女性が "OK, sounds good." と同意したので，正解は③となる。

問7　放送文

W：I really enjoyed our visit to the museum today. You seemed to like the painting we saw near the exit; the one with an old house in the middle of a forest.

M：Yes, the house almost looked like part of the forest. It was a beautiful painting. How about you? Which one did you like the best?

W：There were a few that I really liked. Do you remember the big painting titled "My Family"?

M：You mean the one with an old man sitting in a chair?

W：No, I'm talking about the one with a woman with her kids.

Question：Which painting did the man like?

放送文の訳

女性：今日，美術館に行って本当に楽しかった。あなたは出口の近くで見た森の中の古い家の絵が気に入ったみたいだったわね。

男性：うん，家が森の一部のように見えた。美しかった。君は？どの絵が一番よかった？

女性：すごく気に入った絵は何枚かあったわ。「私の家族」という大きな絵を覚えている？

男性：イスに座っている老人の絵？

女性：違うわ，女性と子供らの絵よ。

質問：男性が好きな絵はどれか？

[解説] [答] ①

　女性は冒頭で，森の中の古い家の絵が気に入ったみたいだったわねと述べ，男性はそれに同意している。その絵は①である。質問文の好きな絵は男性の方か，女性の方か，聞き逃さないこと。

問8　放送文

M：Hello? Gina? Sorry I'm running a little late. I just arrived at the station. Where are you now?

W：Hi, Sean. I'm at the ticket booth. Do you think you can find the theater?

M：I'm not sure. I'm looking at the map you

sent me. It's a tall building, right?

W：Yes. Leave from the south exit, and you'll see a big bookstore on the right. Walk past the bookstore and turn right at the bank. Keep walking for about three minutes, and you'll see a tall red building on the left.

M：Got it. I'll see you in a bit.

Question：Which map is the man looking at?

放送文の訳

男性：もしもし，ジーナ？　ごめん，ちょっと遅れそうだ。今駅に着いたばかりだよ。今どこにいるの？

女性：あっショーン，チケット売り場よ。劇場わかる？

男性：よくわからないけど，君が送ってくれた地図を見ている。高いビルだよね？

女性：そうよ。南口を出ると，右側に大きな本屋が見えるの。本屋を通り過ぎて，銀行を右に曲がるの。3分ぐらい歩くと，左に高い赤いビルが見えるわ。

男性：わかった。すぐいけるよ。

質問：男性はどの地図を見ているのか？

[解説]　[答] ④

　地図問題はスタート地点（駅の南口）と，目的地（劇場）を把握することがポイントである。女性の案内では「駅の南口→右に本屋→本屋を通り過ぎ，銀行を右折→徒歩3分→左側に劇場」となる。従って④の地図が正解である。

I'm running a little late.「ちょっと遅れそう」

run late「予定より遅れる」ticket booth「切符売り場」got it「わかった」

in a bit「もう少ししたら」

Part (C)

問9，10　放送文

　Welcome to A&Z Department Store. May I have your attention, please? Tomorrow is the start of our special sale week, and we will be open until 9 p.m. every day during this week. We will have a 50% -off sale of summer clothing on the fourth floor. Also, you can save up to 20% off on casual coats and sweaters. On the fifth floor, we have our furniture department, and for this special sale week, we will deliver all items for free. Whether it's a plate, a table, or even a bed, we will deliver it to your home free of charge! If you get hungry, you can use our online coupon to get 25% off your meal at our restaurants and cafes on the sixth floor. All the restaurants and cafes will extend their hours, too, and they will be open until 10 p.m. We look forward to serving you for the coming week. Thank you for shopping at A&Z Department Stores.

Question No.9：What is true about the special sale week?

Question No.10：What can the online coupon be used for?

放送文の訳

　A&Zデパートにようこそ。　皆様にご連絡申し上げます。明日から特別セールウィークが始まります。この週は毎日午後9時まで営業いたします。4階では夏服50%引きセールを開催いたします。さらに，カジュアルコートとセーターは最大20%引きとなります。5階家具売り場では，特別セールウィーク中，すべての商品は無料で配送いたします。お皿，テーブル，ベッドまで，無料でご自宅に配送いたします。お腹がすいたら，6階レストランやカフェでの食事が25%引きになるオンラインクーポンをご利用ください。すべてのレストランやカフェも営業時間を延長し，10時までご利用できます。これからの1週間，皆さまのご来店をお待ちしています。A&Zデパートにお越しいただき，ありがとうございます。

問9　質問文と選択肢の訳

　特別セールウィークについて正しいものを選べ。

①デパートは通常より早く開店する。

②夏服を半額で買える。

③家具を最大20%引きで買える。

④新しいレストランやカフェが開店する。

オンラインクーポンは何に使えるのか？
① 1枚セーターを買うと2枚目は無料になる。
② いくつかの商品は無料で配送してもらえる。
③ テーブルとベッドの特別割引が受けられる。
④ レストランやカフェで安く食事ができる。

[解説] 問9 [答] ②　　問10 [答] ④

　問9は "We will have a 50%-off sale of summer clothing on the fourth floor." とのアナウンスから正解は②である。

　問10は "If you get hungry, you can use our online coupon to get 25% off your meal at our restaurants and cafes on the sixth floor." でオンラインクーポンを使えば6階のレストランやカフェで25%引きになる。従って④が正解となる。
save up to 20% off「最大20%割引」
deliver all items for free「すべての商品無料で配送する」whether it's a plate, a table, or even a bed「お皿，テーブル，ベッドであれなんでも」→「お皿，テーブル，ベッドまで」
free of charge「無料で」

2

(A)　文法問題

問11 [答] ②
[訳] ケイトはフランス語で書かれたニュース記事を読んでいる。
[解説] a news article (which is) written in French.「フランス語で書かれたニュース記事」関係代名詞を補うと過去分詞になる。過去分詞（written）の a news article を修飾する後置修飾。

問12 [答] ③
[訳] 兄が帰宅ときには，サムはすでに夕食を食べ終えていた。
[解説] Sam had already finished dinner「サムはすでに夕食を食べ終えていた」と過去完了が使われている。過去完了は過去のある時点の基準が必要なので，この場合「兄が帰宅した」という過去が基準となる。従って過去時制の③が正解である。

問13 [答] ④
[訳] 何か話したいことがありますか？
[解説] 空欄の直後に前置詞 about があるので，空欄には自動詞が入る。選択肢の中で自動詞は④ talk のみである。

問14 [答] ①
[訳] ジャックはテレビを見ながら寝てしまった。
[解説]「ジャックは寝てしまった」「テレビを見ていた」この2つをつなぐには「ジャックはテレビを見ながら寝てしまった」という意味が自然である。as は as he watched TV（または as he was watching TV）とSとVは省略できない。during は直後に名詞のみで，動名詞（〜ing）も接続できない。since は「〜しながら」の意味はない。従って①while が正解となる。Jack fell asleep while (he was) watching TV. while S+V だが，文頭の主語 Jack と while 節の主語が一致していれば省略できる。

(B)　会話問題

問15 [答] ④
[訳]
A：ダン，少し時間ある？　聞きたいことがあるの。
B：今？　このエッセイ書き終わらせてよ。5分で終わる。
A：④ごゆっくりどうぞ。待っているわ。
B：ありがとう。
① 冗談でしょ。
② 最善をつくした。
③ 聞いてくれてありがとう。
④ ごゆっくりどうぞ。
[解説] Aはダンに聞きたいことがあるが，ダンは，今の仕事はあと5分で終わるという。Aはそれに対して「待つ」と言っているので，④「ごゆっくりどうぞ」が自然である。
[語句] Do you have a minute？「少し時間ありますか？」

問16 [答] ③

[訳]

A：今日筆箱忘れてしまった。余っているペンや鉛筆ある？

B：両方あるよ。どっちがいい？

A：③どっちでもいいよ。

B：じゃ，鉛筆を使ってよ。消しゴムも使っていいよ。

A：ありがとう。

①君は持っていると思った。

②赤いペンが必要だ。

③どっちでもいいよ。

④どれも役に立たない。

[解説] 筆箱を忘れペンか鉛筆を貸してくれないかというAに，Bは両方あるがどちらがいいか聞いている。Aの発言のあとで，Bは鉛筆を使ってよいと言うので，③は「どっちでもいいよ」が最適である。

[語句] extra「余分の」

問17　[答] ③

[訳]

A：ジェシーに会った？　彼女は転校生だよ。

B：会ったわ。今朝，彼女に話す機会があったのよ。③私たち共通点がたくさんあるとわかったわ。

A：本当？　どんなふうに？

B：二人ともスポーツをしたり，映画を見たり，写真をとることが好きなの。

①私たちは同じ町で生まれた。

②私はしばらく彼女に会っていない。

③私たちは共通点がたくさんある。

④彼女はバスケットボールが得意だ。

[解説] Bは転校生ジェシーと話し，　　　　　がわかったという。Aは「どんなふうに？」と聞くとBは，二人ともスポーツをしたり，映画を見たり，写真をとることが好きであると具体的に二人の共通点を答えている。従って，③「私たちは共通点がたくさんある」が入る。

[語句] have a chance to do「～する機会がある」

it turns out we have a lot in common.「私たちは共通点がたくさんあるとわかった」

it turns out（that）S + V「～と判明する」　How so?「（意見などの説明を求めて）どんなふうに」

問18　[答] ①

[訳]

A：やあ，ジョー，偶然君に会えてうれしいよ。電話するつもりだったけど，①直接君に話せてよかった。

B：どうしたの？

A：ボストン音楽学校に合格したんだ。

B：うわー，凄い知らせだ！　おめでとう！

①直接君に話せてよかったよ。

②話しができてうれしい。

③私に電話してくれと頼んだのは君だよ。

④君はもっと早く知らせるべきだった。

[解説] Bに電話する予定だったAが，偶然Bに出会った直後のセリフであり，それに対してBは「どうしたの？」と聞いている。従って，①「直接君に話せてよかったよ」が前後の文脈に合う。

[語句] run into ～「～に偶然会う」

get accepted into ～「～に入ることを許される」

(C)　整序問題

問19・20　[答] ⑤・①

I couldn't tell [if he was joking or] not.

[訳] 私は彼が冗談を言っているのかどうかわからなかった。

[解説] 疑問詞を使わない間接疑問文 if (whether)のパターンである。

I couldn't tell + Was he joking? → I couldn't tell if (whether) he was joking or not. (or not は省略可) if (whether) 以下は平叙文の語順にする。

問21・22　[答] ④・⑤

I [want you to come with] me.

[訳] あなたには私と一緒にきてもらいたい。

[解説] want+ 人 +to do「人に～してほしい」

問23・24　[答] ③・④

I [wish I could play the guitar well] like you.

[訳] あなたのようにうまくギターを弾けたらい

— 91 —

いのに。

[解説] I wish I could ～「～できたらいいのに」現在の事実とは反対の願望を示す仮定法過去

問25・26 [答] ④・⑤

Our new gym is [twice as large as the old one].

[訳] 私たちの新しい体育館は前のより2倍大きい。

[解説]「倍数」＋ as … as ～「～の何倍…だ」
2倍は twice, 3倍, 4倍は, three times, four times

問27・28 [答] ②・⑤

Sara [didn't feel like going out] yesterday.

[訳] サラは昨日外出する気分ではなかった。

[解説] feel like ～ ing「～したい気がする」

3

[訳]

　あなたは海外旅行が好きですか？　おそらく多くの人はこの質問に「はい」と答えるであろう。だが，どれくらいの人が海外に「住む」ことを望むだろうか？　外国へ移住することは，訪問することとは違う。それは人をさまざまな困難に直面させる，しかしそれでも人がさらに深いレベルで文化の違いや価値観を理解することに役に立つ。

　2018年に行われた調査で，7か国から13～29歳まで，およそ7,000人が将来外国に住みたいかどうか質問された。上のグラフは7か国のうち日本，アメリカ，ドイツの3か国の人々の答えを示している。

　グラフに示されているように，回答者は5つの選択肢を与えられ，40％を超える日本人の回答者は，日本に住み続けたいと答えた。この割合は7か国中で一番高い。対照的にアメリカは，一定期間は外国に住みたいと答えた人の割合が最も高かった。

　ドイツの回答は，やや日本の回答に似ていて，一番多い回答は，私は自国に住み続けたいだった。しかし，約13％の回答者が外国に移住したいと答

えた。日本ではこの答えを選んだのは約4％に過ぎない。

　人が外国に移住したい，自国にいたいという理由はいろいろだ。だから，海外移住に対する若者の考えについて結論を下すことはできない。日本の若者に示された考えは，自国の社会や文化への満足度を反映しているかもしれない。それは評価されるべき点である，しかし一方で，外国に住むことは，われわれが自分の国をさらに理解するのにも役に立つと信じている。

問29 [答] ②

選択肢の訳

①観光地としての3か国の人気の変動

②外国に住むことに対する人々の考えがいかに異なるのか

③3か国の生活水準の比較

④日本，アメリカ，ドイツに移住したい人の数

[ヒント] 第2段落で，7か国から若者約7,000人が「将来外国に住みたいか？」と質問され，グラフでは日本，アメリカ，ドイツの3か国の人々の答えを示しているとある。従って②が正解である。

問30 [答] ③

選択肢の訳

①一定期間外国に住みたいと思っている人数は日本よりドイツの方が少ない。

②自国に住み続けたいと思っている人数は，ドイツよりアメリカの方が多い。

③日本は外国に移住したいと思っている人の割合が一番低い。

④ドイツは自分の国と外国を行き来して生活したいと思っている人の割合が一番高い。

[ヒント] 一定期間外国に住みたいと思っている人はグラフでは，日本は約15％，ドイツは約22％でドイツの方が高い。従って①は正しくない。自国に住み続けたいと思っている人は，アメリカは約25％，ドイツは約39％でドイツの方が高いので②も正しくない。移住したい割合は，日本約4％，アメリカ約12％，ドイツ約13％で日本が一番少ない。従って③が正解である（日本とドイツの移住

したい割合は第4段落でも言及されている）。自国と外国を行き来して生活したい割合が一番高いのはドイツ（約8％）ではなくアメリカ（約17％）なので④は正しくない。

問31　[答] ①

選択肢の訳

①外国に住む経験は，自国のよりよい理解をもたらすことがある。

②多くの人は新しい生活を始められると信じて外国に移住する。

③旅行は文化の違いを探り理解する最もよい方法の一つである。

④現在，人々は自国で新しい言語を学ぶ機会がたくさんある。

[ヒント]筆者は最後21行目で，外国に住むことは，自分の国をさらに理解するのに役に立つと述べているので①が正解。②③④は言及されていない。

問32　[答] ②

選択肢の訳

①アメリカ，ドイツからの数千人とともに，日本では約7,000人がその調査に参加した。

②調査は計7か国で実施され，グラフではその一部の結果を示している。

③日本では20％を超える人が，一定期間外国に住みたいと回答している。

④日本では自国を離れ，異なる生活を経験しても構わないという人がこれまでになく増えてきている。

[ヒント] ①は第2段落によれば，2018年に行われた調査で，7か国から13〜29歳まで，およそ7,000人が参加したとあり，日本だけで7,000人参加してはいない。従って正しくない。同じ第2段落に，グラフは7か国の中から日本，アメリカ，ドイツの3か国の結果を示しているとあり，②が正解となる。③はグラフでは約15％なので不正解。本文では④の記述はなく，グラフも過去の比較はないので不正解。

[語句と構文]

3行目 it forces one to face various challenges

「それは（＝外国に移住すること）人をさまざまな困難に直面させる」force 人 to do「人に強制的に〜させる」yet (it) helps one understand cultural differences and values on a much deeper level「しかしそれでも，それは（＝外国に移住すること）人がさらに深いレベルで文化の違いや価値観を理解するのに役に立つ」

yet「（接続詞）しかしそれでも」

help 人（to）do「人が〜するのに役立つ」to は省略可　on a much deeper level「さらに深いレベルで」much は比較級 deeper を強めている

5行目 in a survey that was conducted in 2018「2018年に行われた調査で」that は survey「調査」が先行詞の関係代名詞

6行目 were asked whether 〜「〜かどうか質問された」主語は about 7,000 people between the age of 13 and 29 from seven countries「7か国から13〜29歳まで，およそ7,000人」

9行目 as shown in the graph「グラフに示されているように」participant「（調査の）参加者」→「回答者」

11行目 in contrast「その一方，対照的に」

12行目 people who said they want to live in another country for a certain period「一定期間は外国に住みたいと答えた人」who は people を先行詞とする関係代名詞

13行目 be somewhat similar to 〜「やや〜に似ている」those（＝answers）from Japan「日本の回答」with the top answer being "I would like to keep living in my own country"「一番多い回答は，自国に住み続けたいこと」付帯状況 with で，前の文のドイツの回答が日本の回答に似ている点の補足説明である。付帯状況の with は「with ＋ O ＋ C」という構造で O と C には主語と述語の関係がある。O → the top answer「一番多い回答」C → being "I would like to keep living in my own country"「自国に住み続けたいこと」

16行目 this answer →海外に移住したいという答え

18行目 can't make any conclusion about young people's attitude toward 〜「〜に対する

若者の考えについて結論を下すことはできない」
make a conclusion「結論を下す」
attitude「考え」
19行目 the attitude expressed by Japanese youth「日本の若者に示された考え」expressed は the attitude を修飾する過去分詞の後置修飾。日本の若者に示された考え→外国に移住したいと思っている人はわずか約4%　reflect「反映する」
20行目 a point that should be appreciated「評価されるべき点」that は関係代名詞，先行詞は a point
21行目 on the other hand「一方で」
living in another country「外国に住むこと」
living は動名詞　that 以下の主語

4

【A】
[訳]
　あなたは「ガラスの天井」という言葉を聞いたことがありますか？　それは女性や少数派の人々の職場での昇進を妨げる目に見えない障壁の例である。日本では，それはしばしば女性に課せられた，職場での昇進を妨げる（33）制限のことを指している。
　過去には，この「天井」はむしろ目に見えていた。職場で不公平に扱われていることから女性を守る法律はなかった。（34）特に出産，育児の時期があるために職場で不公平に扱われるのである。長い間日本の社会では，いったん女性が結婚すれば，女性は「家にいる」ことを期待していた。このことが多くの女性に自分の職業を諦めさせているのだ。今日，男性も女性も社会で出世するのに同じ（35）機会を与えられていると思われているが，男女の性的役割について人々の考えは，徐々に変わってきているのだろうか？
　2009年に日本で行われた調査では，46％の人が女性は子供をもった後でも働き続けるべきだという考えを支持していることを明らかにした。10年後の2019年には，この数字が61％に（36）上昇した。一方で，2019年には20％の人が女性は妊娠し

たら仕事を辞め，子供が成長したら復職すべきであると答えた。4％の人が「女性は仕事を持たないほうがよい」と答えたことも注目すべきである。男女平等を保証する制度をもつことは大切だが，最終的にガラスの天井を取り除く（37）ことは人それぞれの考え方である。
[解説]
問33　[答] ④
選択肢の訳
①職業　　②賃金　　③利益　　④制限
[ヒント] 女性に課せられた，職場での昇進を妨げる　33　のことを指しているという文脈から④が適切である。

問34　[答] ④
選択肢の訳
①最近　　②注意深く　　③年に一度　　④特に
[ヒント] 職場で不公平に扱われていることから女性を守る法律はなく，　34　の直後に出産，育児があるために不公平に扱われるというので④が自然である。

問35　[答] ①
選択肢の訳
①機会　　②産業　　③実験　　④数量
[ヒント] 今日，男性も女性も社会で出世するのに同じ　35　を与えられているように思われているというので①が文脈に合っている。

問36　[答] ①
選択肢の訳
①上昇した　②下がった　③戻った　④留まった
[ヒント] 2009年の調査では，46％の人が女性は子供をもった後でも働き続けるべきだと考えていたのが，2019年には，この数字が61％に　36　と数値が上がったので①が入る。

問37　[答] ③
選択肢の訳
①that　　②which　　③what　　④how
[ヒント] 動詞 removes の主語がない，また関係

詞が入るなら先行詞がない，従って先行詞を含んだ関係代名詞③が入って what ultimately removes the glass ceiling is ～「最終的にガラスの天井を取り除くことは～である」と主語になる。

[語句と構文]

[1行目] glass ceiling「ガラスの天井」この意味がわからなくても直後にその説明がある。

[2行目] an invisible barrier that prevents ～「～を妨げる目に見えない障壁」that は関係代名詞で an invisible barrier が先行詞

prevents women and minorities from improving their position at work「女性や少数派の人々の職場での昇進を妨げる」prevent A from doing ＝ keep A from doing「A が～するのを妨げる」

[3行目] it（＝ glass ceiling）often refers to a limit（that is imposed on women）「それは（ガラスの天井は）しばしば女性に課せられた制限のことを指している」refer to ～「～のことを指す」be imposed on ～「～に課される」that は a limit を先行詞とする関係代名詞　挿入されている関係代名詞節はカッコでくくると意味が取りやすい。～ that keeps them（＝women）from getting higher positions in their workplaces「女性の職場での昇進を妨げる制限」この that も関係代名詞だが，先行詞は次の下線部全体　a limit that is imposed on women である。

[5行目] there was no law to protect women from being treated unfairly at work「職場で不公平に扱われていることから女性を守る法律はなかった」to protect は law を修飾する形容詞的用法の to 不定詞　（be）treated unfairly at work, especially for ～「特に～のために職場で不公平に扱われる」前置詞 for の後ろは名詞（句・節）か動名詞が来るので，for ＋ when they get pregnant and have children　when 以下は名詞節になる。when の名詞節は間接疑問文なので「いつ女性が妊娠するのか？　いつ子供を持つのか？」という疑問文が平叙文の語順で for に続いている。つまり，「出産，育児の時期があるために」という意味になる。

[7行目] expect 人 to do「人が～することを期待

する」once they（＝women）got married.「いったん女性が結婚すれば」once「（接続詞）いったん～すれば」

[8行目] this has led many women to give up their careers「このことは多くの女性に自分の職業を諦めさせている」this →女性は結婚すれば家にいるものだという日本の長年の風潮
lead 人 to do「人に～する気にさせる」
it seems that ～「～のように思われる」it は形式主語で that 以下が真主語

[9行目] the same opportunity to advance in society「社会で出世するのに同じ機会」
to advance は opportunity を修飾する形容詞的用法の to 不定詞　people's view on gender roles「性的役割についての人々の考え」→社会の中で「男とはこうあるべき」，「女とはこうあるべき」という性的な役割のこと

[10行目] over time「徐々に」

[11行目] a survey（that was conducted in Japan in 2009）revealed ～「2009年に日本で行われた調査では～を明らかにした」that は関係代名詞，先行詞は survey　文中に挿入されている関係代名詞節をカッコでくくると，述語動詞は reveal「明らかにする」だとわかる。
be supportive of the idea that ～「～という考えを支持している」that 以下は関係代名詞節とは違い，欠けている部分がない完全な英文なので the idea を具体的に説明している同格の that「～という」である

[類例] The thought that women should stay in the home is out of date.「女性は家庭に居るべきだという考えは時代遅れだ」

[15行目] it should also be noted that ～「～ということも注目すべきである」it は形式主語で that 以下が真主語

[16行目] a system that assures gender equality「男女平等を保証する制度」that は先行詞が system の関係代名詞　assure「保証する」

[17行目] what ultimately removes the glass ceiling「最終的にガラスの天井を取り除くこと」what は関係代名詞，remove「取り除く」

【B】

［訳］

　プラスチックごみは，現在世界で最も重大な (38) 環境問題の一つである。多くの国がプラスチックの使用を減らそうと努力している。たとえばフランスでは2040年までにすべての使い捨てプラスチックを禁止する対策を講じている。現在，お皿，カップのような使い捨てプラスチック製品は禁止されている。昨年，日本も独自の行動を起こした。2020年7月1日より，日本の小売店はビニール袋の有料化を (39) 義務付けられている。それは小さな一歩かもしれないが，重要なスタートである。

　それでもなお，世界では毎年3億トン以上のプラスチック製品が作られ，それらの大部分はごみとなって終わる。南太平洋の無人島ヘンダーソン島は，プラスチックごみの象徴となっている。海流が毎日数千個のプラスチック片を海岸に運び，数十年にわたり，およそ18トンのプラスチックごみが島に漂着している。報道によると，この島はそれと同じ面積の他のどの地域よりもプラスチックごみを抱えていて，そのことはその島が世界で最も高い (40) 密度でプラスチックごみを堆積していることを意味している。私たちの家が，他の誰かが捨てたプラスチックごみで覆われ (41) ない限り，このような問題を忘れることはとても簡単である。しかし，プラスチックごみは地球規模の問題で，私たちみんなにその責任がある。私たちの今の行動が未来を変えるのである。

問38　［答］②

選択肢の訳

①医学の　②環境の　③伝統の　④二か国語の
[ヒント]「プラスチックごみは，現在世界で最も重大な　38　問題の一つである」この英文を最後まで読めば②が文脈に最も合う。

問39　［答］①

選択肢の訳

①義務付けられた
②説明された

③競争した
④批判された
[ヒント] 2020年7月1日より，日本の小売店ではビニール袋の有料化を　39　られているというので①が適切である。

問40　［答］②

選択肢の訳

①優先事項　②密度　③安定性　④品質
[ヒント] 報道ではこの島はそれと同じ面積の他のどの地域よりもプラスチックごみを抱えていて，世界で最も高い　40　でプラスチックごみを堆積している。つまり，同じ面積で比較しているので②が入る。

問41　［答］③

選択肢の訳

①もしも～ならば
②～する時
③～でない限り
④～だから
[ヒント]「このような問題を忘れることはとても簡単である」と「私たちの家が，他の誰かが捨てたプラスチックごみで覆われる」という2つの文をつなぐ接続詞で文脈に合うのは③である。

[語句と構文]

2行目 make efforts to reduce ～「～を減らす努力をする」take steps to ban ～「～を禁止する対策を講じる」

4行目 make its own move「独自の行動を起こす」make a move「行動を起こす，手段を取る」

5行目 charge for plastic bags「ビニール袋に対して料金を請求する」→ビニール袋の有料化 require「要求する，（受け身で）法律などで～を義務付けられる」 it might be a small step.「それは（もしかしたら）小さな一歩かもしれない」might は may よりも可能性が低い。

8行目 the great majority of them「それら（＝プラスチック製品）の大部分」
end up as ～「最後に～となって終わる」

9行目 representation「代表」→象徴

10行目 the currents of the ocean「海流」

11行目 over the decades「数十年にわたり」

12行目 reportedly「報道によると」

any other area of its size「その（＝ヘンダーソン島）大きさの他のどの地域」→ヘンダーソン島と同じ面積の他のどの地域 ,which means ～「そのことは～を意味している」カンマ which の非制限用法の関係代名詞，先行詞は直前の文の内容で，それに補足的に説明を加えている。

it（＝ヘンダーソン島）has the highest density of plastic waste in the world「その島は世界で最も高い密度でプラスチックごみが堆積している」

14行目 it's so easy to forget about problems like this「このような（プラスチックごみの）問題を忘れることはとても簡単である」it は形式主語で to forget 以下が真主語

15行目 plastic waste that someone else has thrown away「他の誰かが捨てたプラスチックごみ」that は plastic waste が先行詞の関係代名詞 throw away ～「～を捨てる」

global issue「地球規模の問題」

16行目 what we do now「私たちが今すること」→私たちの今の行動 what は先行詞を含んだ関係代名詞

5

[訳]

⑴私たちはみんな，コンピュータは人間よりもはるかに早く，効率的にある特定のことができることを知っている。実際，現代の私たちの生活の大部分は，コンピュータが行うことに依存している。今や，人工知能すなわち AI の出現は，私たちを新しいレベルの暮らしへ導くと期待されている。

⑵AI の定義の一つは，音声認識や視覚的に認知するような人間の知能を必要とする仕事ができる機械の能力である。だから AI ロボットは，人が特定の仕事をしなさい，物を認識しなさいと言うと，その人に反応することができるのだ。ほんの数秒で大量のデータを処理する能力があるので，AI は自動運転，言語翻訳から医療まで多くの分

野で役に立つと期待されている。たとえば，介護の分野では，AI 搭載センサーが介護施設の患者の健康状態を監視するために，1日24時間使われている。介護者は何かの異変に気付き，すぐに介護者に通報するセンサーに頼ることができる。

⑶さらに，AI は日常生活でセキュリティを強化することにも非常に役に立つと期待されている。特に顔認証は本人確認の方法として，多くの組織で導入されている。機械が人の顔の特徴を認識し，その情報をその人の登録されたデータと比較する。その2つのデータが一致すれば，その人は認証される。このように，AI は正しく認識されたい人を認識するだけではなく，警察によって指名手配されている者を見分けることによって犯人逮捕にも役に立つのだ。マッチングは高精度で瞬時に行われ，マスクやサングラスをつけた人でも今は見分けられるのである。

⑷AI は私たちの生活に多くの面で役に立っている一方で，人類にとって脅威として見なす人もいる。マッキンゼー・グローバル・インスティチュートは，2030年までに世界中で4千万から1億6千万の女性が転職を求められるかもしれないと予測している。私たちは多くの事務作業が機械に取って代わられるのを見てきているので，秘書，受付，簿記係のような職業は，ロボットや機械に奪われる可能性が高い。彼らのデータによると，先進国の事務職の72％は女性によって占められているという。影響を受ける可能性が高いもう一つのグループは若い世代である。これは，多くの若者がレジ係，接客係として最初に仕事に就く傾向があり，それらの仕事は日常的に習慣化されていて，一般にあまり経験を必要としないからである。このようなタイプの仕事は自動化への高い危険にさらされているのだ。

⑸AI は芸術の分野にも影響を及ぼすのだろうか？ 2014年，データサイエンスと美術史の専門家グループは「ザ・ネクスト・レンブラント」というプロジェクトに取り組み始めた。それは，世界的に有名な17世紀オランダの画家，レンブラント・ファン・レインを，彼の346作品のデータをもとに新しい絵画を描くことによって生き返らせ

る試みだ。彼らはデータを集め，パターンを分析して，レンブラント自身によって作られたものとしても，多分通用するであろう新しい作品をコンピュータに作らせた。このプロジェクトは2016年に完成したが，その作品が本物のレンブラントの絵画と全く同じようだったので世界を驚かせた。AIが芸術を生み出せるかどうかは，まだ議論の余地はあるが，このプロジェクトは私たちがデータを使ってできることの可能性を示したのである。

(6)では，次に私たちが予期すべきことは何であろうか？　AI技術はこれから先何年も成長し，私たちを驚かせ続けることに疑いはない。その過程で失われる仕事もあるだろうが，同時にそのような技術は新しい仕事やビジネスチャンスを生み出すことも期待される。変化に適応するのか，屈するのかを決めるのは私たち次第である。

[解説]

問42　[答]　②

　第1段落で筆者は，AIは[　　　]と示唆している。

①ある特定の集団の人が世界をよりよい場所にするのに役に立つ。

②私たちが今まで見たこともないことを経験させる。

③コンピュータが自ら新しい技術を開発することを可能にする。

④未来を予測する能力で，人間の脳に取って代わる。

[ヒント]　3行目に，AIは私たちを新しいレベルの暮らしへ導くとあり，その言い換えの②が正解となる。

問43　[答]　①

　第2段落によると，AIは介護施設でどのように役に立つのか？

①患者の状態を常に監視する。

②介護者が1日24時間働けるように助けている。

③患者のデータを処理して治療法を提案する。

④訪問者の異常な行動を感知して合図を出す。

[ヒント]　10～11行目に，AI搭載センサーが介護

施設の患者の健康状態を監視するために，1日24時間使われているとあるので正解は①である。

問44　[答]　③

　第3段落によると，AIはどのように私たちの生活のセキュリティを強化できるのか？

①いろいろな組織が顧客の個人情報を保護するのに役に立っている。

②警察が様々な犯罪のパターンの情報収集に役に立っている。

③特定の顔の特徴をもった人を認識することによって，犯人逮捕に役に立っている。

④マスクやサングラスで顔を隠している人を見つけ出すのに役に立っている。

[ヒント]　18～19行目に，AIは正しく認識されたい人を認識するだけではなく，警察によって指名手配されている者を見分けることによって犯人逮捕に役に立つと述べている。従って③が正解である。

問45　[答]　①

　第4段落によると，正しいものは次のうちどれか？

①女性や若者が人間の仕事に取って代わったテクノロジーの影響を受ける可能性が最も高い。

②2030年までに新しいテクノロジーが，4千万から1億6千万もの仕事を生み出すと予測されている。

③若者はテクノロジーが生活の一部なので，大人よりも容易に変化に適応することができる。

④今日72%以上の事務職は，テクノロジーと人間による管理の2つを必要としている。

[ヒント]　第4段落では，2030年までに世界中で4千万から1億6千万の女性が転職を求められるとある。女性が占める割合が高い事務職はロボットや機械に奪われる可能性が高いからである。次に影響を受けるのは若者で，最初につく仕事がレジ係，接客係など，日常的に習慣化されていて，あまり経験を必要とせず，自動化になる可能性が大きいからである。以上から①が正解となる。

問46 ［答］④

第5段落によると，ザ・ネクスト・レンブラントは ☐ プロジェクトだった。

①17世紀のレンブラントの346作品を保護する。

②AI技術を使ってレンブラントのある芸術作品の正確な複製を作る。

③現代の芸術家の分析をもとにレンブラントの肖像画を作る。

④レンブラントの芸術作品のデータをもとに，コンピュータに新しい作品を作らせる。

［ヒント］33行目以下にザ・ネクスト・レンブラントの説明があり，それはレンブラントの346作品のデータをもとにコンピュータに作らせた新しい絵画を描くことで彼を生き返らせる試みであるという。このことから正解は④となる。

問47 ［答］②

第6段落によると，AI技術の将来について筆者の考えはどれか？

①人間が新しい技術を上手に利用できるのかどうかは疑わしい。

②人間のいくつかの仕事に取って代わるが，同時に新しい仕事も生み出すことができる。

③多くの人が失業し，自分自身で新しい仕事を生み出さなければならない。

④人は変化に屈して，コンピュータに生活を支配される。

［ヒント］42～43行目に，AI技術が成長する過程で失われる仕事もあるだろうが，同時にそのような技術は新しい仕事やビジネスチャンスを生み出すことも期待されるとあるので②が正解である。

問48 ［答］②

次の文のうち，正しいものはどれか？

①AIは人間の感情を理解する機械の能力として定義される。

②今日のAIは顔の一部が隠れていても，その人の顔の特徴を認識できる。

③世界の事務職の半分以上が，今や機械やロボットによって取って代わられている。

④AIは過去の人の正確な肖像画を作るのに使われる。

［ヒント］①は第2段落で，AIの定義として音声認識や視覚認知するような人間の知能を必要とする仕事ができる機械の能力だとある。人間の感情を理解する能力だとは述べていない。従って①は不正解。②は第3段落で，AIの顔認識について高精度で瞬時にマスクやサングラスをつけた人でも認識できるとあり②が正解となる。③は第4段落ではAIの人間の仕事を奪う可能性が高いとあるが，③のような断定的な記述はないので不正解である。④は第5段落で「ザ・ネクスト・レンブラント」というプロジェクトで，データサイエンスと美術史専門家グループが何年もかけて，膨大なデータをコンピュータ処理して作品を作り上げたとある。だが，これが一般に普及して肖像画を作るとは言及されていないので④も不正解となる。

問49 ［答］③

☐ と言える。

①AIは人間の生活に利点よりも多くの欠点をもたらすであろう。

②AIは次の数年で人間の脳の能力を超えるであろう。

③AIは人間が就ける仕事の種類を変えるであろう。

④AIが芸術の創作の分野で大いに役に立つと期待されている。

［ヒント］第6段落で，AIの成長過程で失われる仕事もあるが，新しい仕事やビジネスチャンスを生み出すことも期待されるとあり③が正解となる。①は第2，3段落で自動運転，言語翻訳，医療での利用，日常生活でセキュリティを強化するなどの利点も多いとあり不正解である。②の言及はない。④は38行目に，AIが芸術を生み出せるかどうかは，まだ議論の余地はあるというので不正解である。

［語句と構文］

1行目 much faster and more efficiently「はるかに早く，効率的に」much は比較級 faster and more efficiently を強めている。

— 99 —

2行目 depend on what computers do for us「コンピュータが私たちのために行うことに依存している」depend on ～「～に依存する」what は関係代名詞

3行目 emergence「出現」動詞は emerge
artificial intelligence, or AI「人工知能すなわち AI」or は同格を表す「つまり，すなわち」
take us to a new level of life「私たちを新しいレベルの暮らしへ導く」

5行目 one way to define AI is that ～「AI を定義する一つは that 以下である」define「定義する」
it's an ability of a machine to perform tasks that require human intelligence「それは人間の知能を必要とする仕事ができる機械の能力のことである」that は tasks（仕事）を先行詞とする関係代名詞

6行目 human intelligence such as speech recognition and visual perception「音声認識や視覚的に認知するような人間の知能」
such as ～「～のような」

7行目 this is why AI robots can respond to people ～「だから AI ロボットは～と言う人に反応することができる」respond to ～「～に反応する」 people telling them（=AI robots）to do certain tasks or（to）identify objects on their own「AI ロボットに自分である仕事をしなさい，物を認識しなさいと言う人」
tell 人 to do「人に～するよう言う」people telling ～ telling は people を修飾する現在分詞の後置修飾 on their own「彼ら（= AI ロボット）自身で」→自分で，独力で

8行目 with the ability to process ～「～を処理する能力とともに」→「～という能力があるので」
in a matter of seconds「ほんの数秒で」

9行目 from automated driving, language translation to medical care「自動運転，言語翻訳から医療まで」

10行目 AI-based sensor「AI 搭載センサー」

11行目 to monitor the health conditions of patients in nursing homes「介護施設の患者の健康状態を監視するために」to monitor は目的を表

す副詞的用法の to 不定詞

12行目 caretaker「介護者，ヘルパー」
rely on the sensor which detects anything unusual and immediately notifies them (=caretakers)「何かの異変に気付き，すぐに介護者に通報するセンサーに頼ることができる」
rely on ～「～に頼る」which は先行詞 the sensor の関係代名詞

14行目 beneficial［bènəfiʃəl］「役に立つ」
in enhancing security「セキュリティを強化することに関して」enhance「高める，強化する」

15行目 facial recognition「顔認証」指紋認証は fingerprint recognition in particular「特に」
adopt「採用する，導入する」 as a way to verify people's identities「人の身元を確認する方法として」→本人確認の方法として verify「確認する，照合する」

16行目 recognize facial features「顔の特徴を認識する」

17行目 compare A to B「A を B と比較する」
A → the information「その情報」
B → its existing data about the person「その人の既存のデータ」→（前もって）登録されたデータ the two sets of data「2 つのデータセット」→顔の特徴と登録されたデータの 2 つ

18行目 AI not only identifies people ～ but it (=AI) can help catch criminal ～「AI は～という人を認識するだけでなく，犯人逮捕にも役に立つことができる」 criminal「犯人」
not only A but (also) B「A だけでなく B も」
people who want to be correctly identified「正しく認識されたい人」

19行目 by identifying those who are wanted by police「警察によって指名手配されている者を見分けることによって」

20行目 with high accuracy「高精度で」

21行目 a person wearing a face mask or sunglasses「マスクやサングラスをつけた人」wearing は person を修飾する現在分詞の後置修飾

22行目 benefit「役に立つ」see it（=AI）as a

— 100 —

threat to humanity「それ（AI）を人類にとって脅威として見なす」

23行目 predict「予測する」

24行目 see many clerical tasks being replaced by machines「多くの事務作業が機械に取って代わられるのを見る」 see＋O＋現在分詞「Oが〜ing しているのを見る」という知覚構文であるが、現在分詞に being が用いられ、「Oが〜されているのを見る」という意味になる。

25行目 occupations such as secretaries, receptionists, bookkeepers「秘書、受付、簿記係のような職業」

26行目 be more likely to do「〜する可能性が高い」according to their data「彼ら（マッキンゼー・グローバル・インスティテュート）のデータによると」

27行目 another group that is likely to be affected「（AIの）影響を受ける可能性が高いもう一つのグループ」that は another group を先行詞とする関係代名詞

29行目 tend to get their first jobs as cashiers and servers「レジ係、接客係として最初に仕事に就く傾向がある」tend to do「〜する傾向がある」cashiers and servers which are routine-based, and generally do not require much experience「日常的に習慣化されており、一般にあまり経験を必要としないレジ係、接客係」which は cashiers and servers を先行詞とする関係代名詞であるが、英文が長いので先行詞の前で区切った。routine-based「日常的に習慣化されて」

30行目 be at a high risk of automaton「自動化への高い危険にさらされている」

31行目 have an influence on 〜「〜に影響を及ぼす」as well「（文末で）〜も」

32行目 a group of experts (in the fields of data science and art history) began working on 〜「データサイエンスと美術史の専門家グループは〜に取り組み始めた」主語を修飾する語句をカッコでくくると述語動詞（began）が明確になる。work on 〜「〜を取り組む」

33行目 it was an attempt to bring 〜 back to

life「それ（ザ・ネクスト・レンブラントというプロジェクト）は〜を生き返らせる試みであった」

34行目 a new painting based on the data of his 346 artworks「彼の346作品のデータをもとに新しい絵画」based は a new painting を修飾する過去分詞の後置修飾

36行目 let the computer create a new painting「コンピュータに新しい作品を作らせた」let＋目的語（computer）＋原形（create）「目的語（computer）に作らせる」の使役構文

36行目 a new painting that could possibly pass as something made by Rembrandt himself「レンブラント自身によって作られたものとしても、多分通用するであろう新しい作品」could「（推量）多分〜だろう」that は a new painting を先行詞とする関係代名詞 pass as 〜「〜として通用する」[類例] You could still pass as a student.「あなたはまだ学生と言っても通用するだろう」

38行目 as the work looked exactly like 〜「作品が〜と全く同じようだったので」as「（理由）〜なので」 whether or not AI can create art「AIが芸術を生み出せるかどうかは」whether 節（whether S+V）が主語になっている。debatable「議論の余地のある」

39行目 what we can do with data「私たちがデータを使ってできること」関係代名詞の what

40行目 there is no doubt that 〜「〜という疑いはない」that は同格の that「〜という」

41行目 in many years to come「これから先やって来る何年もの年月」→これから先何年も to come は years を修飾する形容詞的用法の to 不定詞

43行目 it's up to us to decide whether 〜「〜かどうかを決めるのは私たち次第である」it は形式主語で to decide 以下が真主語 up to 〜「〜次第で」 adapt or give in to changes「変化に適応するか、屈するか」

英語　　　正解と配点

問題番号		正　　解	配　　点
1	1	③	2
	2	①	2
	3	④	2
	4	②	2
	5	③	2
	6	③	2
	7	①	2
	8	④	2
	9	②	2
	10	④	2
2	11	②	2
	12	③	2
	13	④	2
	14	①	2
	15	④	2
	16	③	2
	17	③	2
	18	①	2
	19	⑤	2
	20	①	
	21	④	2
	22	⑤	
	23	③	2
	24	④	
	25	④	2
	26	⑤	
	27	②	2
	28	⑤	

問題番号		正　　解	配　　点
3	29	②	3
	30	③	3
	31	①	3
	32	②	3
4	33	④	2
	34	④	2
	35	①	2
	36	①	2
	37	③	2
	38	②	2
	39	①	2
	40	②	2
	41	③	2
5	42	②	3
	43	①	3
	44	③	3
	45	①	3
	46	④	3
	47	②	3
	48	②	3
	49	③	3

＊問19〜28は2つ完答で2点。

令和4年度

基礎学力到達度テスト
問題と詳解

I リスニング・テスト

ただ今から放送によるリスニング・テストを行います。

● 　テストは Part 1, Part 2 に分かれています。それぞれの Part のはじめに放送される日本語の説明にしたがって，解答してください。

● 　答えは，放送による英語の質問をそれぞれ聞いたあと，この問題用紙に印刷されている①〜④の中から最も適切なものを1つ選び，番号で答えてください。

Part 1

　　これから，4組の短い対話を放送します。それぞれの対話のあとに，その対話について英語の質問を1つします。質問の答えとして最も適切なものを，下に印刷されている答えの中から1つ選び，番号で答えなさい。対話と質問は2回読まれます。

(1)

 ① A woman gave those books to the library.

 ② The library bought those books.

 ③ Those books are on the second floor.

 ④ You cannot borrow those books.

(2)

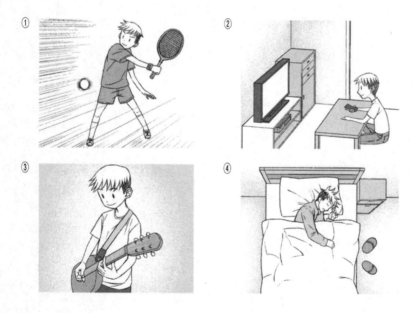

(3)

    ① She will go back to the hotel.

    ② She will have her watch sent to her home.

    ③ She will go straight home.

    ④ She will buy a new watch.

(4)

Part 2

これから，短い英文を2つ放送します。それぞれの英文のあとに，その英文について英語の質問を1つします。質問の答えとして最も適切なものを，下に印刷されている答えの中から1つ選び，番号で答えなさい。英文と質問は2回読まれます。

(5)

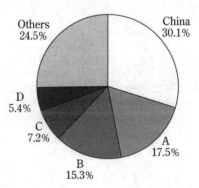

Number of Visitors to Japan
by Country / Area (2019)

日本政府観光局(JNTO)のデータから作成

① the U.S.A.　　② South Korea　　③ Taiwan　　④ Hong Kong

(6)

― 106 ―

2 次の(A), (B)の問いに答えなさい。

(A) 次のそれぞれの英文が説明する語として最も適切なものを①～④から1つ選び，番号で答えなさい。

(7) This word means doing something fast. It also means being able to understand in a short time.
　　① latent　　　　② inclined　　　③ quick　　　　④ learned

(8) This word means a situation in which people try to be more successful than others. It also means an event or contest in which people or teams try to be better than others.
　　① contradiction　　② competition　　③ completion　　④ corporation

(9) This word means to work with someone else in order to achieve something. It also means to assist someone by doing what he or she wants you to do.
　　① concentrate　　② communicate　　③ cooperate　　④ correlate

(10) This word means a strong feeling of interest and enjoyment about something and an eagerness to be involved in it.
　　① appeal　　　　② disgust　　　③ indifference　　④ enthusiasm

(B) 次の各英文の| |に入れるのに最も適切な連語を①～④から 1 つずつ選び，番号で答え
なさい。

(11) Nancy was born in the UK, but she was | | in Japan.
　　① brought down　　② brought up　　③ broke down　　④ broke up

(12) *A:* May I speak to Ms. Yamamoto?
　　B: I'll put you through. | |, please.
　　① Hang on　　② Hold back　　③ Hook up　　④ Keep away

(13) | | an earthquake, turn off the gas immediately.
　　① In case of　　② In spite of　　③ In terms of　　④ In the name of

(14) I hope all your efforts until now will | | soon.
　　① call in　　② calm down　　③ pay off　　④ pull up

3 次の各英文の 　　 に入れるのに最も適切な語(句)を①〜④から1つ選び，番号で答えなさい。

(15) My mother stopped 　　 last month and she says she feels really good now.
　　① to smoke　　② smoking　　③ to smoking　　④ having smoked

(16) Jeff saw a woman 　　 the street yesterday.
　　① cross　　② crosses　　③ to cross　　④ to have crossed

(17) The time 　　 the accident happened was 6:30 this morning.
　　① which　　② what　　③ where　　④ when

(18) 　　 happily, Mary came into the room.
　　① Sings　　② Sang　　③ Singing　　④ With singing

(19) 　　 that you were in Tokyo last week, I would have visited you.
　　① If I know　　② Have I knew　　③ Did I know　　④ Had I known

4 次の各英文中の空所には，それぞれ下の①〜⑤の語(句)が入ります。下の①〜⑤の語(句)を最も適切に並べかえて空所を補い，文を完成させなさい。解答は２番目と４番目に入れるものの番号のみを答えなさい。

(20) The queen of the country ＿＿＿＿ ☐ ＿＿＿＿ ☐ ＿＿＿＿ everyone.

① by ② to ③ looked ④ is ⑤ up

(21) Do you ＿＿＿＿ ☐ ＿＿＿＿ ☐ ＿＿＿＿ would teach me yoga?

① anyone ② happen ③ know ④ who ⑤ to

(22) Michael is by ＿＿＿＿ ☐ ＿＿＿＿ ☐ ＿＿＿＿ seen.

① ever ② I've ③ the best ④ far ⑤ dancer

(23) I ＿＿＿＿ ☐ ＿＿＿＿ ☐ ＿＿＿＿ another chance.

① given ② she ③ that ④ be ⑤ insist

次の対話の空所(24)～(27)に入れるのに最も適切なものを①～⑥から１つずつ選び，番号で答えなさい。ただし，同じ選択肢を２度以上使ってはいけません。

Tim: Hello air support. This is Tim from *ground control. Can you hear me?

Sam: Hello ground control. This is Sam coming from the rescue helicopter. Please tell me what is going on.

Tim: Thanks for coming here so soon. A young girl fell off the north bridge. It looks like
5   the wind pushed her off. Please tell us what you see. Hopefully she didn't go all the way to the sea.

Sam: I hope she's OK. But this weather is really bad. I'm trying to keep this helicopter steady. I'm over the beach now. There's no sign of her here. I'll fly over the river to the north. Anyway, [(24)]

10 *Tim:* She was walking home from school, so she still had her school uniform on. It's dark gray.

Sam: That's not good. It's already hard to see anything down there. Dark gray will be almost impossible to see in this dark water.

Tim: Yes, and with all the rain we had this morning, that river will be really dirty. And it's
15   moving so fast.

Sam: Thankfully, [(25)] I'm flying north, but I'm still not seeing anything yet. And you're right, this river really is moving fast. You need to *issue a flood warning for this area.

Tim: Most of the people who live around here are outside helping with the search. We are
20   searching on the ground near the river side. And you are just about right above us now. I don't think she would be this close.

Sam: Hmm, [(26)] I'll turn around and try again going towards the sea. Sadly, I'm not feeling too hopeful about her.

Tim: There should be a few boats arriving soon to search around the bay. The divers are
25   ready to search underwater.

Sam: I hope they can move quickly. This water should be really cold. I don't think she ... Hold on. I can see her! She's holding on to a small tree about half a kilometer south of the bridge. Send some help to her right away!

Tim: Guys, she's about 500 meters down the river. Go, go, go! Hey Sam, how does her
30   condition look?

Sam: I can see her moving a little bit, but [(27)] I'm sure she's in pain. I will bring the helicopter down now. What's this girl's name?

Tim: Her name is Naomi.

Sam: *Hang in there, Naomi! We are going to bring you home.

35 *Tim:* Thanks for your help. I'm so happy we found her so quickly. You saved her life.

〔注〕 issue a warning（警報を出す）　Hang in there!（頑張れ！）　ground control（地上誘導班）

① I can see her.
② I don't think so either.
③ she's having a hard time.
④ the rain stopped.
⑤ what was the girl wearing?
⑥ when did she fall?

6

次の(A), (B)の問いに答えなさい。

　(A)　次の英文とグラフを読んで，あとの各問いに対する答えとして最も適切なものを①〜④から１つ選び，番号で答えなさい。

　　　Rock, Scissors, Paper (RSP) is a great game.　Many people play it every day to decide simple things in their lives.　People like it because players have an even chance of winning.　However, a study says there's more *strategy than most people think.

　　　A huge number of *one-on-one RSP games were watched.　Researchers recorded
5　how players acted when *a series of games were played.　The results showed that, while all three choices were close, they were not picked equally.　Rock was the most popular choice, and paper was picked the least.　However, a more interesting result of the study was what happened in the following games.　In the second game, what do the players do?　Do they keep the same hand (for example, rock in game 1 and rock in game 2), do
10　they make a stronger play (rock in game 1 and paper in game 2), or do they make a weaker play?　The study says that most people still think their first choice was the best, and they would not change it.　If they do make a change, more people would rather have a stronger hand than a weaker hand.　And, as they continued games, the differences among the three got smaller.

　　〔注〕　strategy（戦略）　　one-on-one（１対１の）　　a series of ...（一連の…）

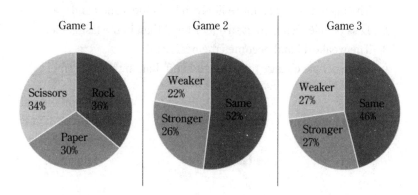

― 113 ―

(28) According to the study, which hand is picked the most?
  ① Rock.
  ② Scissors.
  ③ Paper.
  ④ They are equally picked.

(29) If you play scissors in the first game, what is your chance of winning the game?
  ① 64%.
  ② 36%.
  ③ 34%.
  ④ 30%.

(30) If both players play paper in the first game, what will most likely happen in the second game?
  ① Both players will pick scissors, because scissors is stronger than paper.
  ② Both players will pick rock, because they expect each other to pick scissors.
  ③ Both players will pick paper, and the game will be tied once again.
  ④ One player will change to scissors, and the other will change to rock.

(31) What can one see from the graph of Game 3?
  ① The players are even more likely to keep the same hand.
  ② Less people change to a stronger hand than in the last game.
  ③ The weakest hand becomes the best hand.
  ④ More people change to a weaker hand than in the last game.

(B) 次の英文の空所(32)～(35)に入れるのに最も適切なものをそれぞれ①～④から1つ選び，番号で答えなさい。

Do you know the animal called sloth? They live in *rain forests in Central and South America. [(32)] Even when they move, the movement is very slow. In Japan, the animal is called "namakemono," which means "lazy person."

Because they do not move a lot, they do not need a lot of energy. It is said that they eat just 10 grams of leaves a day. They are often compared to koalas. [(33)] However, koalas eat more than 500 grams of leaves a day. Sloths go down to the ground only once every 4 to 8 days to *defecate and *urinate. Because they eat so little, they do not have to go to the bathroom every day.

Their hands and feet *are fitted with long, curved *claws that allow them to hang from branches without effort. They do almost everything hanging from branches: they eat, sleep, and even give birth. Sometimes, they are even found hanging from branches after death. [(34)] Instead, they use their arms to *drag themselves along the ground. Their arms are usually much longer than their legs for that.

The sloth has *hairy fur. All of their body is covered with a lot of hair. The hairy fur seems to be a very comfortable place for some *green algae to live in. That is why the animal's hair often looks green. The green color gives them a good *camouflage against their *predators like eagles and jaguars. [(35)]

〔注〕 rain forest（雨林，熱帯雨林）　defecate（フンをする）　urinate（排尿する）
be fitted with ...（…を持っている，…を備えている）　claw（かぎ爪）
drag oneself along（引きずって進む）　hairy fur（毛むくじゃらの毛皮）
green algae（緑藻[藻などの緑色植物]）　camouflage（カモフラージュ）
predator（捕食者）

(32)　① They move very little.

② They are always busy looking for food.

③ They are quite active during the day.

④ They can move back and forth pretty fast.

(33)　① Koalas are very popular in Japan.

② Like sloths, koalas do not eat a lot.

③ Both animals spend most of their time on trees.

④ Koalas do not live in Central and South America.

(34)　① Also, they are good swimmers.

② Also, they can run pretty fast on the ground.

③ However, they cannot see things well.

④ However, they are not able to walk on the ground.

(35)　① So, sloths often jump into the water to get rid of green algae.

② So, green algae and sloths are getting benefits from each other.

③ So, thanks to green algae, eagles can easily find sloths on trees.

④ So, the relationship between green algae and sloths is one-sided.

Garry Kasparov is possibly the greatest chess player who ever lived. Born in the Soviet Union, he earned the highest rank of Grand Master when he was only 17 years old. Five years later in 1985, he won his first world championship. He would remain the world champion for the next 15 years, never losing until 2000. There wasn't a single living person who could defeat him. That's why his biggest rival wasn't human.

Chess computer programs have existed as long as computers have existed. However, chess was too complicated for early computers to understand. They probably could beat an average person in a game, but they did not have a chance against a high level player. A smart human could think about not just the current chess *turn, but also about the next turn, the turn after that, and several turns into the future. Early computer programs were too predictable. They could not do the math fast enough.

Computers were always getting better and faster. In the mid 1990s, computers became affordable, and many people bought them for their homes. In 1996, one of the biggest computer companies — IBM — designed a computer to master chess. Its name was Deep Blue. It looked like a big refrigerator, but it was very powerful. Deep Blue played Garry Kasparov in a heavily advertised *exhibition match: Man vs Machine.

Deep Blue lost. It lost badly. It did win the first game, but Kasparov was able to change his strategy and dominate the next five games. The computer was strong, but it could not change its thinking. IBM did not look too good, but the programmers did not give up. They improved the computer by focusing on different playing combinations and brought it back for an even bigger exhibition rematch in 1997.

Deep Blue made great advances in just that one year. The computer could now think about eight turns into the future. It also learned from its past mistakes. Kasparov played strong with one win and three draws, but Deep Blue won the remaining two games and thus won the match. Kasparov could not believe it. There's a famous photo of Kasparov with both hands on top of his head in complete shock. He does not lose very often. He even accused IBM of cheating by having a person secretly play for the machine. But it really was the computer playing. For the first time ever, a computer defeated a Grand Master human.

This exhibition showed how powerful computers had become. Many people went out to buy their own personal computer after this match. But it also showed how much further computers needed to go. Deep Blue once made a big mistake due to a programming error. It was a terrible play, and even a low level human player would not have made it. However, Kasparov had his own "programming error." He missed an easy move because he was too nervous. Computers do not get nervous. Computers and humans both have strengths and weaknesses.

Kasparov actually became a very big supporter of computer chess. He worked with IBM to create future chess programs. He was also an important player in online chess. He was one of the earliest people to play a lot of online chess, and he helped bring the game to new fans.

40   Computers have kept [(A)]. Modern super computers are literally a million times more powerful than Deep Blue. In fact, even cheap smartphones are more powerful than Deep Blue. Anyone with access to the Internet today could easily defeat Garry Kasparov. But those few games in 1997 showed the world, not only the strengths of a human mind, but also the unlimited potential of computers.

〔注〕 turn（[チェスの]手番）　exhibition match（エキシビションマッチ，非公式戦）

(36) Why was Kasparov considered one of the best chess players ever?
  ① He won the world championship before he was a Grand Master.
  ② He's the only human to have defeated a computer in chess.
  ③ He did not lose a world championship match between 1985 and 1999.
  ④ Before 1996, he helped design early chess programs.

(37) When did Kasparov play against Deep Blue?
  ① During his 15 years as world champion.
  ② Right after he became a Grand Master.
  ③ In the finals of the 1997 world championship.
  ④ After he lost at the world championship.

(38) A good chess player can think "several turns into the future." Which statement is an example of that?
  ① "I'll do this move."
  ② "I think my opponent will do this move."
  ③ "If my opponent does this move, then I'll do that move."
  ④ "I can lose this game because there's still more games in the match."

(39) What was special about Deep Blue?
  ① It was one of the first computer chess programs.
  ② It was designed to master chess.
  ③ It was secretly played by a human.
  ④ It's more powerful than most smartphones.

(40) What happened during the first Kasparov versus Deep Blue chess match?
  ① Kasparov played strong and almost won.
  ② Kasparov caught IBM cheating.
  ③ Kasparov won every game.
  ④ Kasparov lost only the first game.

(41) What was Kasparov's "programming error"?
    ① He was too angry and accused IBM of cheating.
    ② He was too nervous and did not see an easy move.
    ③ He could only think seven moves into the future.
    ④ He wanted to play against a human more than he wanted to play against a computer.

(42) Choose the right word to fill in blank (A).
    ① advancing
    ② believing
    ③ controlling
    ④ manufacturing

(43) Kasparov thought a person was playing for the computer. Why would nobody think this today?
    ① Computers now are so much better than humans.
    ② Humans still are so much better than computers.
    ③ It is easier to tell the difference between a human and a computer playing.
    ④ Smartphones now are much better than early computers.

令和4年度　9月実施

I リスニング・テスト

ただ今から放送によるリスニング・テストを行います。

● テストは Part (A)，Part (B)，Part (C) に分かれています。それぞれの Part の初めに放送される日本語の説明に従って，解答してください。

● 答えは，放送による英語の音声をそれぞれ聞いたあと，①～④の中から最も適切なものを1つ選び，番号で答えてください。

Part (A)

　問題用紙に印刷されているそれぞれの写真を見ながら，放送される英文を聞いて答えてください。解答は4つの選択肢の中から，最も適切なものの番号を1つ選んでください。放送を聞きながら，メモをとってもかまいません。英文は2回読まれます。では，第1問から始めます。

問1

問2

問3

Part (B)

これから，5組の短い対話を放送します。それぞれの対話のあとに，その対話について英語の質問を1つずつします。質問の答えとして最も適切なものを，下に印刷されている答えの中から1つ選び，番号で答えなさい。対話と質問は2回読まれます。

問4

① The man will take Mary and her friends to the stadium.
② The man will lend his car to the woman.
③ The man will take Grandma shopping this afternoon.
④ The man will go shopping with the woman and Grandma this afternoon.

問5

① She will go shopping with the man for dinner.
② She will show the man how to cook *miso* soup.
③ She will take part in an online workshop at three.
④ She will host a Japanese cooking workshop.

問6

① The woman had an appointment one day earlier than the day she wanted.
② The woman came one day before her booking.
③ The woman came the day after her booking.
④ The woman mistakenly made her appointment on the 17th.

問7

①

Sun	AM	PM club
Mon		club
Tue		club
Wed		club
Thu		club
Fri	meeting	club
Sat		club

②

Sun	AM	PM
Mon		
Tue		club
Wed		
Thu		club
Fri		meeting
Sat		

③

Sun	AM	PM club
Mon		club
Tue		
Wed		club
Thu		
Fri		meeting
Sat		club

④

Sun	AM	PM
Mon		club
Tue		club
Wed		club
Thu		club
Fri		meeting
Sat		

問8

①

②

③

④

Part (C)

これから，やや長い英文を 1 つ放送します。英文のあとに，その英文について英語の質問を 2 つします。質問の答えとして最も適切なものを，下に印刷されている答えの中から 1 つ選び，番号で答えなさい。英文と質問は 2 回読まれます。

問9

① Maria and her family left for their home country.

② A present from an exchange student was given to Yuki.

③ A friend from Mexico came back to Japan.

④ Yuki got a nice souvenir for her foreign friend.

問10

① Studying for the exam was less important to her than music.

② An online article inspired her to take up a musical instrument.

③ She stopped playing the guitar while her brother was studying.

④ She decided not to cause trouble for her family member.

2 次の(A), (B), (C)の問いに答えなさい。

(A) 次の英文の ☐ に入れるのに最も適切な語(句)を①～④から１つ選び，番号で答えなさい。

問11 There were some children ☐ in the park yesterday.
   ① play   ② playing   ③ played   ④ to play

問12 When I was a child, I had to go to bed ☐ eight at night.
   ① by   ② until   ③ in   ④ on

問13 I found ☐ difficult to take pictures of the aurora.
   ① that   ② this   ③ it   ④ its

問14 ☐ you see Jack, say hello to him.
   ① Unless   ② Though   ③ When   ④ Since

(B)　次の対話の ☐ に入れるのに最も適切なものを①～④から１つ選び，番号で答えなさい。

問15　*A:* Hi, what can I get for you today?
　　　B: I'll have a cappuccino.
　　　A: ☐
　　　B: I'll take it out.

　　　① Is that for here or to go?
　　　② Do you like to have it or not?
　　　③ Anything else?
　　　④ How do you like it?

問16　*A:* Hi, how was school?
　　　B: Great. Hey, I'm starving!
　　　A: There is a bag of potato chips in the cupboard.
　　　B: ☐
　　　A: I can't believe it!

　　　① I already had it last night.
　　　② I'm sure you'll love it.
　　　③ No, that's not yours.
　　　④ Why is it there?

問17　*A:* Can we buy a cake for Jenny's birthday party this afternoon?

　　　B: Sure.　She said she likes the chocolate one at Bear's Cake House.

　　　A: Oh, really?　How do you know that?

　　　B: I asked her which cake she wants to have today.

　　　A: Oh, no!　☐

　　① 　She doesn't like that one.

　　② 　Did you ask her to do it already?

　　③ 　I wanted to surprise her!

　　④ 　She shouldn't have chosen it.

問18　*A:* Hey!　It's been a while.　How's it going?

　　　B: I'm doing great.　You?

　　　A: I'm doing pretty good.　We should catch up sometime.

　　　B: ☐

　　① 　Yeah, you should.

　　② 　Sure.　I'm going to do it this afternoon.

　　③ 　Sounds good.　Let me know when you are free.

　　④ 　When is it going to happen?

(C) 次の各英文中の空所には，それぞれ下の①〜⑤の語（句）が入ります。下の①〜⑤の語（句）を最も適切に並べかえて空所を補い，文を完成させなさい。解答は $\boxed{19}$ 〜 $\boxed{28}$ に入れるものの番号のみを答えなさい。

問19・20 Please ask the driver ＿＿＿＿ $\boxed{19}$ ＿＿＿＿ $\boxed{20}$ ＿＿＿＿ .

① time   ② leaves   ③ what   ④ the   ⑤ bus

問21・22 They ＿＿＿＿ $\boxed{21}$ ＿＿＿＿ $\boxed{22}$ ＿＿＿＿ .

① seem   ② have   ③ to   ④ somewhere   ⑤ gone

問23・24 They were ＿＿＿＿ $\boxed{23}$ ＿＿＿＿ $\boxed{24}$ ＿＿＿＿ over there.

① seen   ② the   ③ enter   ④ to   ⑤ bathroom

問25・26 If they ＿＿＿＿ $\boxed{25}$ ＿＿＿＿ $\boxed{26}$ ＿＿＿＿ , we will have to look for them.

① back   ② in   ③ time   ④ come   ⑤ don't

問27・28 The architect is ＿＿＿＿ $\boxed{27}$ ＿＿＿＿ $\boxed{28}$ ＿＿＿＿ .

① as   ② he   ③ looks   ④ flexible as   ⑤ not

次のグラフと英文を読んで，あとの各問いに対する答えとして最も適切なものを①～④から1つ選び，番号で答えなさい。

2020 Importance as a Source of Information

		TV	newspapers	the Internet	magazines
all generations		86.7%	52.8%	77.3%	17.9%
age group	10s	84.5%	28.2%	89.4%	17.6%
	20s	77.0%	31.5%	85.9%	13.6%
	30s	82.4%	38.8%	82.8%	16.4%
	40s	89.9%	53.7%	82.8%	18.7%
	50s	90.6%	69.7%	73.1%	19.5%
	60s	91.1%	75.5%	58.5%	20.2%

2020 Reliability of the Media

		TV	newspapers	the Internet	magazines
all generations		61.6%	66.0%	29.9%	16.6%
age group	10s	65.5%	62.7%	31.0%	21.1%
	20s	54.9%	54.9%	36.2%	20.2%
	30s	56.8%	60.4%	28.4%	20.0%
	40s	62.3%	70.9%	29.1%	18.1%
	50s	62.4%	67.2%	24.0%	10.8%
	60s	67.4%	74.1%	32.6%	12.8%

[Adapted from National Survey of hour of use and behavior on Information and Communication media 2020, Ministry of Internal Affairs and Communications] https://www.soumu.go.jp/main_content/000765135.pdf

Which media do you often use to search for information? Do you use TV, newspapers, the Internet, or magazines? How much do you trust these sources? We are constantly exposed to a lot of information, but how do you use it and deal with it?

In a survey conducted in 2020, 1,500 participants aged from 13 to 69 years old were
5 asked about importance and *reliability of each *medium as an information source. Importance *indicates value of each medium for people to get information, and reliability is a concept used to evaluate how much each medium is trusted as a source of information. Two graphs show the results of the *questionnaires for six age groups and four types of media.

10 Across all age groups, television was considered important by the highest percentage of people, followed by the Internet, newspapers, and magazines. In the age groups of 10s, 20s, and 30s, the Internet was more important than television, while about 90 percent of the population in their 40s or older chose television over the others. The importance of newspapers was higher than that of the Internet among people in their 60s, second only to
15 that of television.

Overall, newspapers were thought to be reliable by the highest percentage of people, with 66 percent saying they were reliable, followed by television, the Internet, and magazines. By age group, newspapers had the highest reliability percentage among people in their 30s, 40s, 50s, and 60s, while newspapers and TV were equally trusted among those
20 in their 20s. In contrast, TV was thought to be reliable by more people than newspapers among teenagers.

People have been experiencing an overload in information for the last two decades. Because of this, the ideas of important and reliable media are varied by age. What is important is how critically you can comprehend the information from media. Also, you
25 should not forget that we have other options such as books. Therefore, you should go to multiple sources to study various aspects of the information and to find out whether the information is reliable or not.

[注] reliability：信頼性　　medium：media の単数形　　indicate：～を示す
questionnaire：アンケート

問29 次の各文で，グラフが表している内容を正しく説明しているものを1つ選び，番号で答えなさい。

① The figures of reliability for newspapers in each group are the largest of the four media.

② More people in their 60s trust the information from newspapers than that from television.

③ In each age group, the number of people who chose television as their reliable medium is highest.

④ Those who chose newspapers as a reliable source of information is the largest among teenagers.

問30 次の各文で，グラフからわかることを1つ選び，番号で答えなさい。

① For the age groups from 30s to 60s, the importance figures of TV exceeds those of the Internet, respectively.

② The percentages of the Internet as an important source of information and those as a reliable medium are about the same in every age group.

③ Both the importance and reliability percentages of magazines are the highest in the age group 60s.

④ People choose certain media as an important source of information regardless of their reliability.

問31 グラフで示された結果に関連して，筆者の意見として本文で述べられているものを1つ選び，番号で答えなさい。

① Before you conclude which information is reliable, go to multiple sources of information.

② Books are the most reliable because they have a lot of information you should not forget.

③ You can decide which to choose as a reliable medium from the four media after you get information from each.

④ People can understand the information from media more critically as they get older.

問32 次の各文で，グラフまたは本文の内容に合致するものを1つ選び，番号で答えなさい。

① About fifteen thousand participants were involved in this research.

② The Internet was thought to be important by the highest percentage in three age groups.

③ With respect to both importance and reliability, the most popular response was television.

④ Younger people tend to trust that the Internet has more reliable information than the other three.

次の【A】，【B】の各英文を読んで，文意が通じるように，| 33 | ～ | 41 | に入れるのに最も
適切な語を①～④から1つ選び，番号で答えなさい。

【A】

　It's no secret that people want to make a lot of money. The salary — how much money a
worker is paid — is always one of the most important parts of a job.

　To make sure companies are not taking | 33 | of their workers and paying them too
little, most countries have minimum wage laws. This means companies cannot pay their
5 employees anything | 34 | than the set amount of money. In Japan, minimum wage starts at
820 yen per hour, and may be higher in certain locations. That amount is pretty *typical
compared with the rest of the world. Australia has the world's highest minimum wage,
being more than double the rate of Japan ($20.33 *AUD ≒ 1,901 yen per hour). These rates
are based on the average cost of living and should go up over time.

10 　However, the cost of living has increased much faster than average salaries recently.
Many people around the world are asking for a massive raise in minimum wage. | 35 |
having more money is good, a higher minimum wage is not a perfect solution.

　Many small and locally owned businesses would not be able to pay their employees a
large increase in wage. But even the biggest companies would have to | 36 | some of their
15 employees to make up for the increased salaries. It is also likely that the price of the goods
that companies produce increases as well. The workers will be making more money, but
that money cannot buy as much as it used to.

　A healthy minimum wage is | 37 | good for workers. But if that rate goes too high, it
can create problems that affect the entire economy. Money is important, but not nearly as
20 important as balancing money.

　　〔注〕typical：典型的な　　AUD：オーストラリアドル

問33

① advice　　　② care　　　③ lots　　　④ advantage

問34

① better　　　② other　　　③ less　　　④ more

問35

① While　　　② Because　　　③ Thus　　　④ If

問36

① employ　　　② introduce　　　③ remove　　　④ recruit

問37

① doubtfully　　　② indeed　　　③ uncertainly　　　④ somewhat

【B】

　　On 26 October 2021, the first American passport with an "X" *gender was published by *the U.S. State Department. The holders with the "X" do not have to ⬚38⬚ themselves as a female or a male which is the traditional choice of gender. There are fifteen countries that have a gender-neutral passport, including Australia, Canada, and India. The first U.S.
5 passport with X was delivered to Dana Zzyym, a sixty-six-year-old *activist, who *filed a lawsuit against the U.S. State Department in 2015. This was a major step forward for gender equality, but some worry that it just ⬚39⬚ their *sexuality in public.

　　In Japan, the 'third' gender is not so common yet as in the U.S. Recently, all-gender restrooms have been increasing in towns, on campuses, and some other public places.
10 Some people say, "People would hesitate to choose all-gender restrooms ⬚40⬚ three options like men, women, and all-gender." That is because the ⬚41⬚ of restrooms itself possibly announces who you are if you are categorized according to the type of restroom you use.

　　Is it a problem for X gender people to be revealed in public? A problem for whom? Maybe it's time to rethink why we have needed to categorize our gender by male and female
15 and how we can advance gender equality.

〔注〕 gender：(社会的)性(差)　　the U.S. State Department：米国務省　　activist：活動家
　　　file a lawsuit：訴訟を起こす　　sexuality：性的区別, 性別

問38
　　① know　　　　② realize　　　　③ predict　　　　④ describe

問39
　　① equals　　　② reveals　　　　③ motivates　　　④ creates

問40
　　① during　　　② between　　　　③ among　　　　④ through

問41
　　① choice　　　② belief　　　　③ goal　　　　　④ objective

5 次の英文を読んで，あとの各問いに対する答えや，空欄に入るものとして最も適切なものを
①〜④から１つ選び，番号で答えなさい。

(1)   What *determines our emotions? When do we feel angry, sad, or happy? Where do these emotions come from? How can we control our emotions? These questions have been at the center of a scientific debate for more than a century, and there are many researchers who have attempted to understand our emotions by studying human *facial expressions. They think that there might be a link between facial expressions and 5 emotions, but the mystery of our emotions has not been explained yet.

(2)   In one study in 2020, Alan Cowen, a researcher at the University of California, *investigated facial expressions, *precisely *facial movements, through six million YouTube videos from 144 different countries. This broad scale of sampling enabled him to analyze facial movements in natural *social contexts, *specific settings where *social 10 interactions take place such as weddings and funerals. Cowen tried to estimate emotions through people's facial movements in each context. For example, people cry with tears, but the meaning of their tears changes when settings are different. The expression of crying with tears is recognized as happiness at weddings and as sadness at funerals. In this research, Cowen observed people's facial movements in each context 15 and found that people link others' facial movements to each situation and *interpret them into their emotions.

(3)   However, it is complicated to learn others' emotions and it is not something that can be explained only by settings. Imagine a situation when there is a clerk arranging items at a supermarket and singing cheerfully in front of a shelf. You see a customer with a 20 *frowny face standing in front of the clerk and the shelf where the item that the customer seems to want is placed. Why do you think the customer has a *frowning face? Some might assume it is because the customer does not like the clerk being *in the way and standing in front of the shelf of the item that the customer wants to pick up. Others might think it is because the customer feels uncomfortable to hear a clerk 25 singing in a store.

(4)   This story is based on my experience in *the UK. I was an international student from Japan, and I was shopping at a supermarket with my classmate who is from London. When we heard the clerk singing, we looked at each other's frowny faces. Then my classmate said that the clerk was a terrible singer. Interestingly, he cared not 30 about the clerk singing but the quality of his singing while I imagined if this was in Japan, the clerk might be scolded by his boss for singing at work. Moreover, standing in the way of customers might not be preferred in Japan. This might not be a universal example to tell the representative character of both countries, but this suggests that people understand an event differently, and the difference may emerge from each 35 culture.

(5)   *As for the interpretation of facial expressions, Feldman Barret, a psychology professor at Northeastern University, indicates that culture influences how people

interpret their experiences. When we try to make sense of other people's facial expressions in meaning, we tend to *refer to what happened to them. How we interpret 40 emotions depends on each experience, and the experience happens within our cultures. My classmate and I might have had different viewpoints from each other because we were from different cultures. Therefore, the reason why the Japanese can read each other's emotions is probably that we share similar cultural backgrounds.

(6)   We do not know much about the mystery of emotions yet, but Cowen and Barret 45 suggest where emotions come from. Knowing the origin of emotions would help you to find out why you are angry, sad, or happy. When you know the reasons, you might be able to control your emotions because you can look at each of your emotions from different viewpoints. When you look at your emotion differently, it might change into a different one. Or even if it does not change, you would be able to find what moves you 50 or interests you. Then you will find something new about yourself.

〔注〕 determine：～を決定する　　facial expression：顔の表情　　investigate：～を調査する
precisely：正確には　　facial movement：顔の動き　　social context：社会的文脈
specific setting：特定の場面　　social interaction：社会的なやり取り
interpret：～を解釈する　　frowny face：しかめ面　　frowning：しかめ面の
in the way：邪魔になって　　the UK：英国　　as for ～：～に関して
refer to ～：～を参照する

問42 In the first paragraph, the author thinks that 　　　.
① the mystery of emotions is now understood by a lot of researchers
② many researchers found the link between facial expressions and emotions
③ the mystery of emotions has not been made clear yet
④ it took more than a century to solve the mystery of emotions

問43 According to the second paragraph, what are the findings in this research?
① Cowen found six million YouTube videos from 144 different nations.
② People cry with tears because they are at weddings and funerals.
③ Facial expressions are understood as emotions in relation to each setting.
④ People understand situations from facial expressions.

問44 In the third paragraph, the author points out that 　　　.
① settings can explain what others' emotions are
② it is not easy to know others' emotions
③ the customer had a frowning face because the clerk was in the way
④ the customer did not like to hear the clerk singing in a store

問45 According to the fourth paragraph, which describes the point of the author?
　① A person from a different country prefers different music.
　② If you sing at work in Japan, you will be scolded by your boss.
　③ You should not be in the way of customers at supermarkets in Japan.
　④ Cultural differences may make people think differently.

問46 According to the fifth paragraph, what Barret means is that ☐ .
　① we understand how cultures influence our emotions
　② cultures affect how we interpret our experiences
　③ we will be able to make sense of others' facial expressions as we grow up
　④ the Japanese have the ability to read others' emotions

問47 According to the sixth paragraph, ☐ .
　① you might control your emotions better by learning where they come from
　② you can change your emotions by finding something that moves you
　③ it is important to control your emotions to know about yourself
　④ you can find something new about yourself if you control your emotions

問48 Which of the following is true according to this text?
　① Facial expressions can tell exactly how you feel.
　② Cultures may be one factor which determines your emotions.
　③ People have similar feelings when they share the same experience.
　④ Our emotions change when you make different facial expressions.

問49 Which is the best title for this text?
　① How to improve your facial expressions
　② Scientific debates on facial expressions
　③ The origin of emotions
　④ How to find something new about yourself

1 リスニング・テスト

Part 1

(1) 放送文

M：I hear that you have many English books in this library. Is that right?

W：Yes. Last year, a Canadian woman donated about 300 books to our library. She had lived in this city for 10 years and she gave us those books before going back to her home country.

M：I see. Can I borrow some of the books?

W：Sure. You can borrow up to six books at a time. You can find them on the third floor.

M：Great. I'll go and check them now.

Question：What is true about those English books?

放送文の訳

男性：この図書館にはたくさんの英語の本があると聞いていますが，そうなんですか？

女性：はい，昨年カナダ人の女性が300冊ほどこの図書館に寄贈してくれました。彼女はこの市に10年住んでいて，母国に帰る前に本を寄贈したのです。

男性：なるほどね。何冊か借りられますか？

女性：もちろん。一度に6冊まで借りられます。3階にありますよ。

男性：素晴らしい。行って見てみます。

質問：それらの英語の本について正しいのはどれか？

選択肢の訳

①一人の女性がそれらの本を図書館に提供した。

②図書館がそれらの本を買った。

③それらの本は2階にある。

④それらの本を借りることができない。

[解説]

(1) [答] ①

女性は，昨年カナダ人の女性が300冊ほど，図書館に寄贈したと述べている。従って，①が正解。donate「寄贈する」up to six books「（最大）6冊まで」at a time「一度に」

(2) 放送文

M：I went on a picnic in the park with my parents last Saturday.

W：How was the weather?

M：It started to rain, just after we finished lunch. We were planning to play tennis, but decided to go homc.

W：Oh, no! What did you do after you went back home?

M：They watched a video, but I went back to my room and played the guitar.

Question：What did the boy do after lunch last Saturday?

放送文の訳

男性：この前の土曜日，両親と公園にピクニックに行ったよ。

女性：天気はどうだった？

男性：昼食を食べたらすぐに雨が降ってきて，テニスをする予定だったけれど，家に帰ることになったんだ。

女性：あらまあ。家に帰って何をしたの？

男性：両親はビデオを見てたけど，僕は部屋に戻ってギターを弾いたよ。

質問：この前の土曜日，少年は昼食後何をしたのか？

[解説]

(2) [答] ③

最後に少年は，両親はビデオを見て，彼はギターを弾いたと述べているので，③が正解である。

(3) 放送文

M：ABC Hotel, James speaking.

W：Hello. I stayed at your hotel last night. And I think, maybe, I left my wristwatch in my room.

M：I see. May I have your name, please?

W：My name is Shiori Goto. The room number was 510.

M：Yes, Ms. Goto. We've got your watch here. Shall we send it to your home?

W：Well, I'm still in this city for a meeting. Can I pick it up after that, at around six this evening?

M：Certainly, ma'am.

Question：What will the women do after the meeting?

放送文の訳

男性：ABCホテルです。ジェームズと申します。

女性：こんにちは。昨晩そちらのホテルに泊まった者ですが，多分部屋に腕時計を忘れたと思うんです。

男性：わかりました。お名前を教えていただけますか？

女性：ゴトー・シオリです。部屋は510でした。

男性：はい，ゴトー様。あなたの時計はこちらでお預かりしています。ご自宅にお送りしましょうか？

女性：あの，私は会議でまだ市内にいます。その後で，夕方6時頃取りに行ってよろしいですか？

男性：承知しました。

質問：女性は会議の後で何をするのか？

選択肢の訳

①彼女はホテルに戻る。

②彼女は時計を自宅に送ってもらう。

③彼女はまっすぐ家に帰る。

④彼女は新しい時計を買う。

[解説]

（3）［答］①

　女性は最後に，会議でまだ市内にいて，終了後，夕方6時頃取りに行くと述べた。従って正解は①となる。pick up「受け取る」

（4）放送文

W：Hey, Bob. I went to Mt. Fuji last week. Here are some pictures.

M：Oh. You're in the middle in this picture.

W：No. That's my sister, Izumi. I'm the one wearing sunglasses.

M：Oh, she really looks like you. Who's the one with a baseball cap?

W：That's my cousin, Sakura.

M：Then, this must be your mother. Who's the man next to her?

W：He's Kazuya, our neighbor. And his father is the one who took this picture.

Question：Which one is the sister of the speaker?

放送文の訳

女性：こんにちは，ボブ。私，先週富士山に行ったの。ここに何枚か写真があるわ。

男性：おや，この写真の真ん中が君だね。

女性：違うわよ。それは妹のイズミ。私はサングラスをかけているの。

男性：へー，彼女は君にそっくりだね。野球帽をかぶっている人は誰？

女性：いとこのサクラよ。

男性：じゃあ，この人が君のお母さんに違いないね。隣の男の人は誰？

女性：お隣に住んでいるカズヤよ。で，彼のお父さんがこの写真を撮ったの。

質問：話し手の妹は誰か？

[解説]

（4）［答］③

　最初に男性が，「写真の真ん中（③）が君だね」と言ったことに，話し手の女性は「それは妹でサングラスをかけているのが私よ」と答えた。答えは③である。登場人物が多いので注意したい。

Part 2

（5）放送文

M：Here is a graph that shows what countries or areas visitors to Japan came from. China took the top spot with more than 9.5 million visitors. That was a bit more than 30% of the total. The country was followed by South Korea and Taiwan with 17.5% and 15.3%, respectively. The fourth place was held by Hong Kong, and the United States, the only non-Asian country in the graph, came after that.

Question : What is C in the graph?

男性：ここに，日本への訪問者がどこの国や地域から来たのかを示すグラフがあります。中国が950万人以上の訪問者で首位の地位でした。それは，全体の30% を少し超えました。その次は韓国と台湾が続き，それぞれ17.5%，15.3% でした。第4位は香港で，グラフの中で唯一アジア圏外の国，アメリカ合衆国がその次に来ました。

質問：グラフCは何か？

take the top spot「首位の地位に就く」

respectively「それぞれ」

A follows B は「A が B に続く」受動態にすると，B is followed by A「B の後に A が続く」→「B（＝中国）の後に A（＝韓国と台湾）が続く」

[解説]

（5）[答] ④

グラフ C は第4位で，最後に "The fourth place was held by Hong Kong."「第4位は香港で占められた」とある。従って④が答えとなる。

（6）放送文

W：My grandmother Yasuyo is an incredibly active woman. On Mondays and Thursdays, she goes swimming at the indoor pool near her house.She usually swims one kilometer, and sometimes, even 1.5 kilometers at a time. On Wednesdays and Fridays, she teaches English to elementary school children. She's a very fluent English speaker. Two years ago, she started to learn another language. Every Tuesday, she goes to a language school to study Spanish.

She often goes camping with her friends on weekends. Now she doesn't drive, but until fairly recently, she drove her car to campsites by herself. I wonder how a person aged 65 can be so active!

Question : What does the speaker's grandmother do on Tuesday?

女性：私の祖母ヤスヲは驚くほど活動的な女性です。月曜日と木曜日は，近くの屋内プールへ泳ぎに行きます。いつもは1キロですが，時に一度に1.5キロも泳ぎます。水曜日と金曜日は，小学生に英語を教えています。彼女はとても流暢な英語を話します。2年前，もう一つの言葉を習い始めました。毎週火曜日，スペイン語の勉強に語学学校に通っています。週末には友人とよくキャンプに行きます。今は車の運転はしませんが，かなり最近まで自分で運転して一人でキャンプ場に行きました。65歳の人がどうやってそんなに活動的なんだろうか？

質問：話し手の祖母は火曜日には何をするのか？

[解説]

（6）[答] ③

"Every Tuesday, she goes to a language school to study Spanish."「毎週火曜日，スペイン語の勉強に語学学校に通う」とあるので③のイラストが正解。

2

(A)

（7）[答] ③

[訳] この語は何かを速くやることを意味する。また，短時間で理解できることも意味する。

①潜在的な，隠れている

②傾いた，〜の傾向がある

③迅速な，理解が早い

④博学な，学問的な

（8）[答] ②

[訳] この語は人が他の人よりも成功しようとする状況を意味する。また，人やチームが他よりもうまくやろうとするイベントや大会も意味する。
①矛盾，反対　②競争，競技会　③完成，達成
④自治体，会社

(9) [答] ③
[訳] この語は何かを達成するために他の人と一緒に働くことを意味する。また，あなたにやってほしいことをして，その人を助けることも意味する。
①集中する　②伝達する　③協力する
④相互に関連させる

(10) [答] ④
[訳] この語は何かについて，興味や楽しみの強い感情や，それに関わりたいという熱望を意味する。
①訴え　②嫌悪感　③無関心　④熱意

(B)
(11) [答] ②
[訳] ナンシーはイギリス生まれだが，日本で ☐。
①打ち倒される　②育てられる　③破壊した
④解体した

(12) [答] ①
[訳] A：ヤマモトさん，お願いします。
　　　B：おつなぎします。☐ ください。
①電話を切らないで待って　②隠して
③接続して　④避けて

(13) [答] ①
[訳] 地震 ☐，すぐにガスを止めなさい。
①～の場合には　②～にもかかわらず
③～の観点から　④～の名において

(14) [答] ③
[訳] あなたの今までのすべての努力が，まもなく ☐ よう願っています。

①立ち寄る　②落ち着く　③報われる　④止まる

3

(15) [答] ②
[訳] 私の母は先月タバコを吸うのをやめて，今はとても調子がよいと言っている。
[解説] stop smoking「タバコを吸うのをやめる」
stop to do「タバコを吸うために立ち止まる」
　母の調子がよいのは，タバコを吸うのをやめたからと考えるのが自然。従って②が正解。母がタバコをやめたのが先月だという事実だけで，時制のズレはなく④の完了動名詞（having smoked）にする必要はない。完了動名詞は次のように時制のズレがある場合に使う。「彼は今恥じている」「過去に彼女の財布を盗んだこと」He is ashamed of having stolen her wallet.「彼は彼女の財布を盗んだことを恥じている」

(16) [答] ①
[訳] ジェフは昨日女性が通りを渡るのを見た。
[解説] 知覚動詞（see）＋目的語（a woman）＋動詞の原形（cross）「女性が通りを渡るのを見た」という知覚構文で正解は①である。また，知覚構文では動詞の原形のほかに現在分詞もくる。see a woman crossing the street「女性が横断している途中を見る」動詞の原形は横断し終わるまでを見るという意味である。

(17) [答] ④
[訳] 事故が起こった時間は，今朝の6:30だった。
[解説] 選択肢を見ると関係詞の問題なので，先行詞が the time として，英文を2つに分解する。
・The time was 6:30 this morning.
・The accident happened then（＝at the time）
　先行詞が副詞の then になっているので，then のかわりに関係副詞の when にして1文にすると，The time when the accident happened was 6:30 this morning. となり正解は④。①は at which なら正解。②what は先行詞を含んだ関係代名詞で不可，③where は先行詞が場所を表すので不可。

(18)　[答] ③
[訳] 楽しそうに歌いながら，メアリーは部屋に入ってきた。
[解説] 「メアリーが楽しそうに歌う」「メアリーが部屋に入る」という動作が同時に行われている付帯状況の分詞構文の問題で，③singing が正解。

(19)　[答] ④
[訳] もし先週あなたが東京にいると知っていたならば，あなたを訪問しただろうに。
[解説] 「もし～だったなら，～だったろうに」という過去の事実に反する仮定を表す仮定法過去完了の形である。主節が I would have visited you なので，If 節は If I had known ～となるが，if を省略して倒置の形にした④Had I known ～が正解となる。
[類例] If you had come earlier（→ Had you come earlier），you could have met her.「もっと早く来ていたら，彼女に会えたのに」

$$\boxed{4}$$

(20)　[答] 2番目③　4番目②
The queen of the country [is looked up to by] everyone.
[訳] その国の女王は皆に尊敬されている。
[解説] Everyone looked up to the queen of the country. この英文を受動態にしたもので，look up to「尊敬する」をワンセットと考え，The queen of the country is looked up to by everyone. となる。

(21)　[答] 2番目⑤　4番目①
Do you [happen to know anyone who] would teach me yoga?
[訳] ひょっとして，私にヨガを教えてくれそうな人を知っていますか？
[解説] happen to do「偶然～する，たまたま～する」疑問文では Do you happen to know ～？「ひょっとして～を知っていますか？」という意味になる。

(22)　[答] 2番目③　4番目②
Michael is by [far the best dancer I've ever] seen.
[訳] マイケルは今まで見た中で群を抜いて，最高のダンサーだ。
[解説] by far を最上級の前に置いて，最上級を強めている。

(23)　[答] 2番目③　4番目④
I [insist that she be given] another chance.
[訳] 私は，彼女はもう一度チャンスを与えられるべきだと主張します。
[解説] insist「主張する」，suggest「提案する」，demand「要求する」」，order「命令する」などの要求・提案・命令などを表す動詞の that 節中は「should＋原形」または「原形」とする。従って，insist that she (should) be given になる。
[類例] I demand that this plan (should)] be approved.「私はこの案が承認されることを要求する」

$$\boxed{5}$$

[訳]

ティム：もしもし，エア・サポート。こちらは地上誘導班のティムです。聞こえますか？

サム　：もしもし，地上誘導班。こちらは救助ヘリのサムです。何が起こっているのか教えてください。

ティム：こんなに早く来てくれてありがとう。若い女の子が北の橋から転落しました。風で吹き飛ばされたようです。何が見えるか教えてください。海まで流されなければいいのですが。

サム　：彼女の無事を祈っておりますが，この天候はかなり悪いですね。このヘリを安定させようとしています。今，浜の上空にいます。ここに彼女の気配はありません。川の上空を北に向かいます。それはそうと，(24)彼女は何を着ていましたか？

ティム：彼女は学校から歩いて家に帰る途中で，

まだ制服を着ていました。濃い灰色です。

サム　：それはまずい。下にあるものを見るのに
　　　　すでに困難になっています。濃い灰色は
　　　　この暗い色の水で，見るのはほとんど不
　　　　可能です。

ティム：ええ，それに今朝降った大雨のせいで，
　　　　川はかなり濁っているでしょう。流れも
　　　　かなり速いです。

サム　：幸いなことに，(25) 雨はやみました。
　　　　私は北に向かって飛行中ですが，まだ何
　　　　も見えません。あなたの言う通り，この
　　　　川は本当に流れが速いです。この地域に
　　　　洪水警報を出す必要があります。

ティム：この辺に住んでいるほとんどの人が，外
　　　　に出て捜索のお手伝いをしています。
　　　　我々は川岸近くの土地を捜索中です。あ
　　　　なたは今ちょうど我々の真上にいます。
　　　　彼女がこれほど近くにいるとは思いませ
　　　　ん。

サム　：うーん，(26) 私もそのようには思いま
　　　　せん。旋回してまた海の方に向かいます。
　　　　悲しいことですが，あまり彼女に望みを
　　　　抱けません。

ティム：数隻のボートが，湾のあたりを捜索する
　　　　ためにまもなく到着するはずです。ダイ
　　　　バーたちは水中を捜索する準備ができて
　　　　います。

サム　：彼らが早く活動できるよう期待していま
　　　　す。この水は本当に冷たいはずです。彼
　　　　女が…ちょっと待って！彼女が見えま
　　　　す！橋の約500メートル南で，小さな木
　　　　にしがみついています。すぐに，助けを
　　　　寄こしてください。

ティム：みんな，彼女は約500メートル下流だ。
　　　　行け，行け，行け！サム，彼女の様子は
　　　　どうですか？

サム　：彼女が少し動いているのが見えますが，
　　　　(27) 彼女は苦しんでいます。きっと痛
　　　　いのでしょう。ヘリを下降させます。彼
　　　　女の名前は何ですか？

ティム：ナオミです。

サム　：がんばれ，ナオミ！家に連れて行くよ。

ティム：ご協力ありがとうございます。こんなに
　　　　早く彼女を発見できてとてもうれしいで
　　　　す。あなたは彼女の命の恩人です。

選択肢の訳

①私は彼女を見ることがきます。

②私もそのようには思いません。

③彼女は苦しんでいます。

④雨はやみました。

⑤彼女は何を着ていましたか？

⑥彼女はいつ落ちたのですか？

(24)　[答] ⑤

[ヒント] 救助ヘリのサムからの ☐24☐ に対し
て，地上誘導班のティムは，彼女は学校から歩い
て家に帰る途中で，まだ制服を着ていたと答えた。
従って⑤「彼女は何を着ていましたか？」が自然。

(25)　[答] ④

[ヒント]川に転落した女の子の捜索に，ティムは，
大雨のせいで，川はかなり濁っていて，流れも速
いので捜索は難しいと述べた。そのような状況で，
サムは ☐25☐ が幸いであると言っている。従っ
て，幸いなのは④の雨がやんだことが一番自然で
ある。

(26)　[答] ②

[ヒント] ティムは川の流れが速く，この近くで
はなく，もっと下流の方に流されていると思って，
I don't think she would be this close.「彼女がこ
れほど近くにいるとは思いません」と述べ，サム
も「私も近くにいるとは思わない（私もそう思わ
ない）」と同意して，ヘリを旋回して海の方へ捜
索に向かった。従って答えは②が適切である。

(27)　[答] ③

[ヒント] 発見された女の子の様子が「少し動い
ている」→しかし，☐27☐ →「きっと痛い」と
いう流れなので③「苦しんでいる」が入る。

[語句と構文]

5行目 the wind pushed her off「風が彼女を突

— 141 —

き落とした」→彼女は風で吹き飛ばされた

7行目 keep + this helicopter（O）+ steady（C）keep + O + C「OをCの状態に保つ」→このヘリコプターを安定させる

8行目 there's no sign of ～「～の気配はない」

9行目 anyway「（話題を変える時に用いて）それはそうと」

12行目 It's already hard to see ～「～を見るのにすでに困難にある」it は形式主語で to 不定詞（to see）以下が真主語である。

Dark gray will be almost impossible to see in this dark water.（＝It will be almost impossible to see dark gray in this dark water.「濃い灰色はこの暗い色の水では，見るのはほとんど不可能です」「it is ＋難易を表す形容詞＋ to 不定詞＋目的語」のパターンでは目的語（dark gray）を形式主語の it の部分に置いて書き換えられる。

［類例］It is difficult to please John. ＝ John is difficult to please.「ジョンを喜ばせるのは難しい」

14行目 with all the rain（which）we had this morning「今朝降った大雨のせいで」目的格の関係代名詞 which の省略　with「（原因を表わして）～のせいで，～のために」

19行目 most of the people who live around here「この辺に住んでいるほとんどの人」who は most of the people を説明する主格の関係代名詞

20行目 right above us「ちょうど我々の真上に」right は above us の強めで「ちょうど，まさに」

21行目 this close「これほど近く」this は副詞「これほど，こんなに」

23行目 not feel too hopeful about her「あまり彼女（の生存）に望みを抱けない」

24行目 there should be a few boats arriving soon.「数隻のボートが，まもなく到着するはずです」「there is ＋名詞＋分詞」の構文で，現在分詞（arriving）が後ろから名詞（boats）を修飾している後置修飾。should「（推量を表して）～のはずである」to search around the bay「湾のあたりを捜索するために」to search は目的を表す副詞的用法の to 不定詞

25行目 the divers are ready to search underwater「ダイバーたちは水中を捜索する準備ができている」be ready to do「～する準備ができている」

27行目 hold on「ちょっと待つ」hold on to ～「～にしがみつく」

29行目 guy「男，やつ」guys「（複数形で）みんな！（呼びかけ）」

31行目 I can see her moving a little bit.「彼女が少し動いているのが見える」知覚動詞（see）＋目的語（her）＋現在分詞（moving）の構文 have a hard time「困難な，苦しい，状況である」in pain「痛くて，苦しんで」

6

（A）

［訳］

　じゃんけんは素晴らしいゲームである。多くの人が日常生活で簡単なことを決めるのに毎日する。人がそれを好むのは，勝つ可能性が皆同じだからである。だが，ある研究によると，ほとんどの人が思っている以上に戦略があるという。

　膨大な数の1対1のじゃんけんが観察された。研究者は一連のじゃんけんが行われる時に，プレーヤーがどのように行動するのかを記録したのである。その結果によると，3つが選択される確率は差がないとはいえ，平等には選ばれないことを示した。グーが一番人気のある選択で，パーが一番選ばれなかった。しかし，この研究でより興味深い結果は，それに続くじゃんけんで起きたことである。あいこの時に，プレーヤーは何をするのか？　彼らは例えば1回目グーなら2回目もグーのように，同じ手を出すのか？　または1回目がグーで2回目がパーのようにより強い手にするのか？　それとも，より弱い手にするのか？その研究によると，ほとんどの人は最初の手がまだベストだと考え，それを変えようとしないという。もし本当に変えるなら，弱い手ではなくむしろ強い手にする人のほうが多い。そして，ゲームが続くにつれて，3つの差はますます小さくなる

ということだった。

[解説]

(28) [答] ①

研究によれば，どの手が一番選ばれるのか？

①グー　②チョキ　③パー

④どれも等しく選ばれる。

[ヒント] 6行目にグーが一番人気のある選択とあり，正解は①である。またGame1の円グラフからも36%で一番である。

(29) [答] ④

最初にチョキを出した人が，じゃんけんで勝つ可能性は？

①64%　②36%　③34%　④30%

[ヒント] チョキが勝つのはパーで，Game1の円グラフからパーは30%なので④が正解。

(30) [答] ③

最初のジャンケンで両者がパーを出し，次に起こる可能性が最も高いものは？

①両者チョキを出す，なぜならチョキはパーより強いからである。

②両者グーを出す，なぜなら互いに相手がチョキを出すと予想するからである。

③両者パーを出し，またあいことなる。

④一人がチョキに変え，相手がグーに変える。

[ヒント] 11行目に，ほとんどの人は最初の手がベストと考え，次も変えようとしないとある。つまり正解は③である。

(31) [答] ④

Game3の円グラフから何がわかるか？

①プレーヤーは同じ手をさらに出したがる。

②前のジャンケンよりも，強い手に変えた人は少ない。

③最も弱い手が，最も強い手になる。

④前のじゃんけんよりも弱い手に変える人は多い。

[ヒント] グラフ2では，52%が最初と同じ手を出したが，グラフ3では46%と下がったので，同じ手を出していない。従って①は正しくない。②

は Game2のグラフでより強い手を出した人は26%でGame3では27%と上がっているので誤りである。2行目で人がじゃんけんを好むのは，勝つ可能性が皆同じとある。つまり，どの手も最初から強い手，弱い手などはないので③も誤りとなる。Game2のグラフで，より弱い手の人は22%で，Game3では27%と増えている。従って正解は④である。

[語句と構文]

1行目 Rock, Scissors, Paper（頭文字でRSP）グー，チョキ，パーの「じゃんけん」

2行目 an even chance「同じ可能性」even「（形容詞）同じ」

3行目 a study says ～「ある研究は～と言う」→「ある研究によると～」

4行目 a huge number of ～「膨大な数の～」

5行目 recorded how players acted「プレーヤーがどのように行動するのかを記録した」how did the player act? という疑問文が recorded に続いた間接疑問文である。語順に注意。

6行目 while all three choices were close「（グー，チョキ，パーの）3つが選択される確率は差がないとはいえ」while「～とはいえ，～としても」rock was the most popular choice.「グーが一番人気のある選択」→パーを出すと勝つ確率が上がる。

7行目 paper was picked the least.「パーが一番選ばれなかった」→パーを出す人が少ない

least「最も少なく」 little-less-least

8行目 what happened in the following game「次のじゃんけんで起きたこと」what は先行詞を含んだ関係代名詞「～すること」

in the second game「2回目のじゃんけんで」→あいこの時に

9行目 keep the same hand「同じ手を出す」

10行目 make a stronger play (rock in game 1 and paper in game 2)「1回目がグーで2回目がパーのようにより強い手にする」→パーがグーに勝つので強い手である。

do they make a weaker play?「弱い手にするのか？」→チョキはグーに負けるので弱い手である。

12行目 they would not change it（＝their first choice）「それ（＝最初に出した手）をどうしても変えようとしない」would not「（過去の強い拒絶）どうしても〜しようとしなかった」

[類例] He would not do his homework.「彼はどうしても宿題をやろうとしなかった」

12行目 if they do make a change「もし本当に変えるならば」do は動詞 make を強調している。

[類例] I do want to see him.
「私はぜひ彼に会いたい」

would rather have a stronger hand than a weaker hand「弱い手よりもむしろ強い手にしたい」→最初がグーならば強い手はグーに勝つパー

would rather A than B「B よりもむしろ A したい」

(B)
[訳]

　あなたはナマケモとばれる動物を知っていますか？ 彼らは中南米の熱帯雨林に生息している。(32) 彼らはほとんど動かない。動く時でさえ，とてもゆっくりである。日本では，「ナマケモノ」と呼ばれている。「怠惰な人」という意味である。

　彼らはあまり動かないので，多くのエネルギーを必要としない。1 日にわずか10グラムの葉しか食べないと言われている。彼らはよくコアラと比較される。(33) どちらの動物も，ほとんどの時間を木の上で過ごす。しかし，コアラは 1 日に500グラム以上の葉を食べる。ナマケモノはフンや排尿のために，4 〜 8 日ごとに 1 回地上に降りてくる。彼らはほとんど食べないので，毎日トイレに行く必要はない。彼らの手と足は，楽々と木の枝にぶら下がれるような長い，曲がったかぎ爪を備えている。彼らは枝にぶら下がりながら，ほとんどすべてのことをする。食事をしたり，眠ったり，出産さえするのだ。時には，枝にぶら下がりながら死んでいるのを発見されることさえある。(34) しかし，彼らは地面の上を歩くことはできない。その代わり，腕を使って，体を引きずって進んで行く。そのため彼らの腕は，通例足よりもかなり長い。

ナマケモノは毛むくじゃらの毛皮を持っている。全身が大量の毛でおおわれている。その毛むくじゃらの毛皮は，ある種の緑藻が生息するのにとても快適な場所であるようだ。それが，その動物の毛がしばしば緑に見える理由である。緑色は彼らにとってワシやジャガーのような捕食者に対して良いカモフラージュとなっている。(35) だから，緑藻とナマケモノは互いから利益を得ているのである。

[解説]

(32) **[答]** ①

①彼らはほとんど動かない。
②彼らはいつも食糧を探すのに忙しい。
③彼らは日中とても活動的である。
④彼らはかなり速く行ったり来たり動くことができる。

[ヒント] (32) の後で，動く時でさえ，とてもゆっくりであると述べているので①が正解である。

(33) **[答]** ③

①コアラは日本で大変人気がある。
②ナマケモノのように，コアラはあまり食べない。
③どちらの動物も，ほとんどの時間を木の上で過ごす。
④コアラは中南米には生息していない。

[ヒント] ナマケモノはコアラの比較で，(33) の後では，両者の葉を食べる量の違いを述べているので，(33) には両者の共通点の③「どちらの動物も，ほとんどの時間を木の上で過ごす」が最も自然である。

(34) **[答]** ④

①さらに，彼らは泳ぎが上手である。
②さらに，彼らは地面をとても速く走ることができる。
③しかし，彼らは物があまりよく見えない。
④しかし，彼らは地面の上を歩くことはできない。

[ヒント] (34) の直後に，「その代わり，ナマケモノは腕を使って，体を引きずって進んで行く」とあるので，④の地面の上を歩くことができないが入る。

(35) [答] ②

①だから，ナマケモノはしばしば緑藻を取り除くために，水に飛び込む。

②だから，緑藻とナマケモノは互いから利益を得ているのである。

③だから，ワシは緑藻のおかげで木の上のナマケ見つけることができる。

④だから，緑藻とナマケモノの関係は一方的である。

[ヒント] ナマケモノの全身をおおう毛は，緑藻が生息するのにとても快適な場所であり，その緑藻がナマケモノを緑色に見えるにようにしている。その緑色がワシやジャガーのような捕食者に対して良いカモフラージュとなっている。つまり，ナマケモノと緑藻は互いから利益を得ているのであり②が正解となる。

[語句と構文]

1行目 sloth「(動物) ナマケモノ」意味がわからなくとも，読み進めばわかる。

3行目 ~ "namakemono", which means "lazy person" カンマ＋関係代名詞の非制限用法で，先行詞 "namakemono" の補足説明である。

4行目 It is said that ~「~だと言われている」it は仮主語 (形式主語) で，真主語は that 節以下。

5行目 just 10 grams of leaves a day「1日にわずか10グラムの葉」a day「1日につき」
be compared to ~「~と比較される」

7行目 every 4 to 8 days「4～8日ごとに」
eat so little「ほとんど食べない」→ eat a little「少し食べる」

9行目 long, curved claws that allow them to do「彼ら (＝ナマケモノ) が~するのを可能とする長い，曲がったかぎ爪」that は long, curved claws が先行詞の主格の関係代名詞
allow A to do「Aが~することを可能にする」
to do ＝to hang from branches without effort「楽々と木の枝にぶら下がる」

10行目 they do almost everything hanging ~「彼らは~にぶら下がりながら，ほとんどすべてのことをする」

11行目 give birth「出産する」

they are even found hanging ~「彼らは~にぶら下がりながら，発見されることさえある」

12行目 instead「その代わり」地面を足で歩く代わりに

13行目 much longer than ~「~よりもかなり長い」much は比較級 longer の強調　for that「そのため」ナマケモノは地面を進むのに足よりも腕を使うために

14行目 be covered with ~「~でおおわれている」

15行目 for some green algae to live in「ある種の緑藻が生息する」for some green algae は to 不定詞 (to love) の意味上の主語
that's why ~「それが~の理由である」

16行目 give (V) + them (O) + a good camouflage (O)「彼ら (ナマケモノ) によいカモフラージュを与える」→ 彼らにとって良いカモフラージュとなる

7

[訳]

　ガルリ・カスパロフは，おそらく史上最強のチェス選手であろう。彼はソ連で生まれ，わずか17歳で，グランド・マスターという最高位の称号を得た。5年後の1985年，彼は初めて世界チャンピオンになった。その後15年間は世界チャンピオンに留まっていた，そして2000年まで彼は負けることはなかった。生きている人間で，彼を破ることができる者は一人もいなかった。そんなわけで，彼の最大のライバルは人間でなかった。

　チェスのコンピューター・プログラムは，コンピューターが存在した当初からあった。しかし，チェスはあまりにも複雑すぎて，初期のコンピューターでは理解できなかった。チェスのゲームで相手が普通の人ならおそらく勝てたかもしれないが，上級選手には歯が立たなかった。頭の良い人間ならば，現在の手番だけでなく，次の手番，その次の手番，さらに数手先についても考えるだろう。初期のコンピューター・プログラムはあまりにも予測可能で，相手に手を簡単に読まれた。

十分な速さで計算することができなかったのだ。

コンピューターは常により良く，より速くなった。1990年代中頃には，手ごろな価格となり多くの人が家庭用に購入した。1996年には，コンピューター会社の最大手の一つIBMが，チェスを極めるためのコンピューターを設計した。名前はディープ・ブルー。大きな冷蔵庫のように見えたが，非常に強力だった。ディープ・ブルーは「人間対機械」と大々的に宣伝された非公式戦でガルリ・カスパロフと対局した。

ディープ・ブルーは敗れた。大敗だった。第1局目は確かに勝ったが，カスパロフは戦術を変え，続く5局は優位に立った。コンピューターは強かったが，考え方を変えることができなかった。IBMは世間にあまり良い印象を持たれなかったが，プログラマーはあきらめなかった。彼らは，いろいろな戦い方の組み合わせに重点を置くことによってコンピューターの能力を向上させ，1997年にさらに大きな非公式のリターン・マッチにそれを再登場させた。

ディープ・ブルーはそのわずか1年後には大きな進歩を遂げた。およそ8手先まで考えることができた。過去の失敗からも学んだのである。カスパロフは1勝3引き分けで善戦したが，ディープ・ブルーは残り2局に勝ち，その試合に勝ったのだ。カスパロフはそれを信じることができなかった。彼が大きなショックで両手で頭を抱えている有名な写真がある。彼はめったに負けないのだ。彼はIBMを機械の代わりにこっそり人間にプレーをさせて，不正をしたのではないかと非難さえした。だが，プレーしたのは実際コンピューターだった。史上初めて，コンピューターがグランド・マスターの称号を持つ人間を破ったのである。

この非公式戦はコンピューターがいかに強くなったのかを示した。この試合の後，多くの人が個人用パソコンを買いに出かけたのである。しかし，これが，コンピューターはさらにどれくらい進歩する必要があるのかも示した。ディープ・ブルーは一度プログラムのエラーのために，大きなミスを犯した。それは非常に悪い指し手で，下手な人間のプレーヤーでも，そんなミスはしなかっ

たであろう。ところが，カスパロフも「プログラム・エラー」を犯した。彼は緊張し過ぎて，易しい手を見逃してしまったのだ。コンピューターは緊張することはない。コンピューターも人間も，強みと弱みを持っている。

カスパロフはなんと，コンピューター・チェスの大きな支援者になった。彼は将来のチェス・プログラムを作るためにIBMに協力したのだ。彼はまた，重要なオンライン・チェス・プレーヤーだった。多くのオンライン・チェスをプレーした最も初期の人の一人だった。そのゲームに新たなファンを呼び込むのに貢献した。

コンピューターは（A）進歩し続けている。現代のスーパー・コンピューターは，文字通り，ディープ・ブルーよりも100万倍も能力がある。実際に，安価なスマートフォンでさえ，ディープ・ブルーより能力がある。現在では，インターネットにアクセスする人は誰でも，ガルリ・カスパロフを楽に倒せるかもしれない。しかし，1997年のそれらの試合では，人間の知性の力だけではなくコンピューターの無限の可能性も世界に示したのだった。

[解説]

(36)　[答] ③

カスパロフはなぜ史上最高のチェス選手の一人だと見なされたのか？

① 彼はグランド・マスターになる前に，世界チャンピオンを勝ち取った。

② 彼はチェスでコンピューターを倒した唯一の人間だった。

③ 彼は1985年から1999年にかけての世界選手権では一度も負けなかった。

④ 1996年以前に，初期のチェス・プログラムの設計を手伝った。

[ヒント] 2～3行目に，17歳でグランド・マスターの称号を得てから，5年後に世界チャンピオンになったとあり，①は不正解である。8行目に初期のコンピューターではチェスの上級選手には歯が立たないとあり，コンピューターに勝てた人がいたので②も不正解。3～4行目に1985年に彼は世界チャンピオンになり，その後15年間はその王座

に留まり，2000年までは負けなかったとある。つまり，1985年から1999年までは一度も負けなかったので③が正解である。36行目以下で，彼がIBMのチェスのプログラム開発に関わったのは，ディープ・ブルーとの1997年の2度目の対戦後とあるので④は誤りである。

(37)　［答］①
　ガスパロフがディープ・ブルーと対戦したのはいつか？
①彼の世界チャンピオンの15年間に
②彼がグランド・マスターになった直後
③1997年の世界選手権の決勝戦で
④彼が世界選手権で負けた後で
［ヒント］ガスパロフがディープ・ブルーと対戦したのは1996年と1997年である。それは第1段落によると，彼が一度も負けなかった1985〜1999年の世界チャンピオン時代である。つまり，彼が対戦したのは世界チャンピオン時代なので，正解は①である。1997年のガスパロフとディープ・ブルーの対戦は非公式戦なので，③の世界選手権の決勝戦ではない。また，世界選手権で負けたのは2000年なので④も誤り。

(38)　［答］③
　優れたチェス選手は数手先を考えることができる。その例となる発言はどれか？
①私はこう動くつもりだ。
②相手はこう動くと思う。
③相手がこう動くなら，私はそう動く。
④まだ何ゲームかあるので，このゲームは負けてもよい。
［ヒント］数手先まで読むとは，私の手だけではなく（①は誤り），相手の手だけでもなく（②は誤り），③が正解である。④は本文に言及されていない。

(39)　［答］②
　ディープ・ブルーは何が特別なのか？
①最初のチェス・コンピューター・プログラムの一つ。

②チェスを極めるために設計された。
③ひそかに人間によってプレーされた。
④ほとんどのスマートフォンより高性能である。
［ヒント］13〜15行目に，IBMがチェスを極めるためのコンピューターを設計した。名前はディープ・ブルーとある。つまり，ディープ・ブルーはチェス専用のコンピューターで正解は②である。

(40)　［答］④
　最初のカスパロフ対ディープ・ブルーの対戦で何が起こったのか？
①カスパロフは善戦し，もう少しで勝つところだった。
②カスパロフはIBMが不正をしているところを捕まえた。
③カスパロフは全局で勝利した。
④カスパロフは第1局のみ負けた。
［ヒント］17行目に，ディープ・ブルーは第1局目だけは勝った（＝カスパロフは負けた）とあり，④が正解となる。

(41)　［答］②
　カスパロフの「プログラムのエラー」とは何か？
①彼は怒り過ぎて，IBMを不正していると非難した。
②彼は緊張し過ぎて，易しい手を見逃した。
③彼は7手先までしか考えられなかった。
④彼はコンピューターと対戦するより，人間と対戦したかった。
［ヒント］
　33行目に，彼は緊張し過ぎて，易しい手を見逃したとあり，②が正解となる。

(42)　［答］①
　空所（A）に入る正しい語を選べ。
①進歩する　②信じる　③制御する　④製造する
［ヒント］空所（A）の直後に，「現代のスーパー・コンピューターは，ディープ・ブルーよりも100万倍も能力がある。また，安価なスマートフォンでさえ，ディープ・ブルーより能力がある」と述べている。つまりディープ・ブルーよりはるかに

性能が向上したので①「進歩する」が最適となる。

(43) [答] ①

カスパロフは人間がコンピューターに代わってプレーしていると思った。なぜ今日ではこのように考える人はいないのか？

① 今やコンピューターは人間よりもはるかに優れている。

② 人間はまだコンピューターよりもはるかに優れている。

③ 人間がプレーしているのとコンピューターがプレーしているのとの違いが，より簡単にわかるようになった。

④ 今やスマートフォンは初期のコンピューターよりもはるかに優れている。

[ヒント] カスパロフが1997年2度目のディープ・ブルーとの対戦では負けてしまった。彼はそれを信じることができず，IBM を機械の代わりにこっそり人間にプレーをさせたのではないかと非難した。しかし，そんな不正はなく，IBM が1996年に敗れてからディープ・ブルーが著しい進歩を遂げたのだ。最終段落では，そのディープ・ブルーよりも，今のコンピューターは100万倍も性能が向上し，カスパロフにさえ楽に勝てるという。つまり，わざわざ人間がコンピューターに代わってまでプレーする必要はない。それほどコンピューターは進化しているのである。正解は①となる。

[語句と構文]

1行目 the greatest chess player who ever lived「（今までで生きていた）史上最強のチェス選手」who は the greatest chess player が先行詞の主格の関係代名詞。Born in the Soviet Union, he earned ～「ソ連で生まれ，彼は～を獲得した」過去分詞 born で始まっている分詞構文。主節の主語が he，時制が過去（earned）だから，he was born in the Soviet Union and he earned ～と考える。

2行目 the highest rank of Grand Master「グランド・マスターという最高位の称号」of「（同格）～という」[類例] the city of Tokyo「東京という都市」

3行目 He would remain the world champion for the next 15 years,「彼はその後15年間は世界チャンピオンに留まっていた（ものだった）」would「よく～したものだ（過去の習慣）」
never losing until 2000.「そして，2000年まで彼は負けることはなかった」
never losing until 2000は分詞構文で主節の主語，時制に注意して書き換えると ～ and he never lost until 2000 となる。

4行目 there wasn't a single living person who could defeat him「生きている人間で，彼を破ることができる者は一人もいなかった」who 以下は a single living person を先行詞とする主格の関係代名詞 defeat「破る，負かす」

5行目 that's why ～「そんなわけで～だ」

6行目 Chess computer programs have existed as long as computers have existed「チェスのコンピューター・プログラムは，コンピューターが存在したと同じくらいの期間存在した」→チェスのコンピューター・プログラムは，コンピューターが存在した当初からあった。

7行目 too complicated for early computers to understand「あまりにも複雑すぎて，初期のコンピューターでは理解できない」too ～ to …構文「あまりに～なので…できない」for early computers は to understand の意味上の主語
they（＝chess computer programs）probably could beat an average person in a game「そのプログラムでは，チェスのゲームで相手が普通の人ならばおそらく勝てたかもしれない」could「（可能性・推量）でありうる，～かもしれない」

8行目 did not have a chance against a high level player「（チェスの）上級選手には，歯が立たなかった」

9行目 a smart human could think about ～「頭の良い人間ならば，～について考えるだろう」could は仮定法過去で，条件の if 節が省略され，主語に条件が隠れている「頭の良い人間ならば」
[類例] I could swim faster.「私ならばもっと速く泳げるのに」if 節を考えると → If I swam, I could swim faster.「もし私が泳ぐなら，もっと

速く泳げるのに」

9行目 think about not just（＝only）［A］, but also about［B］「A だけでなく B についても考える」A →現在の手番　B →次の手番，その次の手番，さらに数手先

11行目 too predictable「あまりにも予測可能で」→相手に手を簡単に読まれる

they（＝early computer programs）could not do the math fast enough「それらは十分な速さで計算することができなかった」do the math「計算する」

12行目 in the mid 1990s「1990年代中頃」nineteen nineties と発音

13行目 affordable「（価格などが）手頃な」

16行目 in a heavily advertised exhibition match「大々的に宣伝された非公式戦で」

17行目 it（＝Deep Blue）did win the first game.「第1局目は確かに勝った」did は動詞 win の過去形 won を強調している。

18行目 dominate the next five game「続く5局は優位に立った」

19行目 IBM did not look too good「IBM はあまり良く見られなかった」→世間にあまり良い印象を持たれなかった

20行目 by focusing on different playing combinations「いろいろな戦い方の組み合わせに重点を置くことによって」focus on ～「～に焦点を合わせる，～に重点を置く」

brought it（＝Deep Blue）back「再登場させた」

21行目 for an even bigger exhibition rematch「さらに大きな非公式の第2戦目に」 even は比較級 bigger を強めている。

22行目 make great advances「大きな進歩を遂げる」

23行目 eight turns into the future「8手先まで」from its past mistakes「その過去の失敗から」→1996年の対戦でカスパロフに負けたこと

24行目 with one win and three draws「1勝3引き分けで」the remaining two games「残り2局」ディープ・ブルーから見れば，全6局中2勝1敗3引き分けで勝ったことになる。

26行目 with both hands on top of his head「両手で頭を抱えて」付帯状況の with

in complete shock「大きなショックで」

27行目 accuse IBM of cheating「IBM を不正したことで非難する」accuse A of B「A を B のことで非難する」cheat「不正をする」

by having a person secretly play for the machine 「機械の代わりにこっそり人間にプレーさせることによって」have ＋ 人間（a person）＋動詞の原形（play）「人間にプレーさせる」

28行目 for the first time ever「史上初めて」強調の ever

29行目 this exhibition showed ～「この非公式戦は～を示した」how powerful had computers become?「コンピューターはいかに強くなったのか？」この疑問文が showed に接続され間接疑問文になっている。

30行目 it（＝this exhibition）also showed ～「この非公式戦はさらに～も示した」how much further did computers need to go?「コンピューターはさらにどれくらい進歩する必要があるのか？」これが showed に接続され間接疑問文になっている。

31行目 due to a programming error「プログラムのエラーのために」

32行目 even a low level human player would not have made it（＝a mistake）「下手な人間のプレーヤーでも，そんなミスはしなかったであろう」would not have made から仮定法過去完了の英文で，条件の if 節は主語（even a low level human player）に含まれている。

[類例] A careful person could have avoided the trouble.「注意深い人であれば，そんなもめごとは避けられただろうに」

38行目 help（to）bring the game to new fans「そのゲーム（＝チェス）に新たなファンを呼び込むのに貢献する」to は省略が可能

40行目 literally「文字通り」，literary「文学の」

41行目 a million times more powerful than Deep Blue「ディープ・ブルーよりも100万倍も能

— 149 —

力がある」倍数（a million times）＋比較級（more powerful）＋ than ～　比較級を使った倍数表現

42行目 anyone with access to the Internet「インターネットにアクセスする人は誰でも」could easily defeat ～「～を楽に倒せるかもしれない」could「（可能性・推量）でありうる，～かもしれない」

43行目 those few games「それらの試合は」games と複数形になっているのは対戦したのは全6局だからである。

43行目 not only the strengths of a human mind, but also the unlimited potential of computers「人間の知性の力だけではなくコンピューターの無限の可能性も」not only A but also B
「A だけでなく B もまた」a human mind「人間の知性」unlimited potential「無限の可能性」

英語　　正解と配点

（60分，100点満点）

問題番号		正　　解	配　　点
1	1	①	2
	2	③	2
	3	①	2
	4	③	2
	5	④	2
	6	③	2
2	7	③	2
	8	②	2
	9	③	2
	10	④	2
	11	②	2
	12	①	2
	13	①	2
	14	③	2
3	15	②	2
	16	①	2
	17	④	2
	18	③	2
	19	④	2
4	20	③②	2
	21	⑤①	2
	22	③②	2
	23	③④	2

問題番号		正　　解	配　　点
5	24	⑤	2
	25	④	2
	26	②	2
	27	③	2
6	28	①	3
	29	④	3
	30	③	3
	31	④	3
	32	①	2
	33	③	2
	34	④	2
	35	②	2
7	36	③	3
	37	①	3
	38	③	3
	39	②	3
	40	④	3
	41	②	3
	42	①	4
	43	①	4

＊20〜23の正答は2番目と4番目の順，2つ完答で2点

— 151 —

① リスニング・テスト

Part（A）

問1 放送文

Number1. Look at the picture marked number one in your test booklet.

① A man is putting a large vegetable in a box.

② A man is sitting on a large vegetable.

③ A man is cooking a large vegetable.

④ A man is holding a large vegetable.

放送文の訳

問題用紙の問1と書いてある写真を見なさい。

①男性は大きな野菜を箱に入れています。

②男性は大きな野菜の上に座っています。

③男性は大きな野菜を料理しています。

④男性は大きな野菜を持っています。

[解説]　[答] ④

④が正解。hold「～を手に持つ」

問2 放送文

Number 2. Look at the picture marked number two in your test booklet.

① A couple of ships are passing under the bridge.

② There are three boats in the race now.

③ Several vehicles are being built now.

④ There are three yachts on the beach.

放送文の訳

問題用紙の問2と書いてある写真を見なさい。

①2，3隻の船が橋の下を通過している。

②3艇のボートが今レース中です。

③何台かの乗り物が今作られている。

④3艇のヨットが浜辺にある。

[解説]　[答] ②

three boats in the race「レース中の3艇のボート」②が正解。

問3 放送文

Number 3. Look at the picture marked number three in your test booklet.

① Some people are dancing in pairs.

② A plane is flying in the sky.

③ A boy and a girl are running around the tree.

④ Many people are enjoying the traditional food outside.

放送文の訳

問題用紙の問3と書いてある写真を見なさい。

①何人かの人がペアで踊っています。

②飛行機が空を飛んでいます。

③男の子と女の子が木の周りを走っています。

④多くの人が伝統的な料理を外で楽しんでいます。

[解説]　[答] ①

dance in pairs「ペアで踊る」①が正解。

Part（B）

問4 放送文

W：Dustin, you said that you are going shopping this afternoon. When are you leaving?

M：I am not sure yet. Grandma will give me a call when she is ready. Why?

W：I need to take Mary and her friends to the stadium after lunch. They were planning to go by bicycle but it has been raining so hard since this morning. There are six of them, so my car is too small.

M：OK, I will use your car, so you can use mine. It's bigger.

W：Thank you.

Question：Why does the woman thank the man?

放送文の訳

女性：ダスティン，今日の午後買い物に行くって

— 152 —

言ってたわよね。いつ行くの？

男性：まだわからない。おばあちゃんが準備できたら僕に電話をくれるんだ。なぜ？

女性：昼食後メアリーと彼女の友達をスタジアムに連れて行くのよ。彼女たちは自転車で行く予定だったけど，今朝からずっと大雨ね。彼女らは6人だから，私の車では小さすぎるのよ。

男性：わかった。僕が君の車を使うから，君は僕の車を使えばいいよ。大きいからね。

女性：ありがとう。

質問：女性はなぜ男性にお礼を言うのか？

選択肢の訳

①男性がメアリーと彼女の友達をスタジアムに連れて行くから。

②男性が自分の車を女性に貸すから。

③男性が今日の午後，おばあちゃんを買い物に連れて行くから。

④男性が今日の午後，女性とおばあちゃんと一緒に買い物に行くから。

[解説]　[答]　②

　女性の2番目の発言で，メアリーと友達6人をスタジアムに連れて行くのに，彼女の車では小さすぎることがわかる。そこで男性は，自分の車の方が大きいので使ってよいと述べた。正解は②。

問5　放送文

M：Hi, Maki. Are you free tomorrow evening? We are planning to make dinner at my house. Can you join us?

W：Yes, I would love to. What are you going to cook?

M：Japanese dishes. I am going to cook together with Helen. Helen and I will go shopping at three tomorrow. Would you like to come with us?

W：Sorry, I can't. I have to join an online workshop around that time. What time are you going to start cooking?

M：We are thinking to start at five. I will cook miso soup and Helen says she will make rice balls.

W：Then, could you get some pork for me? I think I can join you at five and make something that goes well with rice.

Question：What is Maki going to do tomorrow?

放送文の訳

男性：やあ，マキ。明日の晩はひま？　家で夕食を作る予定なんだ。来られる？

女性：ええ，喜んで行くわ。何を作るの？

男性：和食だよ。ヘレンと一緒に作る予定だ。明日の3時に彼女と買い物に行くんだけど，一緒に行く？

女性：ごめん，行けないわ。ちょうどその頃，オンラインの研修会に参加しなければならないのよ。いつ作り始めるの？

男性：5時に始めるつもり。僕がみそ汁で，ヘレンはおにぎりを作ると言ってる。

女性：じゃあ，豚肉を買ってきてくれる？　5時に行って，ご飯に合うものを作るわ。

質問：マキは明日何をするつもりか？

選択肢の訳

①彼女は男性と夕食の買い物に行く。

②彼女は男性にみそ汁の作り方を教える。

③彼女は3時にオンラインの研修会に参加する。

④彼女は和食の講習会を主催する。

[解説]　[答]　③

　女性の2番目の発言で，ちょうどその頃，オンラインの研修会に参加するとあるので③が正解。something that goes well with rice「ご飯に合うもの」

問6　放送文

M：Hi, how may I help you?

W：I have an appointment at 11.

M：May I have your name, please?

W：Johnson. Mary Johnson.

M：I'm sorry. I cannot find your name on the list. Could you please repeat the time and date you booked?

W：I booked at 11 on the 18th.

M：Oh, I found your name on the 18th, but it is

still the 17th today. I'm sorry, but we are fully booked today. Could you come back tomorrow?

Question：What did the woman do?

放送文の訳

男性：こんにちは，どのようなご用件でしょうか？

女性：11時に予約をしている者ですが。

男性：お名前をお伺いしてもよろしいですか？

女性：ジョンソン。メアリー・ジョンソンです。

男性：すみません。リストにお名前がありません。ご予約した時間と日にちを繰り返していただけますか？

女性：18日の11時に予約しました。

男性：ああ，18日にお名前がありますが，今日はまだ17日です。すみませんが，本日は全部予約で埋まっていますので，あらためて明日お越しできますか？

質問：女性は何をしたのか？

選択肢の訳

①女性は希望した日より1日早く予約した。

②女性は予約の1日前に来た。

③女性は予約の翌日に来た。

④女性は間違って17日に予約した。

[解説]　[答] ②

　女性は18日の11時に予約したたが，男性から，本日は17日であらためて明日に来るように言われた。女性は予約の1日前に来たので②が正解となる。How may I help you ? 「どのようなご用件でしょうか？」

問7　放送文

M：Hi, Tina. Do you have a minute?

W：Sure, what's up?

M：I'm going to create a video for our school festival next month. We are going to make a drama, and I would like you to join us.

W：Oh, that sounds interesting. Yes, I'm in!

M：Really? Thank you. Can you join us next Wednesday?

W：Sorry, I have club activities every day except Tuesdays and Thursdays.

M：What time does your club finish?

W：We start at 4:30 and end at 6:00, but on Fridays, we only have the club meeting until 5:00.

M：OK, then I'm going to reschedule our plans.

W：Great!

M：All right, I'll let you know the details later.

Question: Which is Tina's schedule?

放送文の訳

男性：やあ，ティナ？　ちょっと今いい？

女性：いいわよ，どうしたの？

男性：来月の学園祭に動画を作る予定なんだ。ドラマだけど，君に出てもらいたいんだ。

女性：まあ，面白そうね。ええ，参加するわ！

男性：本当？　ありがとう。来週の水曜日に参加できる？

女性：ごめん。火曜日と木曜日以外は毎日部活なのよ。

男性：部活は何時に終わる？

女性：4時30分始まりで，6時に終わるの。でも，金曜日は集会だけで5時までよ。

男性：わかった。じゃあ，僕らの計画を変更する。

女性：すごいね。

男性：詳しくは後で連絡するよ。

質問：ティナの予定はどれか？

選択肢の訳

①

日	午前	午後	部活
月			部活
火			部活
水			部活
木			部活
金	集会		部活
土			部活

②

日	午前	午後
月		
火		部活
水		
木		部活
金		集会
土		

③

日	午前	午後	部活
月			部活
火			
水		部活	
木			
金		集会	
土		部活	

④

日	午前	午後
月		部活
火		部活
水		部活
木		部活
金		集会
土		

[解説]　[答] ③

女性は火曜日と木曜日以外は毎日部活で，金曜日は集会だけで5時に終わると述べた。③がこれに合う。Do you have a minute?「ちょっと今いいですか？（時間ありますか？）」I'm in.→「参加する，仲間に入る，話に乗る」

問8　放送文

M：Isabela, how was yesterday's club meeting I missed? Have you guys decided on the design of a mascot for our newspaper club?

W：Not yet, but just take a look at this sheet. We narrowed it down to four design ideas. We're going to decide by vote.

M：Hmm… a cat holding a tablet looks fresh to me.

W：I like this white cat with a tie. Glasses and a tie make the cat look more intelligent, don't you think?

M：Yeah, I know what you mean. Well… actually, I agree with you about the tie, but personally, I prefer the one without glasses.

W：Do you have any other comments?

M：Well, the color of the mascot doesn't bother me, but caps don't look very impressive. So I think I'll vote for this one.

Question：Which one will the man most likely choose?

放送文の訳

男性：イサベラ，僕が休んだ昨日のミーティングはどうだった？僕たち新聞部のマスコットデザイン決まった？

女性：まだよ。でも，この紙ちょっと見て。4つのデザイン案に絞ったの。投票で決めるのよ。

男性：うーん，タブレットを持っているネコは僕には新鮮に見える。

女性：私はネクタイをしたこの白ネコが好きなの。メガネとネクタイが知的そうに見えると思わない？

男性：そうだね。君の言いたいことはわかるよ。

いや…実は，ネクタイについては賛成だけど，個人的にはメガネがない方が好きだね。

女性：ほかに意見はある？

男性：そうだね，マスコットの色はいやではないけど，帽子があまり印象的には見えない。だから，僕はこれに投票するよ。

質問：男性がもっとも選びそうなものはどれか？

[解説]　[答] ④

　新聞部のマスコットを4つのデザインから選ぶ会話で，男性はタブレットとネクタイはよいが，メガネと帽子はダメだと述べている。これに合うのは④となる。　decide on ～「～を決める」narrow it down to four design ideas「それ（＝デザイン）を4つのデザイン案に絞る」by vote「投票で」

Part（C）
問9，10　放送文

　Yuki is a high school student and lives in Tokyo with her parents and elder brother Toshi. She has many friends at school. One of them is Maria, an exchange student from Mexico. Yuki and Maria both like music. One day in early September, Maria gave a book to her. Maria had come back from a family trip to Spain a month earlier, and the book was a souvenir for her. It was about a Spanish guitarist. Yuki enjoyed reading the book, and it inspired her to take up the guitar herself as soon as possible. However, Yuki changed her mind after she read an online article. It reminded her that guitars could be a noise problem. Although both Yuki and Toshi had separate rooms, Toshi had been studying hard for the university entrance examination. To avoid making it noisy for him, she decided not to buy the guitar until the end of the exam. Three months later, Toshi passed the exam. The next day, Yuki finally bought her first guitar. She now takes great pleasure in playing it, hoping to form a band with Maria someday.

Question No.9: What happened in August?
Question No.10: What is true about Yuki?

放送文の訳

　ユキは高校生で，両親と兄のトシと一緒に東京に住んでいる。彼女は学校にたくさんの友達がいる。その1人がメキシコからの交換留学生のマリアだ。ユキとマリアは2人とも音楽が好きである。9月上旬のある日，マリアは彼女に本をあげた。マリアはその前の月にスペインへの家族旅行から帰ってきて，その本は彼女へのお土産だった。それはスペインのギタリストについてのものだった。ユキは楽しんでその本を読み，それが彼女にできるだけ早くギターを始める刺激になった。だが，あるオンライン記事を読んで，ユキは気が変わった。ギターは騒音問題になりえることを彼女に気づかせたのだ。ユキとトシは別々の部屋を持っていたが，トシは大学入試の勉強を一生懸命していた。彼のためにうるさくしないように，試験が終わるまでギターを買わないことにした。3か月後，トシは試験に合格した。その翌日，ユキはついにギターを初めて買った。彼女は今，大いに楽しんでそれを弾き，いつかマリアとバンドを組むことを願っている。

問9　質問文と選択肢の訳

　8月に何が起こったのか？
①マリアと彼女の家族は本国へ向かった。
②交換留学生からのプレゼントがユキに与えられた。
③メキシコの友達が日本に帰ってきた。
④ユキは外国人の友達にすてきなお土産を買ってきてあげた。

問10　質問文と選択肢の訳

　ユキについて何が正しいのか？
①試験勉強は彼女には音楽よりも重要ではない。
②オンライン記事が彼女に楽器を始める刺激になった。
③兄の勉強中には彼女はギターを弾くのをやめた。
④彼女は家族に迷惑をかけないようにした。

[解説]　問9　[答] ③　　問10 [答] ④

　問9はメキシコからの留学生マリアはユキの友達で，9月上旬にユキに本をあげた。それは，前の月の8月にマリアが家族旅行で行ったスペインのお土産だった。正解は③でマリアがスペインの家族旅行から日本に帰ったのである。ユキが本をもらったのは9月で8月ではないので②は誤り。

　問10は大学入試の勉強中の兄のためにうるさくしないように，入試が終わるまでギターを買わないことにしたので，④が正解となる。

　souvenir「お土産」inspire「刺激する」take up ～「～を始める」as soon as possible「できるだけ早く」remind「人に～を気づかせる」

　avoid making it noisy「うるさくすることを避ける」it は漠然と状況をさす。

　take great pleasure in ～「～を大いに楽しむ」

2

(A)　文法問題

問11　[答] ②

[訳] 昨日公園で遊んでいる何人かの子供がいた。

[解説] some children (who were) playing in the park yesterday. 関係代名詞を補うと現在分詞 playing だとわかる。現在分詞が some children を修飾する後置修飾である。

問12　[答] ①

[訳] 子供の頃，夜の8時までに寝なければならなかった。

[解説] 夜の8時までにという期限を表しているので①の by が入る。

by「（期限を表して）～までには」

until (till)「（時間の継続を表して）～までずっと」

[類例] I have to finish my report by next Thursday.「来週の木曜日までにレポートを仕上げなければならない」

You can keep it until Saturday.「土曜日までずっと持っていていいよ」

問13　[答] ③

[訳] オーロラの写真を撮るのは難しいとわかった。

［解説］形式目的語の it が入る。find（V）+ it（O）+ difficult（C）+ to 不定詞「O が C だとわかる」という第 5 文型の英文。it は to 不定詞以下をさす。

問14　［答］③
［訳］ジャックに会ったら，よろしくお伝えください。
［解説］「あなたはジャックに会う」「彼によろしく伝える」この 2 つをつなぐには「ジャックに会ったら，彼によろしく伝える」という意味が自然なので，③when「～したときに」が正解となる。

（B）　会話問題
問15　［答］①
［訳］
A：本日ご注文は何にしますか？
B：カプチーノをお願いします。
A：①こちらでお召し上がりですか，お持ち帰りですか？
B：持ち帰りにします。
①こちらでお召し上がりですか，お持ち帰りですか？
②それが欲しいのですか，欲しくないのですか？
③ほかにご注文は？
④いかがですか？
［解説］B はカプチーノを注文し，店員 A に I'll take it out「持ち帰る」と答えているので①が自然である。
［語句］What can I get for you?「ご注文は何にしますか？」for here or to go?「こちらでお召し上がりですか，お持ち帰りですか？」

問16　［答］①
［訳］
A：お帰り，学校はどうだった？
B：よかったよ。ねえ，腹ペコだよ！
A：食器棚にポテトチップスが一袋あるよ。
B：①とっくに昨晩食べちゃったよ。
A：信じられない！
①とっくに昨晩食べちゃったよ。

②きっと気に入るよ。
③いや，それは君のではないよ。
④なぜ，そこにあるの？
［解説］お腹が空いた B に，A は食器棚にポテトチップスが一袋あると言った。それに対し B が「とっくに食べた」と答えれば，A の「信じられない！」という流れに合致する。正解は①である。
［語句］I'm starving!「お腹が空いている」cupboard［kʌ́bərd］「食器棚」

問17　［答］③
［訳］
A：今日の午後，ジェニーの誕生日パーティーのケーキを買わない？
B：いいよ。彼女はベアーズ・ケーキハウスのチョコレートケーキが好きと言ってた。
A：本当？どうして知っているの？
B：今日どのケーキが食べたいか聞いたんだ。
A：あら，いやだ！③彼女を驚かせたかったのに！
①彼女はそれ好きじゃないのよ。
②彼女にそれをするようにもう頼んだ？
③彼女を驚かせたかったのに！
④彼女はそれを選ぶべきじゃなかった。
［解説］B がジェニーにどのケーキが食べたいか聞いたことに，A は Oh, no！と否定的に答えた。その理由として③「彼女を驚かせかったのに！」が流れに合う。
［語句］Can we buy ～「私たちは～買うことができますか？」→「～を買いませんか？」

問18　［答］③
［訳］
A：やあ，久しぶりだね。調子はどう？
B：元気だよ。君は？
A：とても元気さ。今度会って話そうよ。
B：③そうだね。暇なとき知らせてよ。
①うん，あなたはすべきだ。
②もちろん。今日の午後それをするつもりだ。
③そうだね。暇なとき知らせてよ。
④それはいつ起こるの？

[解説] 久しぶりに会った2人が，今度会って話すことになり，それに同意したBの返事は③「そうだね。暇なとき知らせてよ」が自然である。

[語句] It's been a while.「久しぶりだね！」
How's it going?"「調子はどう？」
catch up「追いつく（会っていなかった時間を話し合ってその間を追いつく）」→「久しぶりに会って，近況報告を話し合う」

[類例] Why don't we catch up tomorrow?「明日会って，久しぶりに話しましょう」

(C)　整序問題

問19・20　[答] ①・⑤

Please ask the driver [what time the bus leaves.]

[訳] 何時にバスが出るか運転手に尋ねてください。

[解説] Please ask the driver に What time do the bus leave? を接続した間接疑問文の問題で what time 以下は平叙文の語順にする。

問21・22　[答] ③・⑤

They [seem to have gone somewhere.]

[訳] 彼らはどこかに行ったようだ。

[解説] it seems that ～の構文で，It seems that they went somewhere. 主節が「現在」，that 以下が「過去」の組み合わせを to 不定詞で書き換えると They seem to have gone somewhere. と完了不定詞を使う。

[類例] It seems that he was rich.「彼はお金持ちだったらしい」→ He seems to have been rich.

問23・24　[答] ④・②

They were [seen to enter the bathroom] over there.

[訳] 彼らは向こうのトイレに入るのを見られた。

[解説] People saw them enter the bathroom over there.「人々は彼らが向こうのトイレに入るのを見た」知覚動詞（see）＋目的語（them）＋原形不定詞（enter）の知覚構文を受け身にすると原形不定詞を to 不定詞にする。They were seen to

enter ～「彼らは～に入るのを見られた」

問25・26　[答] ④・②

If they [don't come back in time], we will have to look for them.

[訳] 彼らが時間内に帰って来ないなら，私たちは彼らを探さなければならないだろう。

[解説] もし～なら，探さなければならないというので，「時間内に帰って来ないなら」と考え，If they don't come back in time とする。in time「間に合って」

問27・28　[答] ①・②

The architect is [not as flexible as he looks].

[訳] その建築家は見かけほど融通がきかない。

[解説] not as ～ as…「…ほど～でない」
flexible「（形容詞）融通がきく」

3

[訳]

　あなたは情報検索によく使うメディアはどれだろうか？　テレビ，新聞，インターネット，雑誌だろうか？　あなたはこれらの情報源をどれくらい信頼しているのだろうか？　私たちは常に多くの情報にさらされているが，あなたはそれをどのように利用し，対処しているであろうか？

　2020年に行われた調査で，13歳から69歳までの1,500人の参加者が，情報源としての各メディアの重要性と信頼性について聞かれた。重要性とは，人々が情報を得るための各メディアの評価を示している。信頼性とは，各メディアが情報源としてどのくらい信頼されているかを評価するのに使われる概念である。2つのグラフは6つの年齢層と4種類のメディアに対するアンケート結果を示している。

　あらゆる年齢層で，テレビが最も高い割合の人によって重要であるとみなされ，その後にインターネット，新聞，雑誌が続く。10～30代の年齢層ではインターネットがテレビよりも重要であるが，一方，40代以上の年齢層の約90％は，他のも

— 158 —

のよりもテレビを選んだ。60代では新聞の重要性がインターネットよりも高く，テレビに次いで2番目だった。

　全体的に，新聞は最も高い割合の人によって信頼できると考えられ，66%の人が新聞は信頼できると述べた。その後にテレビ，インターネット，雑誌が続いた。年齢別では，30～60代で新聞の信頼性が最も高く，一方20代では新聞とテレビの信頼性の割合は同じだった。逆に，10代ではテレビは新聞よりも多くの人が信頼できると考えた。

　人々は過去20年間，情報過多を経験してきている。このため，重要で信頼できるメディアへの考えは年齢によって異なる。重要なことは，あなたはどれほど批判的にメディアの情報を理解できるのかである。さらに，私たちは本のような他の選択肢もあることを忘れてはならない。従って，情報のいろいろな側面を研究し，情報が信頼できるかどうかを解明するためには，複数の情報源を参照するべきである。

問29　[答]　②

選択肢の訳
①各年齢層において，4つの情報源の中で新聞の信頼性の数値が最も高い。
②60代ではテレビよりも新聞の情報を信頼している人が多い。
③各年齢層で信頼できるメディアとしてテレビを選んだ人が最も多い。
④信頼できる情報源として新聞を選んだ人が最も多かったのは10代である。

[ヒント] 右の信頼度のグラフでは，新聞の信頼度は30代から60代では新聞が最も高いが，10代は65.5%でテレビの信頼度が最も高く，20代は54.9%で新聞とテレビが同じ数字である。つまり，各年齢層で新聞の信頼度が最も高いわけではないので①は誤りである。60代の新聞の信頼度は74.1%で，テレビの67.4%よりも高いので②は正しい。③は30～60代では新聞を選んだ人のほうが多いので誤りである。10代の信頼できる情報源は新聞よりもテレビなので④も誤りである。

問30　[答]　④

選択肢の訳
①30～60代では，それぞれテレビの重要性の数値はインターネットを上回っている。
②インターネットを重要な情報源とする割合と信頼できるとする割合は，どの年齢層もほぼ同じである。
③雑誌の重要性と信頼性の割合は両方とも60代が最も高い。
④人々は信頼性に関係なく重要な情報源として特定のメディアを選ぶ。

[ヒント] ①は40～60代ではテレビの重要性の数値がネットより高いが，30代はネットの重要性が82.8%で，テレビの82.4%よりも高い。従って①は誤り。左右のグラフの全年代（all generations）では，ネットの重要性は77.3%，信頼性は29.9%で明らかに異なるので②も誤りである。60代の雑誌の重要性は20.2%で一番高いが，信頼性では10代が21.1%で一番高く③も誤り。④について，例えば10代はテレビの信頼性は65.5%で最も高いが，重要性はテレビではなく89.4%でネットを選んでいる。つまり，信頼性と関係なく特定のメディアを選んでいることから④が正解となる。

問31　[答]　①

選択肢の訳
①どの情報が信頼できるかを結論づける前に，複数の情報源を参照すべきである。
②本は忘れてはならない情報が多くあるので，最も信頼できる。
③4つのメディアから信頼できるものとして，どれを選ぶかは，それぞれのメディアから情報を得た後で決めることができる。
④人は年齢が高くなるにつれて，メディアからの情報をより批判的に理解することができる。

[ヒント] 筆者は26行目の最後の方で，情報のいろいろな側面を研究し，情報が信頼できるかどうかを解明するために，複数の情報源を参照するべきであると述べているので①が正解である。

問32　[答]　②

①約15,000人の参加者がこの調査に関与した。

②3つの年齢層で，インターネットが最も高い割合で重要だと考えた。

③重要性，信頼性に関して，最も多かった回答はテレビであった。

④若年層で，インターネットが他の3つのメディアより信頼できる情報があると信じる傾向がある。

[ヒント] ①は4行目に参加者は1,500人とあるので誤りである。11行目に10～30代の3つの年齢層ではネットがテレビよりも重要だとあり②が正解，また左のグラフからも明らかである。③は左の重要性を示すグラフで全年代の欄でテレビが86.7%で最も高いが，右の信頼性のグラフでは新聞が66.0%で最も高く，③は誤りである。右の信頼性を示すグラフで，10～30代のどれもネットよりもテレビの信頼性が高いので④も誤り。

[語句と構文]

3行目 be exposed to ～「～にさらされる」 deal with it「それ（＝情報）を対処する」

4行目 participant「参加者」動詞は participate

6行目 indicate value of each medium for people to get information「人々が情報を得るための各メディアの評価を示す」for people は to 不定詞（to get）の意味上の主語である。

7行目 a concept used to evaluate ～「～を評価するのに使われる概念」used は a concept を修飾する過去分詞の後置修飾。evaluate how much each medium is trusted as a source of information「各メディアが情報源としてどのくらい信頼されているかを評価する」evaluate「評価する」

10行目 across all age groups「あらゆる年齢層で」be considered important by ～「～によって重要であるとみなされる」

11行目 A, followed by B「A の後に B が続く」10s, 20s, 30s →「10代，20代，30代」tens, twenties, thirties と複数形で読む

12行目 while「（ところが）一方」

13行目 in their 40s or older「40代（とそれ）以上の年齢層」choose television over the others「他のもの（＝他のメディア）よりもテレビを選ぶ」

14行目 the importance of newspapers was higher than that（＝the importance）of the Internet「新聞の重要性がインターネットの重要性より高い」that は名詞の反復を避けるために用いられている。second only to that（＝the importance）of television「テレビに次いで重要性が2番目」

16行目 overall「全体的に」be thought to be reliable by ～「～によって信頼できると考えられる」reliable「信頼できる」名詞 reliability

17行目 with 66% saying ～「66%の人が～と述べた」付帯状況 with で，前の文の多くの人が新聞を信頼できるという内容の補足説明である。付帯状況の with は「with + O + C」という構造で O と C には主語と述語の関係がある。O →66% C → saying they（＝newspapers）were reliable

18行目 by age group「年齢別では」

19行目 among those（＝people）in their 20s「20代の人の中では」→20代では

20行目 in contrast「逆に」

22行目 an overload in information「情報過多」decade「10年間」

23行目 be varied by age「年齢によって異なる」what is important「重要なこと」関係代名詞の what で主語になっている。

24行目 How critically can you comprehend the information from media？「あなたはどれほど批判的にメディアの情報を理解できるのか？」この疑問文が what is important に続く間接疑問。critically「批判的に」comprehend「理解する」

25行目 other options such as books「本のような他の選択肢」

26行目 go to multiple sources「複数の情報源に行く」→～を参照する

to study various aspects of information「情報のいろいろな側面を研究するために」to 不定詞は目的を表す副詞的用法

to find out whether the information is reliable or not「情報が信頼できるかどうかを解明するため

に」この to 不定詞も目的を表す副詞的用法

4

【A】
[訳]

人々が大金を稼ぎたいと思っていることは，よく知られている。給料すなわち労働者がいくら払われているかは，常に仕事の最も重要な部分の一つである。

会社が労働者の (33) 弱みにつけ込んで，少なすぎる賃金を払っていることのないように，ほとんどの国は最低賃金法がある。これは，会社が従業員に設定された金額 (34) よりも少なく払うことができないことを意味する。日本では，最低賃金は時給820円からとなっているが，地域によってはもっと高いかもしれない。その金額は他の世界と比べてもごく典型的なものである。オーストラリアが世界で最も高い最低賃金で，それは日本の相場の2倍以上である（オーストラリアの最低時給＄20.33を日本円に換算すると1,901円に相当する）。これらの相場は生活費の平均に基づいていて，時がたつにつれて上昇するはずである。

しかし近年，生活費は給料の平均よりもかなり速く増加している。世界中の多くの人々は，最低賃金の大幅な引き上げを要求している。より多くのお金を手にすることは良いこと (35) とは言え，最低賃金をより高くすることは完璧な解決方法ではない。

多くの小規模で地方の企業は，従業員に大幅な賃金上昇はできないであろう。いや，大企業でさえ，給料の昇給分を埋め合わせるために，何人かの従業員を (36) 解雇しなければならないであろう。企業が生産する製品の値段も上げることもありえるだろう。労働者はより多く稼げるようになるが，そのお金で以前ほど多くは買うことができない。

健全な最低賃金は労働者には (37) 確かに良いことであるが，その相場が高くなり過ぎると，経済全体に影響を及ぼす問題を引き起こす可能性がある。お金は大切だが，お金のバランスをとること

とが何よりも大切である。
[解説]

問33　[答] ④

選択肢の訳

①助言　②世話　③たくさん　④有利

[ヒント] 労働者の 33 で，少なすぎる賃金を払うことのないようにするために，ほとんどの国は最低賃金法がある，という文脈から take advantage of 〜「〜の弱みにつけこむ」が適切である。正解は④となる。

問34　[答] ③

選択肢の訳

①〜より良い　②〜よりほかは　③〜より少なく　④〜より多くの

[ヒント] 最低賃金法で，会社が従業員に設定された金額 34 払うことができない。③less「より少なく」が文脈に合う。less は形容詞 little の比較級。anything less で「より少ない何か」

問35　[答] ①

選択肢の訳

①〜とは言え　②〜なので　③従って　④もし

[ヒント]「より多くのお金を手にすることは良いことである」「最低賃金をより高くすることは完璧な解決方法ではない」この2つの英文の対比関係を表す接続詞の問題で，文頭に置かれた① while「〜とは言え」が文脈に合う。

問36　[答] ③

選択肢の訳

①雇う　②紹介する　③取り除く　④採用する

[ヒント] 給料の昇給分を埋め合わせるために企業は，何人かの従業員を 36 しなければならないし，製品の値段も上げる可能性もあるというので，従業員を③remove「取り除く→減らす，解雇する」が自然である。

問37　[答] ②

選択肢の訳

①疑わしいことに　②確かに　③不確実に

④いくらか

[ヒント]「健全な最低賃金は労働者には　37　良いことである，だがしかし～」この文脈に合うのは②indeed で，次の but と呼応した譲歩構文である。indeed ～, but …「確かに～だが…」

[類例] Indeed she is old, but she is healthy.「確かに彼女は年を取ってはいるが健康だ」

[語句と構文]

1行目 It's no secret that ～「～は（皆が知っているから）秘密にするようなことでない」→「～はよく知られている」 it は形式主語で that 以下が真主語　the salary—how much money a worker is paid「給料すなわち労働者がいくら払われているか」

3行目 to make sure（that）～「確実に～するために」take advantage of ～「～を上手く利用する」→「～の弱みにつけこむ」 pay them too little「彼らに少なすぎる賃金を払う」take と pay が進行形で companies are not…に続いている。

4行目 minimum wage laws「最低賃金法」

5行目 employee「従業員」employer「雇い主」the set amount of money「設定された金額」

6行目 820 yen per hour「時給820円」per「～につき」that amount「（時給820円）その金額」

8行目 …, being more than ～ 分詞（being）で始まる分詞構文。主節の主語（Australia）と現在形の時制に注意して接続詞を入れて書き直すと，…, and Australia is more than double the rate of Japan「そして，オーストラリアは日本の相場（rate）の２倍以上である」分詞構文で主節の補足説明である。

9行目 be based on the average cost of living「生活費の平均に基づく」should go up over time「時がたつにつれて上昇するはず」should「（推量）～はずだ」over time「時がたつにつれて」

10行目 much faster「かなり速く」much は比較級 faster の強め

11行目 ask for ～「～を要求する」massive raise「大幅な引き上げ」

12行目 having more money is ～「より多くのお金を手にすることは～」having は動名詞で主語になっている。

13行目 pay their employees a large increase in wage「従業員に大幅な増大の賃金を払う」→大幅な賃金上昇

15行目 make up for ～「～を埋め合わせる」it is also likely that ～「～ということもありそうなことである」it は形式主語で that 以下が真主語

16行目 the price of the goods that companies produce「企業が生産する製品の値段」that は先行詞が goods の関係代名詞　as well「（文末で）～も」

17行目 that money cannot buy as much as it used to.「そのお金で以前ほど多くは買えない」used to ＋動詞の原形「以前はよく～したものだ」it（＝that money）used to（buy）「それで以前は買えた」

19行目 it can create problems that affect the entire economy「それ（＝最低賃金を上げること）は経済全体に影響を及ぼす問題を引き起こす可能性もある」can「（可能性・推量を表わして）～がありうる」that は problems が先行詞の関係代名詞　money is important but（money is）not nearly as important as balancing money「お金は大切だが，そのバランスをとることと比べれば，全く大切なんかではない」→お金のバランスをとることが何よりも大切である。

not nearly「全く～ではない」not nearly as ～ as…「…より全く～でない」

[類例] It is not nearly as hot as yesterday.「昨日と比べれば今日は全く暑くない」

【B】
[訳]

　2021年10月26日，性別が「X」の米国初のパスポートが米国務省によって発行された。「X」のパスポートの所有者は，伝統的な性別の選択肢，女性か男性かで自分自身を　(38)　言い表す必要はない。性別不問のパスポートがある国は，オーストラリア，カナダ，インドを含んだ15か国である。

米国で初めて「X」のパスポートが交付されたのは66歳の活動家ダナ・ジムにだった。彼は2015年に米国務省に訴訟を起こしていた。これは性の平等にとって大きな進歩だったが，自分の性別を公然と (39) 明らかにするだけだと心配する人もいる。

　日本ではまだ第3の性は米国ほど一般的ではない。近年，オールジェンダートイレが町中，キャンパスや他の公共の場所で増えてきている。ある人は「男性，女性，オールジェンダー，3つの選択肢の (40) 中から，オールジェンダートイレを選ぶのをためらう人もいるであろう」と言う。それは，もしあなたが使うトイレの種類に応じて分類されるなら，トイレの (41) 選択自体であなたが誰であるかを公表するかもしれないからである。

　Xジェンダーの人が人前で明らかにされるのは問題であろうか？　誰にとって問題なのか？　なぜ今まで性を男性，女性で分類する必要があったのか，そして性の平等をどのように進められるのかを考え直すときかもしれない。

問38　[答] ④

選択肢の訳

①〜を知る　②〜を気づく　③〜を予測する
④〜を言い表す

[ヒント] 男性でも女性でもなく性別が「X」のパスポートが発行され，その所有者は自分自身の性別を □38□ する必要はないというので，④「〜を言い表す」が文脈に合う。

問39　[答] ②

選択肢の訳

①等しくする　②明らかにする　③動機を与える
④創造する

[ヒント] 自分の性別を公然と □39□ だけだと心配する人もいる。この文脈では②「〜を明らかにする」が一番自然である。

問40　[答] ③

選択肢の訳

①〜期間の間　②2つの間で　③3つ以上の間で
④〜を通って

[ヒント] 男性，女性，オールジェンダー，3つの選択肢の □40□ からを選ぶとある。3つ以上の物の中から選ぶ前置詞は③among である。

問41　[答] ①

選択肢の訳

①選択　②信念　③目標　④目的

[ヒント] 10行目にオールジェンダートイレを選ぶのをためらう人もいると述べ，その理由はあなたの □41□ するトイレで，あなたが誰なのかを公表するからだと言っている。この文脈では①「選択」が自然である。

語句と構文

1行目 the first American passport with an "X" gender「性別が（男性でも女性でもなく）「X」の米国初のパスポート」

3行目 a female or a male which is the traditional choice of gender「伝統的な性別の選択肢，女性か男性か」which は a female or a male が先行詞の主格の関係代名詞

4行目 fifteen countries that have a gender-neutral passport「性別不問のパスポートがある15か国」that は fifteen countries が先行詞の主格の関係代名詞　gender-neutral「性別不問の」including「（前置詞）〜を含めて」

5行目 be delivered to 〜「〜に交付される」
〜, who filed a lawsuit against the U.S. State Department in 2015「彼は2015年に米国務省に対して訴訟を起こした」関係代名詞の前にカンマがある非制限（継続）用法。先行詞は66歳の活動家ダナ・ジムで，その補足説明である。

6行目 this was a major step forward for gender equality「これは性の平等にとって大きな進歩だった」this はダナ・ジムの訴訟。

7行目 some (people) worry that 〜「that 以下であると心配する人もいる」it just reveals their sexuality in public「それ（=「X」のパスポート）が自分の性別を公然と明らかにするだけだ」reveal「明らかにする」in public「公然と，人

前で」

8行目 the third gender is not so common yet as in the U.S.「第3の性はまだ米国ほど一般的ではない」the third gender「第3の性，男性でも女性でもないと分類される性別の概念」「not ～ yet「まだ～ない」all-gender restroom「オールジェンダートイレ」→性別不問の公衆トイレ

10行目 hesitate「ためらう，躊躇する」

12行目 announce「～を公表する」if you are categorized according to ～「もしあなたが～に応じて分類されるなら」

13行目 for X gender people to be revealed「X ジェンダーの人が明らかにされる」for X gender people は to 不定詞（to be）の意味上の主語。

14行目 it's time to rethink ～「～を考え直すときである」次の①，②の疑問文が間接疑問文で rethink に続いている。①why have we needed to categorize our gender by male and female?「なぜ今まで性を男性，女性で分類する必要があったのか？」 ② how can we advance gender equality?「性の平等をどのように進められるのか？」

<h1 style="text-align:center">5</h1>

[訳]

⑴何が私たちの感情を決めるのか？ 私たちはいつ怒ったり，悲しんだり，うれしく感じるのか？ これらの感情はどこから来るのか？ 私たちはどのように感情をコントロールできるのか？ これらの疑問が1世紀以上，科学的論争の中心にあり，多くの研究者が人の顔の表情を研究し，感情を理解しようと試みてきた。彼らは顔の表情と感情の間に，関連性があるかもしれないと考えている。だが，私たちの感情の謎はまだ解明されていない。

⑵2020年のある研究で，カリフォルニア大学の研究者アラン・コーウェンは，144か国から600万本の YouTube 動画を通じて，顔の表情，正確には顔の動きを調査した。この広範囲なサンプリングによって，彼は自然な社会的文脈での顔の動きを分析することができた。その社会的文脈とは結婚式や葬式のような社会的なやり取りが行われる特定の場面のことである。コーウェンはそれぞれの状況での顔の動きを通して，感情を推測しようとした。例えば，人は涙を流して泣くが，場面が変われば涙の意味も変わる。涙を流して泣く表情は，結婚式では喜びとして，葬式では悲しみとして認識される。この研究でコーウェンはそれぞれの状況で顔の動きを観察し，人は他人の顔の動きをそれぞれの状況に関連づけ，その顔の動きが感情だと解釈していることを発見した。

⑶しかし，他人の感情を知ることは複雑で，場面だけでは説明されるものではない。スーパーマーケットで商品を並べながら，棚の前で陽気に歌っている店員がいる状況を想像してみよう。あなたはしかめ面のお客が，その店員とお客が欲しがっていると思われる商品が置かれている棚の前で立っているのを見る。なぜあなたはお客がしかめ面をしていると思うか？ それは店員が邪魔になって，手にしたい商品の棚の前に立っていることがいやだからと推測する人がいるかもしれない。お客が店で店員が歌っているのを聞くのを不快に感じているからと思う人もいるかもしれない。

⑷この話は英国での私の経験に基づいている。私は日本からの留学生で，ロンドン出身のクラスメートとスーパーマーケットで買い物をしていた。店員が歌っているのを聞いて，私たちはお互いにしかめ面をして顔を見合わせた。その時，私のクラスメートはその店員は歌が下手だと言った。興味深いことに，彼は歌っている店員ではなく，彼の歌のうまさを気にしていたのだ。一方で私は，もしこれが日本なら，店員は仕事中に歌っていることで上司に叱られるかもしれないと想像した。さらに，お客の邪魔になることは日本では好まれないかもしれない。これは，両国の代表的な性格を伝える普遍的な例ではないかもしれないが，人が出来事を違うように理解し，その違いはそれぞれの文化の現れかもしれないと暗示している。

⑸顔の表情の解釈に関して，ノースイースタン大学心理学部教授フェルドマン・バレットは，人が

経験をどう解釈するのかは文化が影響すると指摘している。他人の顔の表情の意味を理解しようとするとき，私たちは彼らに何が起こったのかを参照する傾向がある。私たちが感情をどのように解釈するかは，それぞれの経験に依存している。その経験は私たちの文化の中で生じている。私のクラスメートと私は異なる文化の出身なので，お互いに異なる視点を持っていたのかもしれない。従って，日本人がお互いの感情を読みとれる理由は，おそらく私たちが同じ文化的背景を共有しているからであろう。

(6)私たちはまだ感情の謎をよくわからないが，コーウェンとバレットは感情がどこから生じるのかを示唆している。感情の発端を知ることは，あなたが自分はなぜ怒っているのか，悲しんでいるのか，喜んでいるのかを知るのに役に立つであろう。あなたはその理由がわかると，異なる視点からそれぞれの自分の感情を見ることができるので，自分の感情をコントロールできるかもしれない。あなたの感情を違うふうに見ると，それは違う感情に変わるかもしれない。あるいはたとえ，それが変わらないにしても，あなたは何が自分を感動させるのか，興味をもたせるのかを見つけることができるかもしれない。そうすれば，あなたは自分自身について何か新しいことを見つけるだろう。

[解説]

問42 ［答］③

　第1段落で筆者は，□□□□□□と考えている。

①感情の謎は，今や多くの研究者によって理解されている。

②多くの研究者は顔の表情と感情の間にある関連性を発見した。

③感情の謎は，まだ明らかにされていない。

④感情の謎を解明するのに1世紀以上かかった。

[ヒント]　6行目に，私たちの感情の謎はまだ解明されていないとあり③が正解となる。

問43 ［答］③

　第2段落によると，この研究でわかったことは何か？

①コーウェンは144か国から600万本のYouTube動画を見つけた。

②人々は結婚式や葬式に参列しているので涙を流して泣く。

③顔の表情はそれぞれの場面と関連づけて感情として理解される。

④人々は顔の表情から状況を理解する。

[ヒント]　15〜17行目に，コーウェンは各状況で人の顔の動きを観察し，人は他人の顔の動きを各状況に関連づけ，その顔の動きが感情だと解釈していることを発見したとあり，その説明が③である。

問44 ［答］②

　第3段落で，筆者は□□□□□□と指摘している。

①場面によって他人の感情が何かを説明できる。

②他人の感情を知ることは簡単ではない。

③そのお客は店員が邪魔だったのでしかめ面をした。

④そのお客は店員がお店の中で歌っているのを聞くのが好きではなかった。

[ヒント]　第3段落の冒頭に，他人の感情を知ることは複雑で，場面だけでは説明されるものではないと述べているので正解は②となる。

問45 ［答］④

　第4段落によると，どれが筆者の要点を述べているか？

①異なる国の人は異なる音楽の方を好む。

②日本では仕事中に歌っていれば，上司に叱られるであろう。

③日本のスーパーマーケットでは，お客の邪魔になる所にいるべきではない。

④文化の違いは，人々に異なるように考えさせるかもしれない。

[ヒント]　35行目で，人は出来事を違うように理解し，その違いはそれぞれの文化の現れかもしれないと述べているので，④が正解となる。

問46 ［答］②

　第5段落によると，バレットは意味しているこ

とは，□である。

①私たちは文化が私たちの感情にどう影響しているのかを理解している。

②文化は私たちが経験をどう解釈しているかに影響している。

③私たちは成長するにつれて，他人の顔の表情を理解することができるであろう。

④日本人は他人の感情を読みとれる能力がある。

[ヒント] 第5段落の冒頭に，人が経験をどう解釈するのかは，文化が影響をしているとあり，その言い換えの②が正解となる。

問47　[答]　①

第6段落によると，□。

①自分の感情がどこから来るのか知ることで，自分の感情をより上手にコントロールできるかもしれない。

②自分を感動させるものを見つけることで，自分の感情を変えることができる。

③自分自身のことを知るために，自分の感情をコントロールすることは重要である。

④自分の感情をコントロールすると，自分について何か新しいものを見つけることができる。

[ヒント]46〜49行目に，感情の発端を知ることは，自分が怒っている，悲しんでいる，喜んでいる理由を知るのに役に立つ。その理由がわかれば，自分の感情をコントロールできるかもしれないとある。これをまとめた①が正解となる。

問48　[答]　②

この本文によると，正しいものはどれか？

①顔の表情はあなたがどう感じているのかを正しく表すことができる。

②文化はあなたの感情を決定する一つの要素かもしれない。

③人は同じ経験を共有すると似たような感情を持つ。

④あなたが違う顔の表情をすれば，私たちの感情は変わる。

[ヒント] 40〜41行目でバレットは，私たちが感情をどのように解釈するかは，それぞれの経験に

依存している。その経験は私たちの文化の中で生じている，と述べている。これを言い換えた②が正解となる。

問49　[答]　③

この本文の最も適切なタイトルはどれか？

①あなたの顔の表情を改善する方法

②顔の表情の科学的な議論

③感情の発端

④自分自身について新しいことを見つける方法

[ヒント] 本文全体，感情が起こる原因を考察しているので③が最も相応しい。

[語句と構文]

|3行目| a scientific debate「科学的論争」

|5行目| there might be a link「（もしかすると）関連性があるかもしれない」might「可能性・推測を表し（もしかすると）〜かもしれない」may よりも可能性が低い。

|9行目| this broad scale of sampling「この広範囲なサンプリング」〜 enable him to analyze facial movements in natural social contexts「〜は彼が自然な社会的文脈での顔の動きを分析することを可能にさせた」→〜によって，彼は自然な社会的文脈での顔の動きを分析することができた enable 人 to do「人が〜することを可能にさせる」

|10行目| 〜 natural social contexts, specific settings where social interactions take place such as weddings and funerals「自然な社会的文脈とは結婚式や葬式のような社会的なやり取りが行われる特定の場面のことである」英文が長いので natural social contexts「自然な社会的文脈」で区切る。次にその natural social contexts を specific settings「特定の場面」以下で説明することにした。take place「行われる」where は先行詞が specific settings の関係副詞

|11行目| estimate「推測する」

|12行目| in each context「それぞれの状況で」

|14行目| be recognized as 〜「〜として認識される」

|15行目| observe「観察する」

|16行目| link others' facial movements to each

situation「他人の顔の動きをそれぞれの状況に関連づける」link A to B「A を B に関連づける」interpret them（＝others' facial movements）into their emotions「その顔の動きが感情だと解釈する」interpret A into B「A を B に翻訳する」→ A が B だと解釈する

18行目 it is complicated to learn ～「～を知ることは複雑である」it は形式主語で真主語は to 不定詞以下。it is not something that can be explained only by setting「それ（＝他人の感情）は場面だけでは説明されるものではない」that は関係代名詞で先行詞は something

19行目 a clerk arranging items ～ and singing cheerfully ～「商品を並べながら，陽気に歌っている店員」arranging, singing は clerk を修飾する現在分詞の後置修飾である。

20行目 see a customer with a frowny face standing in front of the clerk and the shelf「しかめ面のお客が，その店員と棚の前で立っているのを見る」知覚動詞（see）＋目的語（a customer）＋現在分詞（standing）知覚構文である。

21行目 the shelf where the item（that ～）is placed「商品が置かれている棚」where は the shelf を先行詞とする関係副詞，さらに the item を関係代名詞 that で説明している。the item that the customer seems to want「お客が欲しがっていると思われる商品」

22行目 why does the customer have a frowning face?　この疑問文に do you think を挿入すると「疑問詞＋ do you think ＋主語＋動詞」の語順になる。Why do you think the customer has a frowning face?「なぜあなたはお客がしかめ面をしていると思うか？」

23行目 some might assume it is because ～「それ（＝しかめ面）は～だからと推測する人がいるかもしれない」assume「推測する」the customer does not like the clerk being in the way and standing in front of the shelf「お客は店員が邪魔になって，棚の前に立っていることがいやである」be in the way「邪魔になって」

like ＋人＋～ ing「人が～ ing であるのが好き」
[類例] She didn't like her son going away from her.「彼女は息子に彼女のもとを去ってほしくなかった」

24行目 the shelf of the item that the customer wants to pick up「お客が手にしたい商品の棚」that は先行詞が the item の関係代名詞。

25行目 others might think it is because ～「それ（＝しかめ面）は～だからと思う人もいるかもしれない」23行目の some might assume と呼応している。feel uncomfortable「不快に感じる」知覚動詞（hear）＋目的語（a clerk）＋現在分詞（singing）「店員が歌っているのを聞く」知覚構文である。

27行目 be based on ～「～に基づいている」

30行目 interestingly「興味深いことに」care not about A but B「A ではなく，B を気にする」

31行目 the quality of his singing「彼の歌の質」→彼の歌のうまさ　while I imagined ～「一方で私は～を想像した」if this was in Japan, the clerk might be scolded by his boss for singing at work.「もし，これが日本なら，店員は仕事中に歌っていることで上司に叱られるかもしれない」be scolded by ～「～に叱られる」if 主語＋動詞の過去形，主語＋（would, could, might）＋動詞の原形「もし～ならば … だろうに」仮定法過去の形である。if 節の be 動詞は，すべて were であるが，口語では was も使う。

32行目 moreover「さらに」standing in the way of customers「お客の邪魔になること」は動名詞で主語になっている。～ might not be preferred in Japan「～は日本では好まれないかもしれない」

33行目 a universal example to tell ～「～を伝える普遍的な例」to tell は example を修飾する形容詞的用法の to 不定詞

34行目 the representative character of both countries「（日英）両国の代表的な性格」

35行目 emerge from ～「～から現れる」

37行目 psychology [saikάlədʒi]「心理学」

38行目 indicate that ～「～と指摘する」how do people interpret their experiences?「人が経験をどう解釈するのか？」この疑問文が culture influences「文化が影響を与える」に続く間接疑問文になっている。

39行目 make sense of ～「～の意味を理解する」

40行目 tend to refer to what happened to them「彼らに何が起こったのかを参照する傾向がある」tend to do「～する傾向がある」
how we interpret emotions「私たちが感情をどのように解釈するのか」間接疑問文が主語になっている。

41行目 depend on ～「～に依存する」

42行目 ～ might have had different viewpoints from each other「～はお互いに異なる視点を持っていたのかもしれない」
may (might) + have + 過去分詞「(過去の推量) ～したかもしれない」[類例] He may (might) have said so.「彼はそう言ったかもしれない」might は may よりも可能性が低くなる。

43行目 therefore「従って」the reason (why the Japanese can read each other's emotions) is probably that ～「日本人がお互いの感情を読みとれる理由は，おそらく that 以下である」why は the reason を先行詞とする関係副詞で，関係副詞節を（　　）で括ると英文の骨格が明らかになる。

46行目 knowing the origin of emotions「感情の発端を知ることは」knowing は動名詞で主語になっている。help you to find out ～「あなたが～を知るのに役に立つ」

49行目 it might change into a different one (= emotion)「それ (＝あなたの感情) は違う感情に変わるかもしれない」

50行目 or even if it does not change「あるいはたとえ，それ (＝あなたの感情) が変わらないとしても」find what moves you or interests you「何があなたを感動させるのか，興味をもたせるのかを見つける」move「人を感動させる」

英語　　　正解と配点

問題番号		正　解	配　点
1	1	④	2
	2	②	2
	3	①	2
	4	②	2
	5	③	2
	6	②	2
	7	③	2
	8	④	2
	9	③	2
	10	④	2
2	11	②	2
	12	①	2
	13	③	2
	14	③	2
	15	①	2
	16	①	2
	17	③	2
	18	③	2
	19	①	2
	20	⑤	
	21	③	2
	22	⑤	
	23	④	2
	24	②	
	25	④	2
	26	②	
	27	①	2
	28	②	

問題番号		正　解	配　点
3	29	②	3
	30	④	3
	31	①	3
	32	②	3
4	33	④	2
	34	③	2
	35	①	2
	36	③	2
	37	②	2
	38	④	2
	39	②	2
	40	③	2
	41	①	2
5	42	③	3
	43	③	3
	44	②	3
	45	④	3
	46	②	3
	47	①	3
	48	②	3
	49	③	3

＊問19〜28は2つ完答で2点。

令和5年度

基礎学力到達度テスト
問題と詳解

Ⅰ リスニング・テスト

ただ今から放送によるリスニング・テストを行います。

● テストは Part 1，Part 2 に分かれています。それぞれの Part のはじめに放送される日本語の説明にしたがって，解答してください。

● 答えは，放送による英語の質問をそれぞれ聞いた後，この問題用紙に印刷されている①〜④の中から最も適切なものを1つ選び，番号で答えてください。

Part 1

これから，4組の短い対話を放送します。それぞれの対話の後に，その対話について英語の質問を1つします。質問の答えとして最も適切なものを，下に印刷されている答えの中から1つ選び，番号で答えてください。対話と質問は2回読まれます。

(1)

① The man is looking for a used jacket.

② The store offers student discounts.

③ Salinger's Store collects old clothes.

④ A jacket was handed to the woman.

(2)

①

②

③

④

(3)
 ① Attend a walking tour with her friends which does not include lunch.
 ② Attend a walking tour with her friends which includes lunch.
 ③ Attend a walking tour alone which includes lunch.
 ④ Attend a walking tour alone which does not include lunch.

(4)

Part 2

これから，短い英文を２つ放送します。それぞれの英文のあとに，その英文について英語の質問を１つします。質問の答えとして最も適切なものを，下に印刷されている答えの中から１つ選び，番号で答えなさい。英文と質問は２回読まれます。

(5)

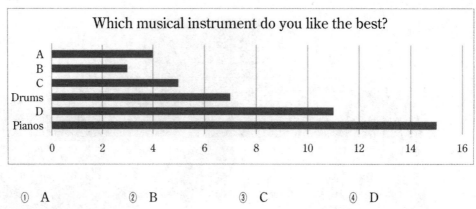

① A   ② B   ③ C   ④ D

(6)

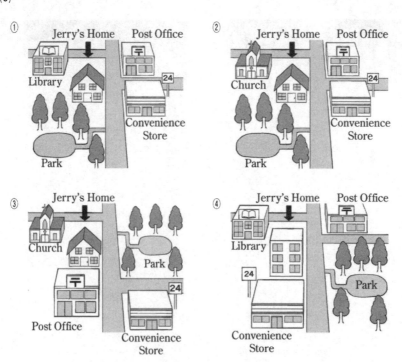

2 次の(A), (B)の問いに答えなさい。

(A) 次のそれぞれの英文が説明する語として最も適切なものを①〜④から１つ選び，番号で答えなさい。

(7) This word means to say no to someone's request or offer. It also means not to give something to someone.
① propose　　② refuse　　③ consider　　④ accept

(8) This word means a machine such as a car, bus, and van. It also means a way to do something.
① furniture　　② traffic　　③ pedestrian　　④ vehicle

(9) This word means having a great interest in something. It also means being rare and unique, or not being fitted into usual patterns.
① instant　　② anxious　　③ typical　　④ curious

(10) This word is used when you describe something or someone that is far away from somewhere. It is also used to emphasize a negative sentence.
① remotely　　② horizontally　　③ obviously　　④ seldom

(B) 次の各英文の □ に入れるのに最も適切な連語を①〜④から 1 つ選び，番号で答えなさ
い。

(11) My electric bass broke, but fortunately, the maker offered to repair it □ .
　　① for free 　　② in vain 　　③ for good 　　④ in contrast

(12) □ new books, the bookstore sells secondhand books.
　　① In case of 　　② Regardless of 　③ Appealing to 　④ In addition to

(13) To Yua's surprise, she met Tomoki at the station □ .
　　① on purpose 　② by chance 　③ on and off 　④ on earth

(14) A: Kazu, are you free tonight?
　　B: No, I have to □ my English essay by tomorrow.
　　① look down on 　② apply for 　③ settle in 　④ turn in

3 次の各英文の ☐ に入れるのに最も適切な語(句)を①~④から1つ選び，番号で答えなさい。

(15) Meg likes ☐ the famous singer sings.
①　as　　　　　②　how　　　　　③　whose　　　　　④　who

(16) Jeanne d'Arc is said ☐ born in a small village in France.
①　to have been　②　having been　③　to have　　　④　having

(17) The woman had her blood ☐ for a medical checkup at the hospital.
①　take　　　　②　taken　　　　③　taking　　　④　took

(18) Was ☐ your little brother who broke your tablet?
①　only　　　　②　where　　　　③　what　　　　④　it

(19) Jim's cat had been sleeping when he ☐ home.
①　returned　　　　　　　　②　returns
③　has returned　　　　　　④　would have returned

4 次の各英文中の空所には，それぞれ下の①〜⑤の語(句)が入ります。下の①〜⑤の語(句)を最も適切に並べかえて空所を補い，文を完成しなさい。解答は2番目と4番目に入れるものの番号のみを答えなさい。ただし，文頭にくるべき語も小文字で記してあります。

(20) ____ [ ] ____ [ ] ____ about, Azusa kept silent for hours.

① anything ② not ③ talk ④ having ⑤ to

(21) My brother ____ [ ] ____ [ ] ____ a jog every night.

① fails ② for ③ go ④ never ⑤ to

(22) ____ [ ] ____ [ ] ____ fifty yen in his pocket then, so he couldn't

buy a bottle of juice.

① more ② he ③ no ④ than ⑤ had

(23) The high school allows ____ [ ] ____ [ ] ____ casual clothes.

① to school ② students ③ come ④ to ⑤ in

5 次の対話の空所(24)〜(27)に入れるのに最も適切なものを①〜⑥から１つずつ選び，番号で答えなさい。ただし，同じ選択肢を２度以上使ってはいけません。

Eight players remaining!

UltraGamerX: Hey, RedDragon. Did you see that message from the game? It says there're now eight players left.

RedDragon : Yeah, we can do this! If we play the game carefully, we can win this round.

5 *UltraGamerX:* Now I'm a bit worried about the guy named FishBoy. Many people say he is hard to beat. He's too strong and ⬚ (24) , too.

RedDragon : Don't worry. I'll be right behind you the whole time. Working in cooperation with other players is the key to winning this online *battle royale game, right? As long as we work as a team, nobody can defeat us.

10 *UltraGamerX:* Thanks. Well, I do have worries, yet I'm also excited about the prizes. We'll finally get those limited edition hats for winning. My *avatar in the game does not look cool, so a new hat would be great on it.

RedDragon : I want the hat that's on fire. It matches my account name.

UltraGamerX: Sounds nice. As for me, I'm thinking about getting the panda hat. It's so cute!

15 *Seven players remaining!*

RedDragon : Oops. Looks like one player has gone while we were chatting. Well, ⬚ (25) .

UltraGamerX: They must be around the airport. We looked around all the mountains. The beach seems like it's empty too. The airport is one of the last places left.

20 *Six players remain—Five pla—Four players remaining!*

RedDragon : Wow! We just missed a big fight. Let's hurry up.

UltraGamerX: Hold on, I think I hear them. They are just a little bit to the west of us.

Three players remaining!

RedDragon : Now, ⬚ (26) . We can do this for sure.

25 *UltraGamerX:* I see him over there. Yes, that guy — FishBoy! He's wearing a big horse hat. And he's apparently hurt from the last fight.

RedDragon : Come on, let's go get him!

UltraGamerX: Be careful! There might be a trap. Don't run in.

RedDragon : Can you see him? He's dancing. He has no idea we are here. Follow me and

30 we will surprise him. If he ... *BOOM!*

Two players remaining!

UltraGamerX: What did you do?

RedDragon : I guess I stepped on a trap. Sorry, ⬚ (27) .

UltraGamerX: I told you! I'm sure FishBoy heard that and now he'll ... oh no, I don't see him

35 anymore. Where did he go? Where on earth is he? Where ... *WHACK!*

The Winner is FishBoy!

UltraGamerX: You know what? I hate this game.

— 179 —

〔注〕 battle royale（バトルロイヤル［最終的にプレイヤーが一人になるまで続く形式の戦い］）
avatar（アバター，分身）　whack（バチンといった強打の音）

① I should have listened to your warning
② we must wait for them to disappear
③ I wonder where the last few players are
④ the name sounds a bit strange
⑤ it is two against one
⑥ I might be defeated by him

6 次の(A), (B)の問いに答えなさい。

(A) 次の英文と図を読んで，あとの各問いに対する答えとして最も適切なものを①〜④から１つ選び，番号で答えなさい。

If you can read these words, then you are doing better than most of the world.

It is hard to believe how many people cannot read words or understand numbers. A recent study found nearly half of all American adults have poor reading and math skills. Many of them perform worse than junior high school students.

5 Being able to read and to understand words is called literacy. Likewise, how well a person can see and use numbers is called numeracy. People who have low levels in either skill find it much more difficult to use simple problem-solving techniques. Both of these skills are divided into five levels. The details are shown in the table.

By the time students finish junior high school, they are expected to be above level 2.
10 However, this study of Americans aged 16 to 65 shows a different result. Figure 1 below shows the percentage of them at each level of literacy skill, while the other shows that of numeracy skill.

	Literacy	Numeracy
Level 1	can read simple road signs	can see which numbers are bigger or smaller than others
Level 2	can read a children's novel	can use addition and subtraction $(+/-)$
Level 3	can read a novel	can use multiplication and division $(\times/\div)$
Level 4	can read a science textbook	knows how to use percentage (%)
Level 5	great understanding of reading	great understanding of numbers

(Figure 1)

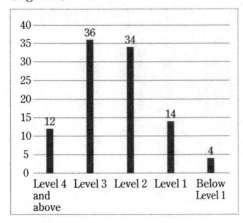

(Figure 2)

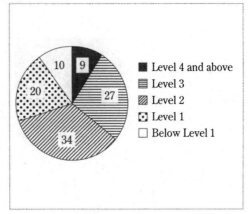

(28) What does the passage say?
    ① People who can read this passage must be above level 3.
    ② More than 50% of all American citizens lack enough math skills.
    ③ Literacy and numeracy are both important in solving problems.
    ④ A high school student of average ability should be above level 4.

(29) Mika took three tests, and the scores were 70, 80, and 93. So she figured out that her average score was 81. What most likely is her numeracy level?
    ① Level 1 or below.
    ② Level 2 or below.
    ③ Level 3 or above.
    ④ Level 4 or above.

(30) According to the study, what percentages of Americans aged 16 to 65 can read an English version of *Botchan* by Natsume Soseki?
    ① 34%.
    ② 36%.
    ③ 48%.
    ④ 82%.

(31) Based on the study, what is true about Americans aged 16 to 65?
    ① Exactly 70% of them can solve the following math problem: "$57-12$".
    ② More than 30% of them cannot see which numbers are smaller than the others.
    ③ Math problems such as "23×22" cannot be solved by over 70% of them.
    ④ Less than 30% of them can solve math problems such as "$120\div4$".

There are many words which are the same or at least similar in different languages. [(32)] *Wort* is the German word for "word," and you'll see they look almost the same. But here is the question: are there any words understood all around the world equally?

5　While it is not quite perfect, this magic word is *coffee*. In England, people drink *coffee*. In France, they serve *café*. In Finland, people want a nice hot *kahvi*, while in the Philippines, they prefer ice cold *kape*. Every language has its own special spelling and pronunciation of the word. [(33)] If a Japanese person orders a *kōhī* at an American restaurant, the staff would most certainly understand.

10　The English word for coffee comes from the Arabic word *qahwa*. Coffee was first drunk around *the Middle East during the 1500s. It was especially popular in Turkey, where it is called *kahve*. There, it was given to Italian (*caffè*) and Dutch (*koffie*) traders. They soon spread the drink — as well as the word — all over Europe and eventually the world. [(34)]

15　However, there are two countries which remain different. One is *Ethiopia, which just so happens to be the birthplace of coffee. Coffee is called *bun* (or *buna*) there, and it had that name long before Arab explorers came. The region where bun was grown was called Kaffa, which is believed to be the source of the name coffee. The other country is *Armenia. They call coffee *surch*, a word that comes from their words for "black water." Armenia had a violent history with Arabic countries. [(35)] They do so out of protest.

〔注〕　the Middle East（中東）　　Ethiopia（エチオピア）　　Armenia（アルメニア）

(32)
① German nouns always begin with a capital.
② Different languages have developed differently.
③ There are also words which have several meanings.
④ Let us see one example of that.

(33)
① However, it's very similar all over the world.
② Because of that, the same is not true of Japan.
③ However, they depend on each language structure.
④ Because of that, we can say *kahvi* is not always the same as *kōhī*.

(34)
① Things were different when it was brought to other areas.
② They would never have imagined it would become so popular in the Middle East.
③ As a result, almost the entire world knows how to say coffee now.
④ The speed of the spread was slow yet steady.

(35)
① Surprisingly, Armenia has a theme park which focuses on coffee.
② This is the reason why "black water" means dirty water in English.
③ After that, Armenia became independent in 1991.
④ That is why they avoid using the Arabic word *qahwa*.

The *"Back to the Future" movies are timeless. Even though they came out nearly 40 years ago, they are still as popular as they have ever been. For some people, the main character played by Michael J. Fox is their favorite, while for others, the genius scientist Doc Brown is their favorite. But most people would agree that the real main character is the
5 time-traveling car, a DMC DeLorean. This was a real car with a really interesting story.

The car was named after its creator, John DeLorean. At that time, he was a superstar engineer most people knew the name of. DeLorean was also the vice president of General Motors (GM) — at the time the biggest car company in the world — and was guaranteed to be in charge of the whole company soon. But shockingly, he left GM in 1973. He said GM
10 was not about making "cool cars," but was about tricking people into buying "boring cars they did not even want." He would eventually start his own company, DMC, to design a car people would want.

He called this car the DeLorean, the car of the future. There was a big and successful advertising campaign, as DMC sold the entire first shipment of cars before there was even a
15 photo of the car. Now, they had to build the car. This is never an easy task, as making a car sometimes takes more than 10 years. But since this car was being made by a superstar engineer, it only took 18 months to (A)go from sketchbook to store. No car — before or since — has ever been built so quickly.

The DeLorean car had some unique features. Famously, the doors opened upwards like
20 a bird's wings. And every car was the same color because they used unpainted steel. Some of these features were cool, but most of them were an inconvenience to the driver. But what is most important is how the car performed while driving. It did not drive well at all, and it was difficult to make basic movements in the car. This meant it was quite dangerous to drive, and even more dangerous for other people on the road because other cars were made
25 of materials lighter than steel. Due to the heavy steel, the DeLorean could not move fast, with a top speed of only 85 miles per hour (137 kilometers per hour). On top of everything else, it was much more expensive than similar cars.

Many places called it the worst car of 1981. While it sold well at first, almost nobody bought one in the months after its release. Even with huge price cuts, people did not want
30 this car. In 1982, DMC closed and John DeLorean never designed another car. A supermarket ended up ☐ (B) ☐ most of the remaining cars and used the steel to make shelves.

"Back to the Future" came out in 1985, a few years after the failure of the DeLorean. One of the jokes of the movie was Doc Brown made his time machine out of old and useless
35 technology, and he was not a genius at all. However, that joke has been forgotten in time because the movie was so popular. All of a sudden, the DeLorean became cool, and people who had them now had a collector's item. The characters changed the past in the movie and in real life.

〔注〕 "Back to the Future"（「バック・トゥ・ザ・フューチャー」〔アメリカの SF 映画シリーズ。主人公たち は the DeLorean（デロリアン）という名の車のタイムマシーンに乗って時空を移動する〕)

(36) What is the author's opinion about "Back to the Future"?
① Doc Brown has inspired a lot of young scientists.
② The car DeLorean plays a leading role.
③ It no longer appeals to new generations.
④ Michael J. Fox could have acted much better.

(37) What is NOT mentioned about John DeLorean?
① One of his creations was named after him.
② He was a renowned car engineer.
③ He was a science-fiction enthusiast.
④ He was one of the important managers of a car company.

(38) How did John DeLorean feel about General Motors?
① It made customers buy unnecessary cars.
② It used to sell fantastic cars.
③ Its future success would depend on John.
④ Its abilities to manage their employees were poor.

(39) Which of the following best describes the meaning of "(A) go from sketchbook to store"?
① The fact that the DeLorean was quickly sold out.
② How long the DeLorean took to be widely recognized.
③ The total length of time to build the DeLorean.
④ The impression that the DeLorean was like a fictional car.

(40) According to the author, what was a unique feature that the DeLorean car had?
① It consumed little gasoline.
② Its doors were difficult to open.
③ It could easily turn around.
④ It was available in one single color.

(41) According to the passage, what was one major problem with the DeLorean?
　① Its steel was not painted.
　② Its price was relatively low.
　③ Its speed was lower than 90 miles per hour.
　④ Its capacity was rather small.

(42) Choose the right word to fill in blank (B).
　① purchasing
　② designing
　③ discounting
　④ improving

(43) Which statement would the author most likely agree with?
　①　Both the "Back to the Future" movies and the DeLorean should be reevaluated.
　②　Without the "Back to the Future" movies, people would have a different opinion about the DeLorean.
　③　Car manufacturers must put passenger safety before design or style.
　④　Only a fool would buy a DeLorean as a collector's item.

I リスニング・テスト

ただ今から放送によるリスニング・テストを行います。それぞれのPartの初めに放送される日本語の説明に従って，解答してください。

Part (A)

問題用紙に印刷されているそれぞれの写真を見ながら，放送される英文を聞いて答えてください。解答は4つの選択肢の中から，最も適切なものの番号を1つ選んでください。放送を聞きながら，メモを取ってもかまいません。英文は2回読まれます。では，始めます。

問1

問2

問3

Part (B)

これから，短い対話を放送します。それぞれの対話のあとに，その対話について英語の質問を1つずつします。質問の答えとして最も適切なものを，下に印刷されている答えの中から1つ選び，番号で答えなさい。対話と質問は2回読まれます。

問4

① She is going to sing in the band.
② She is going to ask a favor of the man.
③ She is going to help Kana with her pronunciation.
④ She is going to practice playing an instrument with Kana.

問5

①

Miramar Family Zoo
RECEIPT
----
family group ticket: 1

total: $30.00

②

Miramar Family Zoo
RECEIPT
----
family group ticket: 1
child under 6: 1

total: $32.00

③

Miramar Family Zoo
RECEIPT
----
adult: 2
child 6 to 15: 2

total: $32.00

④

Miramar Family Zoo
RECEIPT
----
adult: 2
child 6 to 15: 2
child under 6: 1

total: $34.00

問6

Part (C)

これから，やや長い英文を１つ放送します。英文のあとに，その英文について英語の質問を
２つします。質問の答えとして最も適切なものを，下に印刷されている答えの中から１つ選び，
番号で答えなさい。英文と質問は２回読まれます。

問7

① You could use €9 tickets only for any one trip.

② You could use €9 tickets only for trains and subways.

③ You could use €9 tickets only for second class seats.

④ You could use €9 tickets only for the express trains.

問8

① It was to raise energy charges.

② It was to reduce energy and CO_2 emissions from cars.

③ It was to encourage people to travel.

④ It was to raise money for the government.

2 次の(A), (B), (C)の問いに答えなさい。

(A) 次の英文の ☐ に入れるのに最も適切な語を①～④から１つ選び，番号で答えなさい。

問9 It was only the day before yesterday that Meg ☐ us about her leaving this
   job in a month.
   ① told   ② said   ③ talked   ④ spoke

問10 We have been studying English ☐ quite a long time.
   ① on   ② for   ③ since   ④ during

問11 The fresh air here is like ☐ found in forests.
   ① those   ② these   ③ that   ④ this

問12 Please leave your coat and backpack in a locker ☐ you enjoy this exhibit.
   ① however   ② while   ③ during   ④ where

(B) 次の対話の　　　　　に入れるのに最も適切なものを①～④から 1 つ選び，番号で答えなさい。

問13 *A:* May I help you?

B: I'm looking for something I can give my grandmother for her birthday.

A: How nice! We have many items she may like to wear. 　　　　

B: I'm thinking about 20 dollars.

① What did you give her last year?

② Which color does she like to wear?

③ What is your budget?

④ How much money did you give to her?

問14 *A:* Dad, is the heater on? I'm freezing.

B: Oh no! 　　　　 No wonder it's cold.

A: How did that happen?

B: Our cat might have stepped on the remote control.

① I turned it on this morning.

② The air conditioner is on.

③ Your brother likes the room to be hot.

④ The remote control is missing.

問15 *A:* Hi, are you ready for the biology test today?

B: Not really. 　　　　

A: And you're saying you didn't prepare enough?

B: Well, I was going to study at least seven hours, but I got a toothache.

① My biology scores were not that bad.

② I went to school an hour later than normal.

③ Ask Ms. Adams what time it starts.

④ I studied only three hours for it.

問16　*A:* Hey, Ryan, did you watch the drama episode last night on TV?

　　B: I was busy last night. Was it any good?

　　A: I can't stop laughing remembering the scene where two men ate sushi together.

　　B: ☐

　　A: Sure, why don't we go over to that bench? I'll go get a can of coffee first and then tell you all about it.

　　① Tell me more about it.

　　② You should not laugh when you eat and drink.

　　③ I don't smile when I am busy.

　　④ I love comedy, so I'm glad I recorded it.

(C) 次の各英文中の空所には，それぞれ下の①～⑤の語(句)が入ります。下の①～⑤の語(句)を最も適切に並べかえて空所を補い，文を完成させなさい。解答は 17 ～ 26 に入れるものの番号のみを答えなさい。

問17・18 It is _____ 17 _____ 18 _____ .

    ① this crime ② committed ③ whether ④ doubtful ⑤ he

問19・20 I _____ 19 _____ 20 _____ the yard.

    ① clean   ② had   ③ in   ④ the pool ⑤ my children

問21・22 Everybody attending _____ 21 _____ 22 _____ a suit and tie.

    ① to   ② is   ③ wear   ④ expected ⑤ this party

問23・24 The snowstorm _____ 23 _____ 24 _____ go hiking on Sunday.

    ① impossible ② it   ③ to   ④ made   ⑤ for us

問25・26 This zombie story is by _____ 25 _____ 26 _____ all.

    ① them ② scariest ③ far ④ of ⑤ the

次のグラフと英文を読んで，あとの各問いに対する答えとして最も適切なものを①～④から
1つ選び，番号で答えなさい。

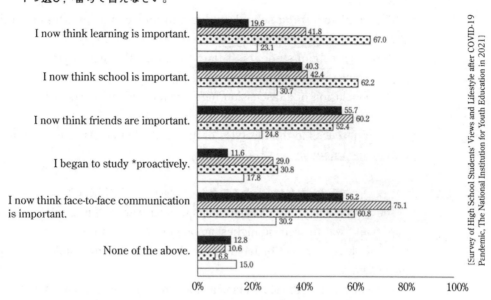

Due to the worldwide spread of COVID-19 in early 2020, the school life and daily life of
high school students have changed significantly. Many students were forced to stay home
and study remotely. How different are the *perspectives that these high school students
have now? Are there any noticeable differences among nationalities?

5　　The above graph shows what high school students in China, South Korea, the United
States, and Japan felt when they were surveyed from September 2021 to February 2022. In
total, over 11,000 high school students from those four countries participated in the survey.

As shown in the graph, the percentage of Japanese students who answered "I now think
learning is important," and "I began to study proactively," was the lowest among the four
10　countries' students. In contrast, Chinese students had the highest percentage in the same
two questions as well as the question, "I now think school is important."

What we notice from the graph about American students is that the majority of them not
only answered, "I now think friends are important," but "I now think face-to-face
communication is important," as well. In fact, except for South Korean students, friends and
15　face-to-face communication were important to the majority of Japanese and Chinese students
as well.

So, was the COVID-19 pandemic a learning experience for high school students?
Considering the fact that less than 16% of high school students in all four countries answered
"None of the above," the majority of the students who participated in this survey have
20　shown that there were significant influences from COVID-19. Recognition of what is now
important to them will hopefully lead to greater *appreciation for the things they identified.

〔注〕proactively：積極的に　　perspectives：（物事に対する）視点　　appreciation：感謝の気持ち

問27 次の各文で，グラフと本文が表している内容を正しく説明しているものを１つ選び，番号で答えなさい。
① The number of high school students in four countries who now think COVID-19 changed their way of life.
② How high school students in four countries changed their views after experiencing the spread of COVID-19.
③ The conclusion of a discussion high school students participated in from four countries.
④ The differences in the lifestyles of high school students in four countries during the pandemic.

問28 次の各文で，グラフと本文からわかることを１つ選び，番号で答えなさい。
① The percentage of American students who answered, "I now think school is important," was the second highest among the four countries.
② A little less than half of Japanese students feel, "I now think friends are important."
③ More than half of the students in all four countries feel, "I now think face-to-face communication is important."
④ 15% of American high school students answered, "None of the above."

問29 グラフで示された結果に関連して，筆者の意見として本文で述べられているものを１つ選び，番号で答えなさい。
① The pandemic has had a great impact on high school students' minds.
② Japanese high school students do not study proactively.
③ The importance of learning, friends, and face-to-face communication is recognized due to experiences students had before the COVID-19 pandemic.
④ There was no effect on South Korean students in terms of learning.

問30 次の各文で，グラフまたは本文の内容に合致するものを１つ選び，番号で答えなさい。
① The survey was conducted when COVID-19 started to spread among Asian countries.
② Over 11,000 Japanese high school students, as well as those from the other three countries, participated in the survey.
③ More than half of Japanese, Chinese and South Korean high school students now think friends are important.
④ China is the only country where the majority of students now think learning and school are important.

次の【A】，【B】の各英文を読んで，文意が通じるように，31 ~ 40 に入れるのに最も適切な語(句)を①~④から1つ選び，番号で答えなさい。

【A】

When people think of cheetahs, they think of speed. This African cat is the fastest animal on land and a symbol of getting things done. Cheetahs and their bodies have gone through a great deal of evolution to become such a fast creature. Over thousands of years, 31 part of a cheetah's body has adapted to help it run fast. This is called specialization,
5 as a cheetah has learned to survive in a very special environment. It must run fast to catch its *prey.

A cheetah can go from standing still to running 100 kph in just three seconds. That is faster than most sports cars. It can reach this speed due to its strong legs, which are long and thin. 32 these legs and the shape of its face, not much wind will hit the animal as it
10 runs.

Even though it is considered a "big cat," cheetahs aren't that big. They only weigh about 50 kilograms — 33 , lions can grow to be four times as heavy — with most of their weight in the feet and the tail. Being lightweight allows their legs to carry them 34 , and the long and heavy tail keeps the cats balanced as they run. The bones of cheetahs are very
15 flexible, allowing them to make sharp turns. And they have remarkably large hearts and lungs, allowing plenty of blood and oxygen to go through their bodies.

35 cheetahs are great at running, they are not good fighters. After cheetahs surprise their prey, they need to eat fast because most other animals could take their meal away from them. Being so specialized helped them survive for so long, but it also made them weak in
20 other areas.

〔注〕prey：獲物

問31

① all　　　　② every　　　　③ no　　　　④ same

問32

① According to　② Regarding　③ Without　④ Because of

問33

① by comparison　　　　　② needless to say
③ apart from that　　　　　④ in other words

問34

① outer　　　　② wealthier　　　　③ farther　　　　④ brighter

問35

① Provided that　② As if　　③ While　　④ Unless

【B】

When Qatar was announced as the host country of the 2022 World Cup of Soccer, most people had one question: Where is Qatar? It was a [36] choice. Not only is Qatar small in size, population, and soccer popularity, but it is small in the sense that it's not well known to most people. However, the country does not have a small wallet.

5　　The Qatar World Cup was easily the most expensive tournament in history. It is [37] that the country had spent over \$220 billion preparing for the event. That's more than every previous World Cup combined. Countries agree to host large international events hoping that they will bring in more money from tourism. But Qatar made nowhere near that amount. Instead, they spent so much money because they felt this was a chance to

10　introduce Qatar to the world.

What was bought with all that money? The country built eight new stadiums. Since Qatar is in the desert and faces extreme heat even in winter, each stadium needed powerful air-conditioning. This wasn't just for the fans, but also for the field's grass. Grass does not grow in Qatar, so they [38] grass from America and built giant indoor farms in the sand.

15　　In addition, they needed new *infrastructure. The whole country received better roads, its first trains, improved *sewers, and an upgraded airport. With over one million fans expected to attend, they needed plenty of places to put these people. Before any [39] started, World Cup officials alone would take up nearly every hotel room in the country. So many new housing areas were set up. In fact, they built an entire new city to accompany one

20　of the stadiums.

This amount of [40] has never been seen before. Will it be enough to make the world interested in Qatar?

〔注〕infrastructure：(社会の)基礎となる施設，インフラ　　sewer：下水道

問36
① boring　　　② predictable　　③ simple　　　④ surprising

問37
① impossible　　② believable　　③ estimated　　④ complicated

問38
① dedicated　　② maintained　　③ imported　　④ donated

問39
① measuring　　② construction　　③ farming　　④ prevention

問40
① development　② pressure　　　③ fame　　　④ audience

5　次の英文を読んで，あとの各問いに対する答えや，空欄に入るものとして最も適切なものを
　　①～④から１つ選び，番号で答えなさい。

(1)　No other *genre of film has been as successful as horror.　Some people love horror
movies while others hate them, but most people enjoy being scared.　Since horror movies
usually are so cheap and easy to make, there will never be a shortage of them.　As long as
they deliver a scary enough scene, people will be happy to watch them.

(2)　Perhaps the most common technique for a scary moment is called a jump scare.　This is　　5
a sudden scene to shock the audience.　It almost always happens following a tense scene
when it seems like something bad will happen, and it usually has a loud sound effect with
it.　For example — from "Cat People" — the main character is being followed down the
street.　She walks faster, and keeps looking behind her, and then all of a sudden a bus
drives by.　The audience was too focused on the person behind her and wasn't expecting a　10
noisy bus.　Modern horror movies are filled with scary scenes like this.

(3)　Why would people want to watch something fearful?　Psychologist Dolf Zillmann
believes watching horror movies can be healthy for audiences.　Zillmann created the
*excitation transfer theory.　Basically, the energy responsible for one emotion can transfer
into a new emotion.　An intense scene in a horror movie can build a lot of fear.　But once　15
the scene is finished and the tension is gone, there is a feeling of relief.　All of the energy
that created the fear is still there, but now it creates a great sense of ease and happiness.

(4)　Zillmann notes if this transfer doesn't happen soon enough, this build-up of emotion will
be wasted.　In fact, too much of a negative emotion can be harmful to the body.　Most
horror movies want their viewers to eventually be happy, so that is why jump scares come　20
quickly and frequently.　The jump scare is often what provides relief from the scary
moments before.

(5)　Another reason why so many people love horror movies is because they are only
movies.　People choose to watch them.　In real life, fear is helpful because it lets people
avoid dangerous situations.　But when someone is forced into danger, the brain works　25
faster to keep the body alert.　The person gets a sudden rush of energy to either take
action or to save themselves, often called fight-or-flight mode.　With this fast thinking and
increased attention, people can do amazing things during real scary moments.　A similar
reaction with the brain happens when people watch scary moments in a movie, just with
the extra benefit of not being in danger.　　30

(6)　Horror can be fun and can often even be relaxing.　In return, horror can help people deal
with real-life problems.　A recent study found that horror fans did a better job handling the
COVID-19 pandemic than the average person.　They were prepared for the tough times.
Some of the most famous horror movies ever were made during times of war or a major
crisis, which may have inspired creators.　Many fantastic new horror movies have been　35
released since the start of the pandemic.　Horror can help both audiences and creators
deal with difficult times.　Because of this, there will always be plenty of horror movies.

　　〔注〕genre：ジャンル　　excitation transfer theory：興奮転移理論

問41　What is the main point of the first paragraph?
　　① People who are not interested in horror movies rarely go to the theater to see them.
　　② More horror movies are produced now than ever before.
　　③ Horror movies are successful because they are easy to make and many people will enjoy them.
　　④ Delivering a scary enough scene is more difficult than people would imagine.

問42　Which is true according to the second paragraph?
　　① The use of jump scares is the newest technique used in movies.
　　② Most jump scares happen when the movie is quiet and relaxing.
　　③ The audience will not be scared by jump scares if they are paying attention.
　　④ Usually, jump scares happen after a scene that makes you feel nervous.

問43　What is Zillmann's theory as explained in the third paragraph?
　　① Movies can trick audiences by placing their focus on something else.
　　② The feeling of fear can change into feelings such as relief once it's gone.
　　③ By experiencing fear in movies, people are less scared of things in real life.
　　④ The emotions that movies create quickly disappear in a short period of time.

問44　What is the goal of most horror movies according to the fourth paragraph?
　　① For the audience to remember the scary moment before
　　② For the audience to be scared even after watching movies
　　③ For the audience to avoid negative emotions
　　④ For the audience to be delighted in the end

問45　Which is true according to the fifth paragraph?
　　① People who watch horror movies are poor at handling dangerous situations.
　　② When people watch horror movies, they are likely to think more quickly and pay more attention.
　　③ Horror movies help people practice ways to not be scared too much in real life.
　　④ Triggering a person's fight-or-flight way of thinking during a movie can have dangerous effects.

問46 Which is NOT true about the pandemic according to the last paragraph?
  ① Horror movie fans handled the pandemic better than many other people.
  ② The pandemic has not stopped new horror movies from coming out.
  ③ The problems caused by the pandemic may help creators make better horror movies.
  ④ Many horror movies being released in the near future will likely be about the pandemic.

問47 Which makes for the best jump scare? The scene: A woman is alone in her apartment at night. She sees the window is open. She slowly walks toward the window and suddenly [   ].
  ① she looks outside, but does not see anyone around
  ② a cat runs by and makes a loud "meow" sound
  ③ the camera goes slowly into the other room to show a man holding a knife already inside
  ④ she jumps through it to scare the person waiting outside

問48 In real life, a woman is approached by a masked man holding a knife. What will she most likely do according to this text?
  ① She will remember a horror movie scene and act in the same way.
  ② She will try to find a solution calmly in order not to be scared too much.
  ③ She will quickly make a decision to either fight the man or to run away.
  ④ Her early feelings of fear will change to feelings of relief after all.

1 リスニング・テスト

Part 1

（1） 放送文

W：Thanks for shopping at Salinger's Store!

M：Ah... may I ask you something? I heard this clothing store collects used clothes for recycling or reuse, and I'd like to leave my old down jacket here today if possible.

W：Yes, we do. Could you drop it in that blue box over there? We'll pick up yours later.

Question：What is true about this conversation?

放送文の訳

女性：サリンジャーズ・ストアをご利用いただき ありがとうございます。

男性：ああ、お尋ねしてもいいですか？ こちら の衣料品店はリサイクル、または再利用の ために古着を回収していると聞きました。 もし可能なら、こちらに私の古いダウン ジャケットを置いていきたいのですが。

女性：はい、回収しています。あそこの青い箱に 入れていただけますか？ お客様のものは 後ほど回収します。

質問：この会話について正しいのはどれか？

選択肢の訳

①男性は古着のジャケットを探している。

②店は学生割引を提供している。

③サリンジャーズ・ストアは古着を回収している。

④ジャケットは女性に手渡された。

[解説]

（1） [答] ③

　男性が女性の店員に、この衣料品店はリサイク ル、または再利用に古着を回収していますかと尋 ねると、女性は「はい、あそこの青い箱に入れて いただけますか？」と答えた。従って③が正解で ある。

used clothes「古着」if possible「もし可能なら」

（2） 放送文

M：I'm going to climb Midori Mountain with my family on Saturday. That's why I have to finish my homework by Friday night.

W：Oh, really? I was hoping you could join us at karaoke this weekend, but you seem busy.

M：Sorry. On the day after climbing, I'm going to visit an old temple with my friends.

Question：What is the boy planning to do next Sunday?

放送文の訳

男性：土曜日に、家族でミドリ山に登るんだ。だ から、金曜の夜までに宿題を終わらせなく てはならないんだ。

女性：えっ、ホント？ この週末にあなたがカラ オケに来ると思っていたのに。でも、忙し いそうね。

男性：ごめん。山登りの翌日は、友達と古い寺を 訪ねる予定なんだ。

質問：男性は今度の日曜日に何をする計画なの か？

[解説]

（2） [答] ①

　男性は冒頭で、土曜日は家族でミドリ山に登る と述べ、最後の発言では、翌日（の日曜日）は友 達と古い寺を訪れる予定だと述べた。従って正解 は①のイラストとなる。by Friday night「金曜 の夜までに」

（3） 放送文

W：Hello, I'm calling to ask you to switch my tour reservation to a different time slot. It's the one scheduled to meet at 9 a.m. at Berfort Park on May 10th. I'm Tanaka.

M：It's the one for three people, correct?

W：Correct. I want my walking tour to include

lunch, so ··· is the one starting at 11 on the same day still available? Besides, it turns out both of my friends can't make it that day, so I'll have to attend it on my own.

M：Sure, no problem.

Question：What will Ms. Tanaka probably do on May 10th?

放送文の訳

女性：もしもし、ツアーの予約を違う時間帯に変更をお願いしたいので電話しています。5月10日、ベルフォート公園午前9時に集合予定のものです。私はタナカと申します。

男性：3名様のご予約ですね？

女性：そうです。徒歩ツアーに昼食を含めてもらいたいので…同じ日の11時スタートのものはまだ空いていますか？　それに、その日は友人が二人とも都合がつかないとわかりましたので、私が一人で参加します。

男性：はい、問題ございません。

質問：タナカさんはおそらく、5月10日に何をするのか？

選択肢の訳

①昼食なしの徒歩ツアーに友人と参加する。
②昼食付きの徒歩ツアーに友人と参加する。
③昼食付きの徒歩ツアーに一人で参加する。
④昼食なしの徒歩ツアーに一人で参加する。

［解説］

（3）［答］③

　女性は冒頭で、5月10日の徒歩ツアー予約の変更を申し出て、「9時集合の徒歩ツアーを昼食付きの11時開始ツアーに変更したい。また当日は友人二人の都合がつかず私一人で参加する」と述べた。これに対し、男性は問題ないと答えたので、昼食付きの一人参加の徒歩ツアーは③となる。time slot「時間帯」turn out「～だとわかる」make it「間に合う、都合をつける」

（4）　放送文

M：I adopted all of my pets from an animal shelter, except this one.

W：Really?

M：This is my aunt's pet. She left for Europe three days ago, and asked me to look after it and clean its cage while she's away. Fortunately, my pets, including the kitten, don't try to attack the bird.

W：That's good. Anyway, this kitten is especially cute.

M：She likes to sleep with the dog. Also, she often plays with the other cat with a long tail.

Question：Which animal is NOT the man's pet?

放送文の訳

男性：私はすべてのペットを、動物保護施設から引き取りました。この子は除きますが。

女性：そうなんですか？

男性：この子は叔母のペットなんです。彼女は3日前にヨーロッパに出発して、私に留守中のペットの世話とケージの掃除を頼んだのです。幸いにも、子猫を含めて私のペットは、その鳥を攻撃しようとしません。

女性：それはよかったですね。それはそうと、この子猫は特にかわいいですね。

男性：彼女は犬と一緒に寝るのが好きで、それに尻尾の長いもう一匹の猫とよく遊ぶんです。

質問：男性のペットではないのはどの動物か？

［解説］

（4）［答］①

　男性は最初に、ペットはすべて動物保護施設から引き取った述べた。次に叔母がヨーロッパに行っている留守中にペットの世話とケージの掃除を頼まれていると述べ、"Fortunately, my pets, including the kitten, don't try to attack the bird."「幸いにも、子猫を含めて私のペットは、その鳥を攻撃しようとはしません」とあり、彼女に頼まれて世話をするのは the bird だとわかる。ここが聞き取りのポイントで、正解は①となる。adopt「養子にする、引き取る」animal shelter「動物保護施設」

Part 2

（5）　放送文

M：Hello, class. Last week, we did a survey about musical instruments. Today, I'm going to announce the results. Well, first, the category called "Others" includes violins, clarinets, saxophones, and oboes, and each instrument got just one vote. As you all might expect, pianos ranked at the top. They were exactly three times as popular as guitars. Surprisingly or not, 11 of the 45 total students chose trumpets. The survey also found guitars are less popular than drums in this class, and three people chose ukuleles.

Question：Emi voted for guitars. Which category includes her vote in the graph?

放送文の訳

男性：こんにちは、クラスの皆さん。先週、楽器についての調査をしました。今日はその結果を発表します。最初に、「その他」のカテゴリーには、バイオリン、クラリネット、サックス、オーボエが含まれていて、各楽器とも1票だけ入りました。皆さんの予想通りかもしれませんが、ピアノが1位で、ちょうどギターの3倍の人気がありました。意外なことに、全体45人の生徒の中で11人がトランペットを選びました。さらに調査では、このクラスではギターがドラムよりも人気がないことと、3人がウクレレを選んだこともわかりました。

質問：エミはギターに投票しました。グラフの中で、彼女の投票を含んだカテゴリーはどれか？

[解説]

（5）[答] ③

表題の「あなたが一番好きな楽器は何か？」の調査で、エミはギターに投票したのであるが "pianos ranked at the top. They（＝pianos）were exactly three times as popular as guitars." 「ピアノが1位で、ちょうどギターの3倍の人気だった」とある。グラフによると一番人気のピアノは15人で、ギターの3倍の人気であるというの

で、ギターは3分の1で5人だとわかる。それはグラフのCで、③が正解となる。

do a survey「調査する」three times as popular as guitars「ギターの3倍の人気」surprisingly or not「驚くべきことなのかどうか」→「意外なことに」less popular than drums「ドラムよりも人気がない」

（6）放送文

W：Last month, Jerry's family moved to a different town. Until recently, they lived in a three-room apartment, but this time, they rented a house for a single family. Jerry thinks the new location has both good and bad points. On the positive side, for example, it is located across from a convenience store. The apartment building where they used to live was far away from one. Another good point is that the new place stands next to a park, although the old one was also near a park. On the negative side, a library is not within walking distance. Jerry thinks this is a serious problem.

Question：Which map best describes Jerry's new neighborhood?

放送文の訳

女性：先月、ジェリーの家族は他の町に引っ越した。最近まで、彼らは3部屋あるアパートに住んでいたが、今回、1世帯用の一軒家を借りた。ジェリーは、新しい所は良い点もあれば悪い点もあると思っている。例えば、プラスの面は、コンビニの向かいに位置していることである。以前住んでいたアパートはコンビニから遠かった。他の良い点は、新しい家は公園の隣に建っていることである。もっとも、以前の家も公園に近かったのだが。マイナスの面は、図書館が徒歩圏内にないことである。ジェリーはこれが深刻な問題だと思っている。

質問：ジェリーの新しい家の近所を最もよく表し

ている地図はどれか？

[解説]

（6）[答] ②

　ジェリーの新居を最もよく表して地図はどれか？

1）they rented a house for a single family.
「1世帯用の一軒家を借りた」

2）it is located across from a convenience store.
「コンビニの向かいに位置している」

3）the new place stands next to a park.
「新しい家は公園の隣に建っている」

4）a library is not within walking distance.
「図書館が徒歩圏内にない」

　以上4つの条件に当てはまるのは②であるが、すべての条件を聴き取れなくとも正解できる。
on the positive（negative）side「プラス（マイナス）の面は」good and bad points の言い換え
across from a convenience store「コンビニの向かいに」the apartment building where they used to live「彼らが以前住んでいたアパート」where は関係副詞 used to live「以前住んでいた」within walking distance「徒歩圏内」

$$\boxed{2}$$

(A)

（7）[答] ②

[訳] この語は誰かの依頼、申し出を断ることを意味する。また、誰かに何かを与えないことも意味する。

①提案する　②拒否する　③熟考する
④受け入れる

（8）[答] ④

[訳] この語は車、バス、小型トラックのような機械を意味する。また、何かをする手段も意味する。

①家具　②交通　③歩行者　④乗り物、手段

（9）[答] ④

[訳] この語は何かに大きな関心を持っていること

を意味する。また、珍しくて独特、通常のパターンには当てはまらないことも意味する。

①即時の　②心配して　③典型的な
④好奇心の強い、奇妙な

（10）[答] ①

[訳] この語はどこかから遠く離れた何か、誰かを説明する際に使われる。また、否定文の強調にも使われる。

①遠く離れて、（否定文で）全然〜でない
②水平に　③明らかに　④めったに〜ない

(B)

（11）[答] ①

[訳] 私のエレキベースが壊れてしまった、しかし幸いにもメーカーがそれを _____ 修理することを申し出てくれた。

①無料で　②むだに　③永久に　④これに対して

（12）[答] ④

[訳] 新刊 _____ 、その本屋は古本も販売している。

①〜の場合には　②〜にかかわらず
③〜に訴える　　④〜に加えて

（13）[答] ②

[訳] ユアが驚いたことに、彼女は駅で _____ トモキに出会った。

①わざと　②偶然　③断続的に　④一体全体

（14）[答] ④

[訳] A：カズ、今晩は暇ですか？
　　　B：いいえ、明日までに英語のエッセイを _____ しなくてはいけないんです。

①見下す　②申し込む　③落ち着く　④提出する

$$\boxed{3}$$

（15）[答] ②

[訳] メグはその有名歌手の歌い方が好きだ。

[解説] 選択肢から関係詞の問題だが、likes の直

後に先行詞（名詞）がないので、先行詞が省略される関係副詞の how が答えとなる。
[類例] This is how I learned English.「これが私が英語を学んだ方法です」how の省略も可→ This is the way I learned English.

(16) [答] ①
[訳] ジャンヌ・ダルクはフランスの小さな村で生まれたと言われている。
[解説] Jeanne d'Arc is said ～ 主節の動詞の現在形（is）に対して、「ジャンヌ・ダルクはフランスの小さな村で生まれた」という時差が表れているので、①の完了不定詞（to + have + 過去分詞）で使う。次の書き換えは頻出である。
It is said that Jeanne d'Arc was born ～ ⇔ Jeanne d'Arc is said to have been born ～

(17) [答] ②
[訳] 彼女は病院で健康診断のために採血してもらった。
[解説] 動詞原形、過去分詞、現在分詞などの選択肢から「人に～させる、人に～してもらう」という使役動詞 have の問題である。使役構文は The woman (S) + had (V) + her blood (O) + (C) の第5文型で、O＝C（主語・述語）の関係があるので、「彼女の血は取られる（採血される）」とすれば英文は成り立つので、正解は過去分詞の② taken となる。
[類例] I had my house painted.「私は家にペンキを塗ってもらった」また「～された」という被害の意味も表す。I had my car stolen.「私は車を盗まれた」「使役」か「被害」かは文脈による。

(18) [答] ④
[訳] あなたのタブレットを壊したのはあなたの弟でしたか？
[解説] 関係代名詞による修飾をワンセットとすると、your little brother who broke your tablet「あなたのタブレットを壊したのはあなたの弟」となるが、英文の主語がないので、it ～ that の強調構文にすると英文が完成する。Your little

brother broke your tablet. を強調構文にすると
→ "your tablet" を強調 It was your tablet that your little brother broke.
→ "your little brother" を強調 It was your little brother who (that) broke your tablet.
設問は上記の your little brother を強調して疑問文にしたもので、④が正解となる。

(19) [答] ①
[訳] ジムのネコは、彼が帰宅した時には寝ていた。
[解説] Jim's cat had been sleeping ～「ジムのネコは寝ていた」と過去完了進行形となっている。過去完了形は「ある過去」よりも前のことなので、この場合「ある過去」とは when he returned home「彼が帰宅した時」のことである。正解は過去形の①となる。

4

(20) [答] 2番目④　4番目⑤
[Not having anything to talk] about, Azusa kept silent for hours.
[訳] アズサは何も話すことがなかったので、何時間も黙っていた。
[解説] 主節が「アズサは何時間も黙っていた」とあり、前半はその理由が述べられていると予想がつく。選択肢に現在分詞 having があるので分詞構文の英文にするが、理由を表す接続詞（as）を使って、主語は Azusa、時制も過去形で一致させると→ As Azusa did not have anything to talk about,「アズサは何も話すことがなかったので、」→接続詞 as をとって分詞構文にすると、not having anything to talk about となる。anything to talk about「話すべき何か」の形容詞的用法の to 不定詞にも注意したい。

(21) [答] 2番目①　4番目③
My brother [never fails to go for] a jog every night.
[訳] 私の兄は毎晩、必ずジョギングに出かける。
[解説] fail「失敗する、～しそこなう」→ never

fail to do「決して〜しそこなうことはない」→必ず〜する never fail to go for a jog で「必ずジョギングに出かける」となる。

(22) [**答**] 2番目⑤　4番目①
[He had no more than] fifty yen in his pocket then, so he couldn't buy a bottle of juice.
[**訳**] 彼はその時ポケットに、たったの50円しかなかったので、ジュースのボトルを買えなかった。
[**解説**] 次の4つは覚えておきたい。
no more than = only たったの
not more than = at most せいぜい
no less than = as many as / as much as 〜もの
not less than = at least 少なくとも
設問は no more than fifty yen = only fifty yen「たったの50円」となる。

(23) [**答**] 2番目④　4番目①
The high school allows [students to come to school in] casual clothes.
[**訳**] その高校は、生徒がカジュアルな服装で登校することを許している。
[**解説**] allow 人 to do「人が〜することを許す」allow students to come to school「生徒が学校に来ることを許す」in casual clothes「普段着で、カジュアルな服装で」in「（着用を表して）〜を身に付けて、〜を着て」

5

[**訳**]
　　　　　プレーヤー残り8人！
UltraGamerX：ちょっと、RedDragon、ゲームのメッセージ見ました？現在プレーヤーは残り8人と出てました。
　RedDragon：はい、私たちならやれます！慎重にゲームをすれば、このラウンドは勝てます。
UltraGamerX：今、FishBoy という男が少し心配です。彼を倒すのは難しいと

多くの者が言っています。彼は強すぎる。(24) もしかすると私も彼にやられるかもしれない。
　RedDragon：心配無用です。ずっとあなたのすぐ後ろにいます。他のプレーヤーと協力して働くことが、このオンラインのバトルロイヤルゲームに勝つ秘訣ですよね？私たちがチームとして働く限り、誰も私たちを倒すことはできません。
UltraGamerX：ありがとう。でも確かに心配はしていますが、それでも賞品のことで興奮もしています。勝てば、ついにあの限定版の帽子が手に入ります。ゲームでの私のアバターはクールに見えないので、新しい帽子をかぶれば、かなりよく似合うでしょう。
　RedDragon：私は燃えている帽子がほしい。私のアカウント名に合います。
UltraGamerX：いいね。私については、パンダの帽子と考えている。とてもかわいいんだ！
　　　　　プレーヤー残り7人！
　RedDragon：あれ！私たちが話している間に、プレーヤーが一人消えたようです。それで、(25) 残りの数名のプレーヤーはどこにいるのでしょうか？
UltraGamerX：彼らは空港あたりにいるにちがいありません。私たちはすべての山を見回しました。浜辺も誰もいないようです。空港が最後に残された場所の一つです。
　　　　　プレーヤー残り6人！…5人！…4人
　RedDragon：あっ！私たちはちょうど大きなバトルを逃しました。急ぎましょう。
UltraGamerX：ちょっと待ってください。彼らの声が聞こえます。私たちのほ

ん の少し西側にいます。
　　　プレーヤー残り3人！
RedDragon：今は、(26) 2対1です。私たちは
　　　確実に相手を倒せます。
UltraGamerX：向こうに彼が見えます。あの男、
　　　FishBoy！ 大きな馬の帽子をか
　　　ぶっています。どうやら、今の
　　　バトルで怪我をしたようです。
RedDragon：さあ、彼を倒しに行きましょう。
UltraGamerX：気をつけて！ 罠があるかもし
　　　れません。走って深入りしては
　　　だめです。
RedDragon：彼が見えますか？ 踊っていま
　　　す。私たちがここにいることを
　　　気がついていません。私につい
　　　て来てください。彼を驚かしま
　　　しょう。もし、彼が…ドカーン！
　　　　プレーヤー残り2人！
UltraGamerX：何をしたんですか？
RedDragon：罠を踏んだと思います。すみま
　　　せん、(27) あなたの警告を聞く
　　　べきでした。
UltraGamerX：だからさっき言いましたよ！
　　　きっとFishBoyはそれを聞いて
　　　いたのです。今、彼は…あれ！
　　　彼をもう見失ってしまった。ど
　　　こに行った？ 一体全体彼はど
　　　こにいる？ どこ…バチン！
　　　　勝者はFishBoy！
UltraGamerX：ねえ、私はこのゲームは大嫌い
　　　です。

選択肢の訳
①あなたの警告を聞くべきだった。
②彼らが消えるまで待たねばならない。
③残りの数名のプレーヤーはどこにいるのでしょ
　うか？
④その名前はちょっと変に聞こえる。
⑤2対1です。
⑥もしかすると私も彼にやられるかもしれない。

(24)〔答〕⑥

[ヒント]多くの者がFishBoyを倒すのは難しい
と言っている。彼は強すぎる。これに続く発言な
ので、⑥「もしかすると私も彼にやられるかもし
れない」が文意に合う。mayもmightも「かも
しれない」という意味だがmightの方が可能性
は低い。mayの方がやられる可能性が高い。

(25)〔答〕③

[ヒント] 25 の後で、彼らは空港あたりにい
るにちがいないと場所について述べ、山、浜辺な
どの場所も言及している。つまり、③「残りの数
名のプレーヤーはどこにいるのだろうか？」と場
所に関する英文が文脈に合う。残りのプレーヤー
とは、英文冒頭の8人から1人が減った7人であ
る。

(26)〔答〕⑤

[ヒント]プレーヤーが残り3人になり、[RedDragon,
UltraGamerX]対[FishBoy]との戦いになるの
で⑤「2対1だ」が答えとなる。

(27)〔答〕①

[ヒント]30行目のドカーン！の直後に「プレー
ヤー残り2人！」とのメッセージから、
RedDragonがやられたことがわかる。28行目で
UltraGamerXが警告をしたにもかかわらず、突
入してやられたので、 27 には①「あなたの
警告を聞くべきだった」と、RedDragonの後悔
を表すセリフが入る。

[語句と構文]
6行目 he is hard to beat.「彼を倒すのは難し
い」it ～ to構文でit is hard to beat him.で書き
換えられるが、主語heに焦点を当てるとhe is
hard to beat.になる。難易を表す形容詞（hard）
が使われる時、この構文を使うことが多い。
[類例] It is easy to talk with our teacher. our
teacherに焦点を当てるとOur teacher is easy to
talk with.「私たちの先生は話しやすい」となる。
easyは難易を表す形容詞。
7行目 right behind you「あなたのすぐ後ろ」
right「（副詞）すぐに」behindの強調

the whole time「その間ずっと」working in cooperation with other players「他のプレーヤーと協力して働くこと」working は動名詞で主語になっている。in cooperation with ～「～と協力して」

8行目 the key to winning ～「～に勝つ秘訣」

9行目 as long as we work as a team「私たちがチームとして働く限り」defeat「負かす，倒す」

10行目 I do have worries.「確かに心配はしている」do は動詞 have を強めている。yet「(接続詞) しかしそれでも」

11行目 limited edition hats「限定版の帽子」

12行目 a new hat would be great on it.「新しい帽子をかぶれば、それ（＝私のアバター）にかなりよく似合うであろう」would は仮定法で「もし～ならば」と主語に条件が含まれている。

13行目 the hat that's on fire「燃えている帽子」on fire「火がついて、燃えて」that は関係代名詞

14行目 as for me「私については」

18行目 They must be around the airport.「彼らは空港あたりにいるにちがいない」must「～に違いない」

22行目 hold on「ちょっと待つ」

24行目 We can do this for sure.「私たちは確実にこれ（＝相手を倒せる）ができる」

26行目 apparently「見たところ、どうやら」

27行目 go (and) get him「彼を倒しに行く」and の省略　get「倒す、殺す」

28行目 trap「わな」run in (the trap)「走って行って、わなの中におちいる」→深入りする

30行目 BOOM「ドカーンと鳴る音（RedDragon が FishBoy に撃たれた音）」残りは UltraGamerX と FishBoy の2人となる。

34行目 I told you!「私はあなたに言った」→「だからさっき言いましたよ！」28行目の「気をつけて！　罠があるかもしれません。走って深入りしてはだめです」と UltraGamerX が RedDragon にした警告。FishBoy heard that. that は29行目で、RedDragon が、「彼は踊っています。私たちがここにいることを気がついていません。彼を驚かしましょう」と言ったこと。

34行目 I don't see him (＝FishBoy) anymore.「彼をもう見失った」not ～ anymore「もう～ない」

35行目 Where on earth is he?「一体全体彼はどこにいるんだ？」on earth「疑問詞を強めて　一体全体」

37行目 You know what?「何か知ってる？」→相手の注意を引いて「ねえ、あのね、聞いて」

6

【A】
[訳]
　あなたがこれらの言葉を読めれば、世界の大部分の人よりうまくやっていることになる。どれくらいの人が言葉を読んだり、数字を理解したりすることができないのか、その数は信じがたいことである。最近の研究は、アメリカ国民の成人の半数近くが読解力、計算能力が低いことを明らかにした。彼らの多くは、中学生よりも悪い成績であった。

　言葉を読んで理解できることは識字能力と呼ばれる。同様に、人がどれほど上手に数字を理解し使えるかは、基本的計算能力と呼ばれる。いずれかの能力が低い人は、単純な問題解決の技術を使うことが、かなり難しいとわかっている。これらの能力は2つとも5段階のレベルに分けられる。その詳細は表に示されている。

　生徒が中学校を卒業するまでに、レベル2以上であることを期待されている。しかし、16歳から65歳までのアメリカ人を対象とするこの研究では、別の結果を示している。下の図1では、識字能力の各レベルにおける彼らの割合を示しているのに対し、もう1つの図2は基本的計算能力の割合を示している。

	識字能力	基本的計算能力
レベル1	単純な道路標識が読める	どの数字が他よりも大きいか、小さいかがわかる
レベル2	児童小説が読める	足し算、引き算ができる

レベル3	小説が読める	掛け算、割り算ができる
レベル4	科学の教科書が読める	パーセンテージの使い方を知っている
レベル5	読解能力が非常に高い	数字の理解力が非常に高い

[解説]

(28)[答] ③

この文章は何を述べているのか？

①この文章を読める人は、レベル3以上であるに違いない。

②全アメリカ市民の50％以上の人は、十分な計算能力が不足している。

③識字能力と基本的計算能力は両方とも問題解決には重要である。

④平均的な能力のある高校生は、レベル4以上であるはずである。

[ヒント] 6行目以下に、識字能力と基本的計算能力いずれかの能力が低い人は、単純な問題解決の技術を使うことが困難だとあるので正解は③となる。

(29)[答] ③

ミカは3つのテストを受け、点数は70点、80点、93点だった。それで、彼女は自分の平均点が81点だとわかった。彼女の基本的計算能力のレベルはどれだと最も考えられるか？

①レベル1以下　②レベル2以下

③レベル3以上　④レベル4以上

[ヒント] ミカが平均点を出すには、70点、80点、93点の「たし算」とそれを3で割る「割り算」と使うことになる。基本的計算能力の表によると、足し算はレベル2だが、割り算はレベル3なので正解は③「レベル3以上」となる。

(30)[答] ③

研究によると、16歳から65歳までのアメリカ人の何％が、夏目漱石の英訳版「坊ちゃん」を読めるのか？

①34％　②36％　③48％　④82％

[ヒント] 夏目漱石の英訳版「坊ちゃん」を読めるとは、識字能力表の「小説が読める」で、レベル3以上である。図1の16歳から65歳までのアメリカ人を対象とした調査で、レベル3は36％、レベル4以上は12％である。合計すると36％＋12％＝48％なので、答えは③となる。

(31)[答] ①

研究に基づくと、16歳から65歳までのアメリカ人について正しいのはどれか？

①彼らのちょうど70％は「57－12」という数学の問題を解くことができる。

②彼らの30％以上の人は、どの数字が他の数字よりも小さいのかわからない。

③「23×22」のような数学の問題は、彼らの70％以上は解けない。

④彼らの30％未満は「120÷4」のような数学の問題は解ける。

[ヒント] ①について、基本的計算能力の表によると、「足し算、引き算ができる」のはレベル2以上で、図2によるとレベル2以上の合計は34％＋27％＋9％＝70％で、ちょうど70％になるので正解となる。②は基本的計算能力の表によると、どの数字が他の数字よりも小さいのかわからないのはレベル1以下で、図2ではレベル1以下は10％で、30％以上でないことがわかる。従って記述は正しくない。③のかけ算「23×22」ができるのは表ではレベル3以上で、図2のレベル3以上は27％＋9％＝36％であり、掛け算ができない人の割合は100％－36％＝64％で、「70％以上の人はできない」とは言えない。従って記述は正しくない。④の割り算ができる人はレベル3以上で、27％＋9％＝36％である。これは「30％未満」ではなく正しくない。

[語句と構文]

2行目 it is hard to believe ～ 「～を信じがたいことである」it は形式主語で、to believe 以下が真主語である。how many people cannot read words or understand numbers 「どれくらいの人が言葉を読んだり、数字を理解したりすることができないのか」主語を尋ねている間接疑問文で

believe に続いている。

3行目 a recent study found 〜「最近の研究は〜を明らかにした」have poor reading and math skills「読解力、計算能力が低い」

4行目 perform worse than 〜「〜より悪い成績を出した」→「〜より悪い成績だった」

5行目 being able to read and to understand words「言葉を読んで理解できること」動名詞 being が主語になっている。literacy「識字能力」意味がわからなくとも、主語から判断できる。likewise「同様に」how well a person can see and use numbers「人がどれほど上手に数字を理解し使えるか」間接疑問文で主語になっている。

6行目 numeracy [núːmərəsi]「基本的計算能力」意味は主語から判断したい。

people who have low levels in either skill「(識字能力か基本的計算能力) いずれかの能力が低い人は」who は関係代名詞で先行詞は people。

〜 find it much more difficult to use simple problem-solving techniques「単純な問題解決の技術を使うことが、(識字能力か基本的計算能力が高い人よりも) かなり難しいとわかっている」it は形式目的語で、真の目的語は to use 〜以下である。much は比較級 more difficult の強調。

9行目 by the time students finish junior high school「生徒が中学校を卒業するまでに」by the time「(接続詞) 〜するまでに」

11行目 while「(接続詞) 〜に対して」

the other → figure 2 (図2)

that (＝the percentage) of numeracy skill「基本的計算能力の割合」

【B】
[訳]
別々の言語だが同じか少なくとも似ているという言葉が多くある。(32) その一つの例を見てみよう。Wort は "word" という意味のドイツ語で、それらはほとんど同じように見えることがわかる。しかし、ここに疑問が出てくる。世界で等しく理解される言葉はあるのだろうか？

必ずしも完全というわけではないが、この魔法

の言葉は coffee である。イギリスでは coffee を飲む。フランスでは café を提供する。フィンランドでは、人々はおいしいホットの kahvi を欲しがる、その一方で、フィリピンではよく冷えた kape を好む。どの言語も言葉は独特のスペルと発音がある。(33) しかし、それは世界中でよく似ている。もし、日本人がアメリカのレストランで kōhī を注文するなら、スタッフはほぼ確実に理解するだろう。

コーヒーに対する英単語は、アラビア語の qahwa に由来する。コーヒーは最初、1500年代に中東付近で飲まれた。特にトルコで人気があり、そこでは kahve と呼ばれている。そこでそれは、イタリアの商人（彼らは caffe と呼んだ）とオランダの商人（彼らは koffie と呼んだ）に取引された。彼らはすぐに、その飲み物も言葉もヨーロッパ中に、最終的には世界中に広めたのである。(34) その結果として、今やほぼ世界全体がコーヒーの呼び方を知っているのである。

しかし、状況が異なったままの国が2つある。一つはエチオピアで、ちょうどたまたまコーヒー発祥の地である。コーヒーはそこでは、bun (または buna) と呼ばれている。アラブの探検家がやって来るよりかなり前に、そう呼ばれていたのである。bun が栽培された地域は Kaffa と呼ばれ、それがコーヒーという名前の由来であると信じられている。もう一つの国はアルメニアである。彼らはコーヒーを surch と呼ぶ。「黒い水」を表す言葉に由来する語である。アルメニアはアラブの国々と紛争の歴史があった。(35)そういうわけで、彼らはアラビア語の qahwa の使用を避けている。彼らは抵抗手段としてそうしているである

[解説]
(32) [答] ④
①ドイツ語の名詞は常に大文字で始まる。
②異なる言語は異なって発展してきた。
③いくつか意味を持つ言葉もある。
④その一つの例を見てみよう。
[ヒント] 別々の言語だが、同じか少なくとも似ているという言葉が多くある述べ、(32) の後でドイツ語の Wort と英語の word の形も、意味も

— 213 —

似ている例を取り上げているので④が文意に適している。

(33) [答] ①
①しかし、それは世界中でよく似ている。
②そのため、同じことは日本には当てはまらない。
③しかし、それらは各言語の構造による。
④そのため、*kahvi* はいつも *kōhī* と同じであるとは限らない。

[ヒント] 第一段落の最後で「世界で等しく理解される言葉はあるのか？」という問いに、筆者は「ある」と述べ、「コーヒー」という言葉を例に挙げている。どの言語の言葉も独特のスペルと発音があるが、日本人がアメリカで「コーヒー」を注文しても、アメリカ人は理解するというで、(33)は①が正解である。it's a very similar ～ it は5行目の this magic word をさす。

(34) [答] ③
①それが他の地域に持ち込まれた時に、状況は違った。
②彼らはそれが中東でそれほど人気になるとは、想像もしていなかったであろう。
③その結果として、今やほぼ世界全体がコーヒーの呼び方を知っているのである。
④広まるスピードは遅かったが、着実であった。

[ヒント] コーヒーがトルコから、イタリア、オランダに伝わり、さらにヨーロッパから世界中に広がっていく内容なので③が最適である。

(35) [答] ④
①驚くべきごとに、アルメニアにはコーヒーに焦点を当てたテーマパークがある。
②これが英語で「黒い水」が汚水と意味する理由である。
③その後、アルメニアは1991年独立した。
④そういうわけで、彼らはアラビア語の *qahwa* の使用を避けている。

[ヒント] (35)の前に、アルメニアはアラブの国々と紛争の歴史があり、(35)の後で彼らは抵抗手段としてそうしているとある。従って④「そうい

うわけで、彼らはアラビア語の *qahwa* の使用を避けている」が前後の文脈に合っている。

[語句と構文]
1行目 many words which are the same or at least similar in different languages「別々の言語だが同じか少なくとも似ている多くの言葉」which は many words が先行詞の関係代名詞。at least「少なくとも」

2行目 they look almost the same「それら（*Wort* と word）はほとんど同じように見える」

3行目 words understood all around the world equally「世界で等しく理解される言葉」understood は words を後置修飾する過去分詞の形容詞的用法

5行目 while「（接続詞）～だけれど（譲歩）」not quite perfect「必ずしも完全というわけではない」not quite「必ずしも～ない（部分否定）」

5行目 this magic word「この魔法の言葉」世界で等しく理解される言葉

9行目 most certainly understand「ほぼ確実に理解する」

10行目 ～ come from the Arabic word *qahwa*「～はアラビア語の *qahwa* に由来する」Arabic [ǽrəbik]「アラビアの」

11行目 the 1500s「1500年代」the fifteen hundreds

12行目 ,where it is called *kahve*「そしてそれ（＝コーヒー）はそこ（＝トルコ）では *kahve* と呼ばれている」関係副詞 where の前にコンマがある非制限用法で and there として、前文の補足説明である。

There, it was given to Italian (*caffe*) and Dutch (*kaffie*) traders「そこ（＝トルコ）で、それ（＝ *kahve*）は、イタリアの商人（彼らは *caffe* と呼んだ）とオランダの商人（彼らは *koffie* と呼んだ）に取引された」be given「与えられた→取引された」

13行目 spread the drink as well as the word「言葉だけでなくその飲み物も広める」
A as well as B「B だけでなく A もまた」eventually「最終的に、ついに」

15行目 two countries which remain different「（状況が）異なったままの2つの国」which は先

— 214 —

行詞が two countries の関係代名詞

remain different「(状況が) 異なったまま」→アラビア語 *qahwa* に由来するコーヒーという名前の普及が世界の大半であるが、それとは状況が異なっているという意味である。

16行目 Ethiopia, which just so happens to be the birthplace of coffee「エチオピアは、ちょうどたまたまコーヒー発祥の地である」happen to 不定詞「たまたま〜する」which の前にコンマがある非制限用法の関係代名詞で、先行詞 Ethiopia [iːθióupiə] を補足的に説明している。

17行目 it had that name「それ (コーヒー) はその名前 (*bun* または *buna*) があった」→そう呼ばれていた

long before 〜「(接続詞) 〜よりかなり前に」

the region (where *bun* was grown) was called Kaffa「*bun* が栽培された地域が Kaffa と呼ばれていた」where は region を先行詞とする関係副詞で、where が導く節をカッコでくくるとよい。

18行目 〜 Kaffa, which is believed to the source of the name coffee「その Kaffa が、coffee という名前の由来であると信じられている」which の前にコンマがある、非制限用法の関係代名詞で、先行詞 Kaffa についての補足説明である。つまり、bun の栽培地の地名 Kaffa からコーヒーという名前が広まったという説である。

19行目 Armenia [ɑrmíːniə] They (S) + call (V) + coffee (O) + *surch* (C)「彼らはコーヒーを *surch* と呼ぶ」O は C であるという関係の第 5 文型　*surch*, a word that comes from their words for "black water"「*surch* とは『黒い水』を表す言葉に由来する語である」that は関係代名詞、先行詞は a word

21行目 They do so out of protest「彼ら (アルメニア人) は抵抗手段としてそうしているである」do so → アラビア語 *qahwa* を使わずに、自国の言葉「黒い水」由来の *surch* を使う。out of protest「抵抗から」→抵抗手段として

7

[訳]

　映画「バック・トゥ・ザ・フューチャー」シリーズは不朽の名作だ。およそ40年前に公開されたにもかかわらず、今でも常に人気がある。ある人にとっては、マイケル・J・フォックスが演じる主役がお気に入りであり、その一方で他の人にとっては、天才科学者ドグ・ブラウンがお気に入りである。だが、ほとんどの人は真の主役はタイムトラベルする車 DMC デロリアンであるということで意見が一致するであろう。これは、実に面白いエピソードがある実在する車だった。

　その車は、その考案者のジョン・デロリアンにちなんで名づけられた。当時、彼はほとんどの人が名前を知っている超大物エンジニアだった。デロリアンは、当時世界最大手の自動車会社、ゼネラルモーターズ社 (GM 社) の副社長でもあり、まもなく会社全体を任されることを確約されていた。しかし、衝撃的なことに、彼は1973年に GM 社を去った。彼は「GM 社は、かっこいい車を作ることではなく、人をだまして欲しがりもしない退屈な車を作ることを目的としている」と述べた。彼は結局、人が欲しがる車を設計するために、DMC 社という自分の会社を立ち上げることになった。

　彼はこの車を「未来の車」デロリアンと呼んだ。大規模で成功した広告キャンペーンと同時に、DMC 社は車の写真さえもないのに、最初の車の出荷分を完売したのだ。すぐにでも、彼らはその車を作らねばならなかった。これは、決して簡単な仕事ではなかった。車を作ることは時に10年以上要するからである。この車は超大物エンジニアによって作られていたので、(A) スケッチブックの状態から店頭に並ぶまで18カ月しか要さなかった。後にも先にも今までに、こんなに迅速に作られた車はない。

　デロリアンという車は、いくつか独特な特徴があった。よく知られているように、ドアは鳥の翼のように上方に開いた。それに、どの車も同じ色だった。無塗装の鋼鉄を使ったからである。これ

215

らの特徴のいくつかはかっこよかったが、ほとんどは、ドライバーにとって不便だった。しかし、最も重要なことは、走行中の車の性能はどうだったのかである。その車はまったく運転しにくかった。車内で基本的な動作をするのも難しかった。このことは、運転するにはかなり危険であり、道路を走行中の他の人にとっても、さらにもっと危険であることを意味する。なぜならば、他の車は、鋼鉄よりも軽い材料で作られていたからである。重い鋼鉄のために、デロリアンは速く走ることができず、最高時速はわずか85マイル（時速137km）だった。さらにその上、類似の車よりもはるかに高価だった。

　多くの場所で、それは1981年の最悪の車と呼ばれていた。最初はよく売れたのだが、発売から数カ月後には、ほとんど誰も買わなくなった。大幅に値下げしても、人々はこの車を欲しがらなかった。1982年に、DMC社は倒産し、ジョン・デロリアンはもう車の設計をしなかった。最後には、あるスーパーが売れ残った車の大半を（B）<u>購入</u>することになり、棚を作るためにその鋼鉄を使ったのである。

　映画「バック・トゥ・ザ・フューチャー」は、デロリアンの失敗から数年後の1985年に公開された。映画のジョークの一つは、ドグ・ブラウンが古くて役に立たないテクノロジーから、タイムマシーンを作り、少しも天才ではなかったことである。だが、映画がとても人気があったので、そのジョークもやがて忘れ去られている。突然、デロリアンはクールなものになり、それらを持った人は、今やコレクターズ・アイテムの所有者となった。登場人物たちは映画の中でも、現実の世界でも過去を変えたのだ。

[解説]
(36)［答］②
　映画「バック・トゥ・ザ・フューチャー」についての筆者の意見は何か？
①ドグ・ブラウンは多くの若い科学者を触発した。
②デロリアンという車が主役を演じている。
③それはもう新しい世代には訴えかけてはいない。

④マイケル・J・フォックスはもっと上手に演技ができるはずだった。
［ヒント］4行目に、ほとんどの人の意見は、真の主役はタイムトラベルする車DMCデロリアンであるというので、②が答えとなる。

(37)［答］③
　ジョン・デロリアンについて、述べられていないのは何か？
①彼が考案した一つは、彼にちなんで名づけられた。
②彼は有名な車のエンジニアだった。
③彼はSFの熱烈なファンだった。
④彼は自動車会社の重要な経営陣の一人だった。
［ヒント］6行目に、「その車はその考案者のジョン・デロリアンにちなんで名づけられた」とあり、①は述べられている。②も6〜7行目に、「彼は超大物のエンジニア」とあり述べられている。④も7行目に、「GM社の副社長だった」とあり述べられている。従って正解は③で、彼はSFの熱烈なファンとは言及されていない。

(38)［答］①
　ジョン・デロリアンはGM社についてどう思っていたのか？
①それは顧客に不必要な車を買わせた。
②それは以前には素晴らしい車を販売していた。
③その将来の成功はジョンにかかっていただろう。
④その従業員を管理する能力は粗末なものだった。
［ヒント］10行目に、彼は「GM社が、かっこいい車を作るのではなく、人をだまして欲しがりもしない退屈な車を作ることを目的としている」と述べた。この内容に合うのは①である。

(39)［答］③
　下線部（A）<u>スケッチブックの状態から店頭に並ぶまで</u>の意味を最もよく表しているものはどれか？
①デロリアンが即座に売り切れたという事実

②デロリアンが広く認められるのに要した期間
③デロリアンを作るのに要した期間の長さ
④デロリアンは架空の車のようであるという印象
[ヒント] 下線Aの直後に、後にも先にもこんなに迅速に作られた車はないとある。つまり③が正解となる。

(40)［答］④

　筆者によると、デロリアンという車の独特な特徴は何か？
①それはガソリンをほとんど消費しなかった。
②そのドアを開けるのは難しかった。
③それは簡単に方向転換ができた。
④それは一つの色のみで入手可能であった。
[ヒント] 20行目に、「どの車も同じ色だった。無塗装の鋼鉄が使われたから」とあるので正解は④である。①②③は言及されていない。

(41)［答］③

　文章によると、デロリアンの主な問題の一つは何か？
①その鋼鉄は塗装されていなかった。
②その価格は比較的低かった。
③そのスピードは時速90マイル未満だった。
④その定員はかなり少なかった。
[ヒント] 25行目に、重い鋼鉄のために、「デロリアンは速く走ることができず、最高時速はわずか85マイル（時速137km）」とあり③が正解となる。

(42)［答］①

　空欄（B）に入る適切な語はどれか？
①〜を購入する　　　②〜を設計する
③〜を値引きする　　④〜を改良する
[ヒント] 28行目以下に、デロリアンは発売から数か月後には、ほとんど誰も買わなくなり、値下げしても売れず、DMC社は1982年に倒産した。このような状況で、あるスーパーは売れ残った車を（B）して、棚を作るためにその鋼鉄を使ったという流れなので（B）には①「購入する」が自然である。end up 〜ing「最後には〜することになる、結局〜することになる」

(43)［答］②

　筆者がもっとも同意しそうな記述はどれか？
①映画「バック・トゥ・ザ・フューチャー」シリーズもデロリアンも２つとも再評価されるべきである。
②映画「バック・トゥ・ザ・フューチャー」シリーズがなかったなら、人はデロリアンについて違う意見を持っているであろう。
③自動車メーカーはデザインやスタイルよりも乗客の安全を優先すべきである。
④愚か者だけがデロリアンをコレクターズ・アイテムとして購入するであろう。
[ヒント] 33行目に、映画「バック・トゥ・ザ・フューチャー」は、車のデロリアンが失敗してから数年後の1985年に公開され、再びデロリアンが脚光を浴びることになり、今やコレクターズ・アイテムにもなった。もし、映画「バック・トゥ・ザ・フューチャー」が公開されなかったなら、デロリアンも失敗したままの評価であったろう。つまり、正解は②である。人はデロリアンについて違う意見を持っている意味は、デロリアンは失敗作でまったく評価できないということである。

[語句と構文]

　1行目　timeless「不朽の（名作）」come out「公開される」

　2行目　they have ever been（popular for nearly 40 years）「その映画（のシリーズ）はおよそ40年間常に人気がある」現在完了形の継続用法。ever「（肯定文で）常に、いつも」
for some people 〜, while for others「ある人にとっては〜、その一方で他の人にとっては」
main character「主役、主人公」

　3行目　genius scientist「天才科学者」

　4行目　most people would agree that 〜「ほとんどの人は〜であるということで意見が一致するであろう」would は仮定法で「もし尋ねられるならば」と主語に条件がある。

　6行目　be named after 〜「〜にちなんで名づけられる」

　7行目　a superstar engineer（that）most people knew the name of「ほとんどの人が名前

— 217 —

を知っている超大物のエンジニア」関係代名詞
that の省略、先行詞は a superstar engineer
vice president「副社長」

8行目 be guaranteed to be in charge of ～
「～を任されることを確約されている」
in charge of ～「～を任されて」

9行目 shockingly「衝撃的なことに」

10行目 GM was not about A but about B「GM
社は A ではなくて B が目的である」
about ～「(前置詞)～に従事して、～が目的で
ある」[類例] Science is about knowing.「科学
は知ることが目的である」
trick 人 into buying ～「人をだまして～を買わ
せる」boring cars (which) they did not even
want「人が欲しがりもしない退屈な車」関係代名
詞 which (that) の省略、先行詞は boring cars

11行目 to design a car (which) people would
want「人が欲しがる車を設計するために」関係
代名詞 which の省略、to design は目的を表す副
詞的用法の不定詞

13行目 He (S) + called (V) + this car (O) +
the DeLorean, the car of the future (C)「彼は
この車を『未来の車』デロリアンと呼んだ」O は
C であるという関係の第5文型

14行目 ～ , as DMC sold the entire first
shipment of cars「～と同時に DMC 社は車の最
初の出荷分を完売した」as は同時性を表し、A,
as B「A と B が同時に起きていることを示す」

15行目 as making a car sometimes takes more
than 10 years「車を作ることは時に10年以上要
するからである」as「(理由)～なので」

16行目 since this car was being made by a
superstar engineer「この車は超大物エンジニア
によって作られていたので」since「(理由)～な
ので」a superstar engineer was making this car
→この過去進行形の受け身で this car was being
made ～となっている。

17行目 go from sketchbook to store「スケッチ
ブックの(設計の)状態から店頭(に並ぶ)まで」
before and since「以前にもこれ以後にも→後に
も先にも」

19行目 famously「よく知られているように」

20行目 unpainted steel「無塗装の鋼鉄」

22行目 what is most important「もっとも重要
なことは」関係代名詞の what で主語になってい
る。how did the car perform while driving「車
は走行中、どのように動作したのか？→走行中の
車の性能はどうだったのか？」この疑問文が間接
疑問文 (how the car performed while driving)
として補語になっている。
The car drove well.「その車は運転しやすかった」
→否定文にして not ～ at all で強めると、It (=
the car) did not drive well at all.「その車はまっ
たく運転しにくかった」

22行目 it was difficult to make basic movement
「基本的な動作をすることが難しかった」it は形
式主語で真主語は to 不定詞以下

24行目 even more dangerous for other people
on the road「道路を走行中の他の人にとっても、
さらにもっと危険であった」→道路を走行中の他
の車の人にとっては、デロリアンの運転手よりも、
さらにもっと危険であった。even は 比較級
more dangerous を強めている。

25行目 be made of materials lighter than steel
「鋼鉄よりも軽い材料で作られる」
due to the heavy steel「重い鋼鉄のために」

26行目 with a top speed of only 85 miles per
hour (137 kilometers per hour)「最高時速はわ
ずか85マイル(時速137km)」per hour「1時間当
たり」on top of everything else「さらにその上」

27行目 much mor expensive than ～「～よりも
はるかに高価」much は比較級 more expensive
の強めである。

28行目 Many places (S) + called (V) + it (O)
+ the worst car of 1981 (C) .「多くの場所が、
それ(=車のデロリアン)を1981年の最悪の車と
呼んだ」→「多くの場所で～と呼ばれていた」O
は C であるという関係の第5文型で、無生物主
語の構文になっている。while it sold well at
first,「最初は、それはよく売れたのだが」while
～「(譲歩)～だけれども」sell well「よく売れる」

29行目 in the months after its release「発売か

ら数カ月後には」even with huge price cuts「大幅に値下げしても」

$\boxed{31\text{行目}}$ the remaining cars「売れ残った車」

$\boxed{33\text{行目}}$ a few years after the failure of the DeLorean「デロリアンの失敗から数年後」

$\boxed{34\text{行目}}$ One of the jokes of the movie was(that) S + V「映画のジョークの一つは、that 以下である」out of old and useless technology「古くて役に立たないテクノロジーから」

$\boxed{35\text{行目}}$ in time「そのうちに、やがて」

$\boxed{36\text{行目}}$ all of a sudden「突然、急に」

$\boxed{37\text{行目}}$ people who had them「それら（＝デロリアンの車）を持った人」関係代名詞の who collectors' item「コレクターズ・アイテム（収集家が欲しがる物）」character「登場人物」change the past in the movie and in real life「映画の中でも、現実の世界でも過去を変える」・DMC 社は倒産したが、映画の影響で、現在再び脚光を浴びていること。

英語　　正解と配点　　　　　　　　　　　　　（60分，100点満点）

問題番号		正　解	配　点
1	1	③	2
	2	①	2
	3	③	2
	4	①	2
	5	③	2
	6	②	2
2	7	②	2
	8	④	2
	9	④	2
	10	①	2
	11	①	2
	12	④	2
	13	②	2
	14	④	2
3	15	②	2
	16	①	2
	17	②	2
	18	④	2
	19	①	2
4	20	④⑤	2
	21	①③	2
	22	⑤①	2
	23	④①	2

問題番号		正　解	配　点
5	24	⑥	2
	25	③	2
	26	⑤	2
	27	①	2
6	28	③	3
	29	③	3
	30	③	3
	31	①	3
	32	④	3
	33	①	3
	34	③	3
	35	④	3
7	36	②	3
	37	③	3
	38	①	3
	39	③	3
	40	④	3
	41	③	3
	42	①	2
	43	②	2

＊20〜23の正答は2番目と4番目の順，2つ完答で2点

1 リスニング・テスト

Part （A）

問1　放送文

Number1. Look at the picture marked number one in your test booklet.

①Some girls are riding bicycles.

②A girl and a boy are walking down the street.

③Some boys and some girls are smiling.

④Some girls are seated under the sun.

放送文の訳

問題用紙の問1と書いてある写真を見なさい。

①何人かの少女が自転車に乗っています。

②少女と少年が通りを歩いています。

③何人かの少年と少女が笑っています。

④何人かの少女が日なたに座っています。

[解説]　[答]　③

何人かの顔の表情にも注意する。

問2　放送文

Number2. Look at the picture marked number two in your test booklet.

①Two women are facing each other.

②A woman is drinking hot tea from a cup.

③Two women are standing on tatami mats.

④A woman is putting on her kimono.

放送文の訳

問題用紙の問2と書いてある写真を見なさい。

①2人の女性がお互いに向き合っています。

②1人の女性がカップで熱いお茶を飲んでいます。

③2人の女性が畳の上に立っています。

④1人の女性が着物を着ています。

[解説]　[答]　①

face each other「お互いに向き合う」put on a kimono「着物を着る（動作）」wear a kimono「着物を着ている（状態）」

問3　放送文

Number 3. Look at the picture marked number three in your test booklet.

①The trucks are driving through the valley.

②The traffic isn't very heavy this morning.

③The cars are parked along the highway.

④The roads are blocked by the fallen trees.

放送文の訳

問題用紙の問3と書いてある写真を見なさい。

①トラックが谷の中を走っています。

②交通量は今朝それほど多くない。

③車が幹線道路上に駐車しています。

④道路が倒木でふさがれています。

[解説]　[答]　②

The traffic is heavy.「交通が渋滞している」

Part （B）

問4　放送文

W：The school festival is coming up. What are your plans?

M：I have a band with my friends, so we're going to perform live. Well, may I ask you a great favor?

W：What is it?

M：The lead singer, Kana, wants to sing with good English pronunciation. Will you be able to help her with it?

W：Sure thing!

Question：What will the woman probably do soon?

放送文の訳

女性：もうすぐ学園祭ね。あなたの計画は？

男性：友達とバンドを組んでいるので、ライブをやるつもりだ。ええと、大きなお願いがあるんだけど。

女性：何？

男性：ボーカルのカナが上手な英語の発音で歌い

たがっているんだ。手伝ってくれる？

女性：もちろん、いいわよ！

質問：おそらく女性はまもなく何をするのか？

選択肢の訳

①彼女はバンドで歌う。

②彼女は男性にお願いごとをする。

③彼女はカナの発音を手伝う。

④彼女はカナと楽器の練習をする。

[解説] [答] ③

　　男性は最後に、ボーカルのカナが上手な英語の発音で歌いたいので、手伝えるかとお願いした。女性は "Sure thing!" と答えたので③が正解となる。perform live「ライブを行う」

May I ask you a (great) favor?「（大きな）お願いがあるのですが」

Will you be able to help her with it?「彼女のそれ（＝英語の発音）を手伝うことができますか？」help A with B「AのBを手伝う」A、Bが代名詞で聴き取りが難しいので、直前の "The lead singer, Kana, wants to sing good English pronunciation." を聴き取ることがポイント。

問5　放送文

M：Hello, what's the admission fee to this zoo for our family of 5; two adults and three children?

W：For an adult, $10.50, for a child between the ages of 6 and 15, $5.50. And a child under 6 is $2. Remember, there's a family group ticket for $30. It's for two adults and two children between the ages of 6 and 15. How old are your children?

M：They are 5,8, and 10, so we'll take the family group ticket and one for a 5-year-old child.

Question：Which receipt is the man most likely to receive?

放送文の訳

男性：こんにちは、大人2人、子供3人の5人家族ですが、この動物園の入園料はいくらですか？

女性：大人1人 $10.50で、6歳から15歳の子供は

1人 $5.50です。6歳未満の子供は1人 $2です。それと $30のファミリー券もあります。大人2人と、6歳から15歳の子供2人分です。お子さんは何歳ですか？

男性：5歳、8歳、10歳です。では、ファミリー券と、5歳の子供切符1枚ください。

質問：男性が受け取る可能性が最も高いレシートはどれか？

[解説] [答] ②

　　男性は大人2人、子供3人の5人家族で、30ドルのファミリー券と5歳の子供切符1枚2ドルを購入し、合計すると32ドルで正解は②となる。③のレシートも32ドルだが、子供は2人しか入園できないので誤りである。金額、電話番号、人数、日付など数字は頻出なので日頃から数字の音読を心がけたい。admission fee「入園料」

問6　放送文

M：No restaurant can beat my mother's fried chicken recipe. She puts the chicken in egg, milk, and cornstarch, wishes for a good luck and leaves it overnight. My mother is going to teach me how to cook her fried chicken online this afternoon.

W：It must be delicious.

M：Do you have time to come over to my host family's house this Sunday? I'm going to cook it for my host family. You're welcome to try it too.

W：I'll definitely be there, Tom.

Question：What will the man probably do this Saturday?

放送文の訳

男性：どんなレストランも私の母のフライドチキンのレシピにはかなわないよ。鶏肉を卵、ミルク、コーンスターチに漬け込んで、おいしくなれと願い一晩寝かせるんだ。母は今日の午後、オンラインでその作り方を教えてくれることになっている。

女性：きっとおいしいに違いないわ。

男性：今週の日曜日に、僕のホストファミリーの

家に来られる？彼らにそれを作るんだ。どうぞ、君も試食しに来てください。

女性：絶対に行くわ、トム。

質問：男性は土曜日におそらく何をするのか？

[解説]　[答]　④

　男性の最初に、母の作るフライドチキンを絶賛し、「鶏肉を卵、ミルク、コーンスターチに漬け込んで、おいしくなれと願い、一晩寝かせる」と述べた。男性は母親にオンラインでその作り方を教えてもらい、今週の日曜に、ホストファミリーにそれを作ると言って女性も誘った。日曜日に作るのだが、鶏肉を卵、ミルク、コーンスターチに漬け込み、一晩寝かせるというので、土曜日には漬け込んでいる作業の④が正解となる。leave it overnight「それを一晩寝かせておく」の聞き取りがポイント。beat「負かす、まさる」wish for a good luck「幸運を願う」→おいしくなれと願う

Part（C）
問7，8　放送文

In the months of June, July, and August of 2022, people in Germany could travel using a 9€ ticket. 9€ tickets were tickets that people could use to get on any local or regional train, bus, or subway in Germany. This was not only for Germans, but for anyone in Germany. For one month, you could use your ticket multiple times. You had to use second class seating and you could not use the 9€ tickets for the express trains. The purpose of 9€ tickets was to reduce energy and CO_2 emissions from cars. In addition, they helped people because energy charges had risen dramatically, including gasoline and electricity costs. After 9€ tickets started, the trains, buses, and subways in Germany became more crowded than usual.

Question 7：What was one of the conditions of 9€ tickets?

Question 8：What was the purpose of 9€ tickets?

放送文の訳

　2022年6～8月に、ドイツの人々は9ユーロ切符を使って旅行ができた。9ユーロ切符はドイツ国内のどの地方、地域の列車、バス、地下鉄どれでも乗ることができる切符であった。ドイツ人だけでなく、ドイツにいる誰でも使うことができた。1か月間は何度でも利用できた。2等席のみ乗車でき、急行列車の乗車はできなかった。9ユーロ切符の目的は、エネルギーと車からの二酸化炭素排出量の削減であった。さらに、ガソリン価格と電気料金を含むエネルギー料金が劇的に高騰したため、それらは人々に役にたった。9ユーロ切符の導入後、ドイツの列車、バス、地下鉄は通常より混雑するようになった。

問7　質問文と選択肢の訳

　9ユーロ切符の使用条件の1つは何か？

①どれか1回の旅行のみで9ユーロ切符を利用できた。

②列車と地下鉄のみで9ユーロ切符を利用できた。

③2等席のみで9ユーロ切符を利用できた。

④急行列車のみで9ユーロ切符を利用できた。

[解説]　[答]　③

　なかほどで、"You had to use second class seating.（2等席のみ利用しなければならなかった）"とあるので③が正解となる。

問8　質問文と選択肢の訳

　9ユーロ切符の目的は何か？

①エネルギー料金を値上げするため。

②エネルギーと車からの二酸化炭素排出量を削減するため。

③人々に旅行を促進するため。

④政府の資金を調達するため。

[解説]　[答]　②

　"The purpose of 9€ tickets was to reduce energy andCO_2 emissions from cars.（9ユーロ切符の目的は、エネルギーと車からの二酸化炭素排出量の削減であった）"とあるので、正解は②である。 not only for Germans, but for anyone in Germany「ドイツ人だけでなく、ドイツにいる誰でも」multiple times「何度でも」second class seating「2等席」express train「急行列車」CO_2 emissions「二酸化炭素排出量」in addition「さ

らに」energy charges「エネルギー料金」including gasoline and electricity costs「ガソリン価格と電気料金を含む」

2

(A) 文法問題

問9 ［答］①

［訳］メグが1か月後に退職すると私たちに話したのは、つい一昨日のことだった。

［解説］人を目的語にする場合は次の形になる。
ア tell 人 about ～　　イ say to 人 that S + V
ウ speak to（with）人　エ talk to（with）人
　設問に合うのは、アの形なので①が正解となる。問題文は "Meg told us about her leaving this job in a month only the day before yesterday." 下線部を It is（was）～ that … 「…なのは～だ」で強めた強調構文。about her leaving this job の her は動名詞 leaving の意味上の主語で「彼女が退職すること」である。

問10 ［答］②

［訳］私たちはかなり長い間英語を勉強している。

［解説］We have been studying ～「～をずっと勉強している」と現在完了進行形で動作の継続である。継続用法の期間を表す語は、for ～「～の間」、since ～「～以来」などの語句だが、since は過去の始まった地点の基準が必要なので、この問題では不可。具体的な長さの期間を表す②for が正解となる。during は during the summer vacation「夏休みの間」など特定の期間を表すので④は不可。

問11 ［答］③

［訳］ここの新鮮な空気は森林の中で感じられる空気のようである。

［解説］正解は名詞の繰り返しを避ける that（= the fresh air）の③である。この用法は that に何か修飾語句が付くので、that に found in the forests（森林の中で感じられる）という過去分詞による修飾語句がついている。

［類例］The population of China is larger than that（＝the population）of Japan.「中国の人口は、日本の人口よりも多い」that に of Japan という修飾語句がついている。

［類例］His eyes are gentle as those（＝the eyes）of a cow.「彼の目は乳牛の目と同じくらい優しい」eyes と複数形なので、乳牛の目も複数形となり those となる。

問12 ［答］②

［訳］この展示を楽しんでいる間、上着とリュックはロッカーに入れてください。

［解説］「上着とリュックはロッカーに入れる」「この展示を楽しむ」この2つをつなぐには「～している間」という接続詞②while が自然である。during は前置詞で後に名詞がくるので during S+V は不可。

(B) 会話問題

問13 ［答］③

［訳］
A：何かお探しですか？
B：祖母の誕生日にあげるものを探しています。
A：すばらしいですね！お祖母様が喜んで身につけそうなものをたくさんご用意してあります。③ご予算はどれくらいですか？
B：20ドルぐらいと考えています。
①昨年は彼女に何を贈りましたか？
②彼女は身につけるのに何色がお好きですか？
③ご予算はどれくらいですか？
④彼女にいくらあげましたか？
［解説］洋品店での会話で、店員Aの質問にBは「20ドルぐらい」と答えているので、店員は予算のことを尋ねている。従って③が正解となる。

問14 ［答］②

［訳］
A：お父さん、暖房ついてる？ 寒くて凍えそう。
B：あれ！②エアコンがついている。寒いのも当然だよ。
A：どうしてそうなったの？

B：ネコがリモコンを踏んだかもしれない。
①私が今朝それをつけた。
②エアコンがついている。
③君の兄は部屋が暑いのが好きなんだ。
④リモコンがなくなっている。
[解説] 子供Aが父Bに「暖房ついてる？寒くて凍えそう」と聞くと、父は驚いて、寒いのは当然と答え、ネコがリモコンを踏んで冷房に変えたかもしれないと原因も述べている。従って文脈に合うのは②である。
[語句] I'm freezing.「寒くて凍えそうである」No wonder ～「～ なのも当然だ」might have stepped ～「～を踏んだかもしれない」

問15 [答] ④
[訳]
A：今日の生物のテストの準備はできてる？
B．そうでもない。④3時間しかそれの勉強をしていない。
A：それで十分に準備していないと言っているの？
B：そうだよ。少なくとも7時間は勉強する予定だったんだけど、歯が痛くなったんだ。
①生物の点はそんなに悪くなかった。
②いつもより1時間遅く学校へ行った。
③アダムズ先生に何時に始まるか聞いて。
④3時間しかそれの勉強をしていない。
[解説] Aの「今日の生物のテストの準備は？」に対し、Bは「そうでもない」と述べ、さらに続けたが、Aは「それで十分に準備していないと言っているの？」と言った。この文脈に合うのは④であり、最後のBの発言に「少なくとも7時間は勉強する予定だったんだけど、歯が痛くてできなかった」と自然な流れになる。
[語句] biology「生物学」at least「少なくとも」

問16 [答] ①
[訳]
A：ねえ、ライアン、昨晩のテレビドラマ見た？
B：昨晩は忙しかったんだ。良かった？
A：2人の男が一緒にお寿司を食べるシーンを思

い出すと、笑いが止まらないの。
B：①それをもっと詳しく話してよ。
A：いいわよ。あそこのベンチ に行きませんか？まず缶コーヒーを買ってくるわね、それからそれについて全部話すわ。
①それをもっと詳しく話してよ。
②飲食中には笑うべきではない。
③僕は忙しい時は笑わない。
④コメディーが好きだから、喜んで録画したよ。
[解説] Bは忙しくそのテレビドラマを見逃したがAは笑いが止まらないシーンがあったという。Bの発言の後で、Aはそのシーンを全部話すと述べているので、①「もっと詳しく話してよ」が文脈に合う。
[語句] drama episode「ドラマ（の1回分の話）」can't stop laughing「笑いが止まらない」Why don't we ～?「～しませんか？」

(C) 整序問題
問17・18 [答] ③・②
It is [doubtful whether he committed this crime] .
[訳] 彼がこの罪を犯したかどうかは疑わしい。
[解説] it is doubtful whether ～「～かどうか疑わしい」it は形式主語で真主語は whether（～かどうか）以下である。 commit a crime「罪を犯す」

問19・20 [答] ⑤・④
I [had my children clean the pool in] the yard.
[訳] 私は子供たちに庭のプールを掃除させた。
[解説] have + 人 + do「人に～させる」使役構文

問21・22 [答] ②・①
Everybody attending [this party is expected to wear] a suit and tie.
[訳] このパーティーの参加者はスーツとネクタイを着用することを期待されている。
[解説] everybody attending this party「このパーティーに参加する人は誰でも」現在分詞 attending が everybody 修飾する後置修飾の用法。

be expected to do「～することを期待されている」

問23・24　[答] ②・⑤

The snowstorm [made it impossible for us to] go hiking on Sunday.

[訳] 吹雪のために、私たちは日曜日にハイキングに行けなかった」

[解説] S make it impossible for 人 to do、「S は人が～することを不可能にする」it は形式目的語で for 人 to do を指す。

[類例] This bridge makes it easy for us to get there.「この橋は、私たちがそこへ着くのを容易にしてくれる」

問25・26　[答] ⑤・④

This zombie story is by [far the scariest of them] all.

[訳] このゾンビの話はすべての中で断然怖い。

[解説] by far ＋最上級「（最上級を強めて）はるかに、断然」scary（怖い）-scarier-scariest

3

[訳]

　2020年初頭、新型コロナウイルス感染症の世界的な蔓延のために、高校生の学校生活と日常生活は著しく変化した。多くの学生は家にいて、リモートで学習させられた。今、このような高校生がもつ視点はどのように変化しているのだろうか？国籍によって顕著な相違点はあるのだろうか？

　上のグラフは2021年9月から2022年2月までの調査で、中国、韓国、アメリカ、日本の高校生が何を感じていたかを示している。それら4カ国、合計11,000人以上の高校生がその調査に参加した。

　グラフに示されているように、「勉強の大切さを感じるようになった」「勉強を自らするようになった」と答えた日本人の学生の割合は4カ国中、一番低かった。対照的に、中国の学生は「学校の大切さを感じるようになった」という質問だけで

はなく、2つの質問でもその割合が一番高かった。

　私たちがアメリカの学生についてグラフから気づくことは、大部分の学生が「友達の大切さを感じるようになった」だけでなく、「対面でのコミュニケーションは大切だと思うようになった」と回答したことである。事実、韓国の高校生を除き、日本や中国の大部分の高校生にとっても、友達や対面のコミュニケーションが大切だと回答した。

　新型コロナウイルスの世界的な流行が高校生にとって学びの経験になったのだろうか？全4カ国の16% 未満の高校生しか「上記のいずれでもなかった」と答えているという事実を考えると、この調査に参加した生徒の大多数は、新型コロナウイルス感染症からかなりの影響があったことを示した。今何が彼らにとって重要かということを認識することは、彼らが認めた事柄へのより大きな感謝の気持ちに導くのである。

問27　[答] ②
選択肢の訳
①新型コロナウイルス感染症が生活様式を変えたと思うようになった4カ国の高校生の数
②新型コロナウイルス感染症の蔓延を経験した後、いかに4カ国の高校生の自分らの考え方が変化したのか
③4カ国の高校生が参加した討論の結論
④世界的流行の中で、4カ国の高校生の生活様式の違い

[ヒント] 3行目に「今、これらの高校生がもつ視点はどのように変化しているのだろうか？」とあり、本文の perspectives（視点）を view（考え方）と言い換えた②が正解となる。

問28　[答] ①
選択肢の訳
①「学校の大切さを感じるようになった」と答えたアメリカの学生の割合は4カ国中2番目に高かった。
②半数より少ない日本の学生は「友達の大切を感じるようになった」と感じている。
③全4カ国の生徒の半数以上が「対面でのコミュ

ニケーションは大切だと思うようになった」と感じている。

④アメリカの高校生の15%は「上記のことはどれもなかった」と答えた。

[ヒント] 12〜14行目でグラフの上から2番目がアメリカだとわかった。「学校の大切さを感じるようになった」の項目でアメリカの学生の割合は、42.4%で4カ国の中で2番目に高い。従って①が正解である。8〜11行目で、日本人の学生がグラフの一番上であり「友達の大切さを感じるようになった」の項目では日本は55.7%で、半数以上が答えているので②は不正解となる。14〜16行目でグラフの一番下が韓国と判明し、グラフの対面のコミュニケーシの項目では韓国が30.2%で半数以下なので③も不正解。「上記のことはどれもなかった」と答えたアメリカの高校生は10.6%で、15%ではないので④も不正解となる。

問29　[答]　①

選択肢の訳

①世界的流行は高校生の心理に大きな影響を与えている。

②日本の高校生は積極的に勉強しない。

③勉強、友達、対面のコミュニケーションの大切さは、新型コロナウイルス感染症以前の経験によって認識されている。

④学習面に関して韓国の学生には影響はまったくなかった。

[ヒント] 19〜20行目に、「この調査に参加した生徒の大多数は、新型コロナウイルス感染症からかなりの影響があった」とあり①が正解である。

問30　[答]　④

選択肢の訳

①調査は新型コロナウイルス感染症がアジア諸国で蔓延し始めた頃に行われた。

②他の3カ国の高校生だけでなく、11,000人以上の日本の高校生もその調査に参加した。

③日本、中国、韓国の半数以上の高校生は「友達の大切さを感じるようになった」と思っている。

④中国が、勉強と学校が大切であると大多数の学

生が思っている唯一の国である。

[ヒント] 1行目に新型コロナウイルス感染症の蔓延は2020年初頭とあり、この調査は6行目に2021年9月から2022年2月に行われたとある。つまり調査が新型コロナウイルス感染症の蔓延し始めた頃ではないので①は不正解である。②は7行目に、中国、韓国、アメリカ、日本の4カ国の合計11,000人以上の高校生がその調査に参加したとあり、11,000人以上は日本だけの人数ではないので不正解である。③はグラフによると、「友達の大切さを感じるようになった」の項目で韓国の生徒は24.8%で半数以上の生徒ではないので、不正解である。10〜11行目で上から3番目が中国だとわかり、④は「勉強の大切さを感じるようになった」の項目では67.0%で、「学校の大切さを感じるようになった」でも62.2%で2つとも中国がトップである。従って④が正解である。

[語句と構文]

1行目　due to the worldwide spread of COVID-19「新型コロナウイルス感染症の世界的な蔓延ために」due to 〜「〜のために」COVID-19「新型コロナウイルス感染症（coronavirus disease-2019の略）」

2行目　significantly「著しく」force + 人 + to do「人に〜させる」受動態で「人は〜させられる」

3行目　How different are the perspectives「視点が（コロナ前後で）どのように変化しているのか」the perspectives that these high school students have「このような高校生がもつ視点」that は先行詞が the perspectives の関係代名詞

4行目　noticeable「顕著な」→動詞は notice「気づく」

5行目　the above graph shows 〜「上のグラフは〜を示している」

6行目　survey「調査する」

7行目　in total「合計で」participate in 〜「〜に参加する」

8行目　as shown in the graph「グラフに示されているように」the percentage of Japanese students（who answered 〜）was the lowest among the four countries' students.　who は先

行詞が the percentage of Japanese students の関係代名詞。who が導く節をカッコでくくると、述語動詞は〜 was 以下だとわかる「who 以下と答えた日本の学生の割合は4カ国中最も低かった」となる。I now think learning is important.「私は（コロナ禍を経験した）今、勉強は大切であると思う」→「勉強の大切さを感じるようになった」I began to study proactively.「私は積極的に勉強をし始めた」→「勉強を自らするようになった」これらの質問に日本の学生の回答の割合が一番低いのでグラフの一番上は日本である。

10行目 in contrast「対照的に」

11行目 in the same two questions は「勉強の大切さを感じるようになった」「勉強を自らするようになった」の2つの質問をさす。A as well as B「B だけでなく A も」中国の生徒は "I now think school is important."「学校の大切さを感じるようになった」という質問も一番高い割合（62.2%）なので、上から3番目のグラフは中国である。

12行目 what we notice from the graph about American students is that 〜「私たちがアメリカの学生についてグラフから気づくことは〜 that 以下のことである」what は関係代名詞で主語になっている。

13行目 not only answered, "A" but "B" as well「A だけではなく B も答えた」
A →「友達の大切さを感じるようになった」
B →「対面でのコミュニケーションは大切だと思うようになった」これらの質問にアメリカの大部分の学生が回答しているので、グラフの2番目がアメリカだとわかる。

14行目 in fact「事実」except for 〜「〜を除き」14〜16行目から、日本や中国の大部分の高校生にとって、友達や対面のコミュニケーションが大切だと回答したが、韓国は除くとあるので、それらの割合が一番低いグラフの4番目の国が韓国だとわかる。

17行目 pandemic「世界的流行」

18行目 considering the fact that 〜「〜という事実を考えると」

19行目 "None of the above"「上記のことはどれもなかった」the majority of the students（who participated in this survey）have shown that 〜「この調査に参加した生徒の大多数は〜であること示した」関係代名詞の who が導く節をカッコでくくると文の骨格がわかる。

20行目 significant influences from 〜「〜からのかなりの影響」the recognition of what is now important to them「今何が彼ら（＝高校生）にとって重要かということを認識することは」recognition「認識」 what は関係代名詞「〜なこと」

21行目 lead to 〜「〜に導く」the things they identified「彼らが認めた事柄」→（コロナ禍以前は）勉強、学校、友人、対面のコミュニケーションなどは当然あると思っていた事柄
identify「認める、確認する」

4

【A】

[訳]

　チーターのことを考えると、スピードが心に浮かぶ。このアフリカのネコ科の動物は、地上最速の動物で、物事をやり遂げるというシンボルである。チーターとその体は、そのような高速な動物になるために、大きな進化を遂げてきた。何千年も経て、チーターの体の (31) 各部位は、それが速く走るのに役に立つように順応してきたのである。チーターがとても特殊な環境で生存できるようになったので、これは特殊化と言われている。チーターは獲物を捕まえるために速く走らなければならないのである。

　チーターはたった3秒で、じっと立っている状態から時速100キロで走ることができる。これはほとんどのスポーツカーよりも速い。それは力強い脚、それは長くて細いのだが、その脚のためにこのスピードに到達できるのだ。これらの脚と顔の形 (32) のために、走るときにあまり風が強く当たらない。

　それは「大きなネコ」と思われているが、それほど大きくはない。わずか50kgほどである。(33)

— 228 —

対照的に、ライオンは成長し、チーターの４倍の体重になることがあるが、チーターの体重の大部分は脚としっぽである。軽量であることで、その脚がチーターを (34) より遠くまで運ぶことを可能にさせるのだ。長くて重いしっぽで走るときにバランスが保たれている。チーターの骨はしなやかで、彼らが急旋回するのを可能にさせている。それに、彼らは著しく大きな心臓と肺を持っているので、それが大量の血液と酸素を体内に循環させるのを可能にさせている。

　チーターは走るのが得意である (35) 一方で、戦うのは得意ではない。チーターは獲物を不意打ちにした後、それを素早く食べなければならない。なぜなら、ほかの多くの動物が彼らから食事を奪い取るかもしれないからである。特殊能力があることは、彼らが長く生存するのに役に立ったが、他の面では彼らを弱くさせたのだ。

[解説]

問31　[答] ②

選択肢

①all　②every　③no　④same

[ヒント] 31 の直後の名詞（part）は単数形でさらに主語に対応する動詞は〜 has adapted と単数形である。従って②every が入る。「チーターの体の各部位が〜のように順応してきた」と文脈に合う。

問32　[答] ④

選択肢の訳

①〜によると　②〜に関して　③〜なしで
④〜のために

[ヒント]「走るときにあまり風が強く当たらない」と続くので、その理由④「〜のために」が入ると前後の文脈に合う。

問33　[答] ①

選択肢の訳

①対照的に　②言うまでもなく　③それとは別に
④言い換えると

[ヒント] チーターの体重はわずか50kgで、ライオンはその４倍もの体重になるという。チーター

とライオンを比べているので①「対照的に」が文脈に合う。

問34　[答] ③

選択肢の訳

①外側に　②より裕福な　③より遠くに
④より明るく

[ヒント] チーターは軽量なので、その脚が彼らの体を 34 運ぶことを可能にするという内容なので③farther「より遠くに」が自然である。

問35　[答] ③

選択肢の訳

①〜という条件で　②まるで〜のように
③〜である一方　④〜をしない限り

[ヒント] 選択肢はすべて接続詞で、「チーターは走るのが得意である」「戦うのは得意ではない」という内容を結ぶので、対比の接続詞③while が最適である。

[語句と構文]

2行目 a symbol of getting things done「物事をやり遂げるというシンボルである」of は同格「〜という」

3行目 go through a great deal of evolution「大きな進化を経験する」→大きな進化を遂げる
go through 〜「〜を経験する」

4行目 adapt「順応する」help it (＝a cheetah's body) run fast「それが速く走るのに役に立つ」

5行目 learn to survive「生存することを学ぶ」→生存できるようになる

7行目 from standing still to running 100kph「じっと立っている状態から時速100キロで走るまで」stand still「じっと立つ」100 kph（＝kilometer per hour）「時速100キロ」

8行目 due to its strong legs ,which are long and thin「その力強い脚、それらは長くて細いのだが、その脚のために」due to 〜「〜のために」,which の前にカンマがある関係代名詞の非制限用法で、先行詞 its strong legs の補足説明である。

9行目 not much wind will hit the animal「あまり風が強く動物（＝チーター）に当たらない」

as it runs「それ（＝チーター）が走るときに」as「（時を表す接続詞）〜するとき」

11行目 〜 aren't that big「〜はそれほど大きくはない」that は副詞で「そんなに、それほど」

12行目 lions can grow to be 〜「ライオンは成長して、（その結果）〜になる」to不定詞（to be）は副詞的用法の結果を表している。

[類例] My grandfather lived to be ninety years old.「私の祖父は生きて、その結果、90歳になった→祖父は90歳まで生きた」

can は「（可能性・推量を表して）〜がありうる」four times as heavy（as cheetahs）「チーターの4倍の体重」「倍数＋as heavy as 〜」の倍数表現で as cheetahs が省略されている。

13行目 with most of their weight in the feet and the tail「それら（チーター）の体重の大部分は脚としっぽである」ライオンはチーターの4倍の体重になるという文に with 以下で補足説明を加える付帯状況 with である。

13行目 being lightweight「軽量であること」動名詞で主語になっている。allow + O + to do「Oが〜するのを可能にする」allow their legs to carry them farther「脚が彼らをより遠くに運ぶのを可能にする」

14行目 keep（V）+ the cats（O）+ balanced（C）の第5文型で、OとCに主語、述語関係があるので「ネコはバランスが保たれている」となる。cats は cheetahs の言い換えである。

15行目 flexible「しなやかな」allowing は分詞構文で、主節の主語は the bones なので〜 and they（＝the bones）allow them（＝cheetahs）to make 〜と主節の追加説明である。「（そしてその骨は）チーターが急旋回するのを可能にさせる」allow + O + to do の構文。make sharp turns「急旋回する」remarkably「著しく」

16行目 〜 ,allowing plenty of blood and oxygen to go through their bodies「（そしてそれは）大量の血液と酸素を体内に循環させるのを可能にさせている」allowing は分詞構文で15行目と同様に主節の追加説明である。

17行目 surprise「〜を奇襲する、不意打ちする」

18行目 most other animals could take their meal away from them「ほかの多くの動物が彼ら（チーター）から、食事を奪い取るかもしれない」could は仮定法で「もしやろうとすれば（奪い取れる）」という条件が含まれている。→チーターは自分が狩った獲物であるが、他の動物との戦いは得意でないので、その獲物を横取りされてしまう。take away「奪い取る、持ち去る」their meal「彼らの食事」→チーターが狩りをした獲物

19行目 being so specialized「とても特殊化されていることは」→「（走る能力が非常に高いという）特殊能力があることは」動名詞で主語になっている。help them survive「彼ら（チーター）が生存するのに役に立つ」make them weak「彼らを弱くさせる」

20行目 in other area「（走る速さの能力はあるが）他の面では」

【B】
[訳]

　カタールが2022年サッカーワールドカップの開催国として発表されたとき、ほとんどの人が1つの疑問を持った。カタールはどこ？　それは（36）意外な選択であった。カタールは面積、人口、サッカー人気など、どれも低いというだけでなく、多くの人に知られていないという意味でも小さいのである。だが、この国は小さな財布は持っていない。

　カタールワールドカップは、確かに史上最も高額の費用をかけた大会だった。大会を準備するのに2,200億ドル以上を費やしたと（37）見積もられている。それは過去の各ワールドカップを合計したものを超えている。各国は観光事業からより大きな収益を得ようと期待して大規模な国際的イベントを主催する。しかしカタールには、その総額に近い収益をあげる場所はどこにもない。その代わりに、これが世界にカタールを紹介する機会と考えたので多額の費用を支出したのだ。

　そのお金で何が購入されたのだろうか？　その国は8つの新しいスタジアムを建設した。カター

ルは砂漠の中に位置し、冬でも強烈な暑さに直面するので、各スタジアムは強力なエアコンが必要であった。これはファンのためだけではなく、フィールドの芝生のためでもあった。芝はカタールでは育たないので、アメリカから芝を (38) 輸入し、砂漠の中の巨大な屋内の農場を建設したのである。

さらに、彼らには新しいインフラが必要であった。国全体が、道路の改良、初めての電車の導入、下水道の改善、グレードアップした空港などを迎え入れた。100万人以上のファンが訪れると予想されたために、これらの人々を受け入れる多くの場所を必要とした。その (39) 建築が始まる前には、ワールドカップの役員だけで国中のほぼ全てのホテルの部屋が埋まりそうだった。だから非常に多くの住宅地が設置された。実際、彼らは1つのスタジアムに付随して、新しい都市をまるごと建設したのである。

このような大規模 (40) 開発はいままで決して見られなかった。世界にカタールを興味持ってもらうのに十分なものになるのだろうか？

問36 ［答］④

選択肢の訳

①うんざりさせる　②予測どおりの　③単純な
④意外な

［ヒント］知名度の低いカタールが選ばれたのだから、④「意外な」が自然である。

問37 ［答］③

選択肢の訳

①不可能な　②信じられる　③見積もられる
④複雑な

［ヒント］カタールワールドカップは、史上最大の費用がかかり、大会準備に2,200億ドル以上も費やしたと具体的な金額が述べられているので③「見積もられる」が適切である。

問38 ［答］③

選択肢の訳

①捧げた　②維持した　③輸入した　④寄付した

［ヒント］芝はカタールにはなくアメリカから芝を 38 という内容なので③「輸入した」が入る。

問39 ［答］②

選択肢の訳

①測定　②建築　③農業　④妨害

［ヒント］「どの 39 が始まる前には、ワールドカップの役員だけで国中のほぼ全てのホテルの部屋が埋まりそうだ」というので、②「建築」が当てはまる。

問40 ［答］①

選択肢の訳

①開発　②圧力　③名声　④観衆

［ヒント］15行目以下に、カタールの大規模なインフラ開発の様子が述べられ、新スタジアムの建設に伴い、一緒に新しい都市も作るという前代未聞の建築ラッシュも述べられている。従って、この 40 の総量は今まで決して見られなかったというので①「開発」が当てはまる。この開発の総量→この大規模開発

［語句と構文］

2行目 Not only is Qatar small ～ = Qatar is not only small「カタールは小さいだけではなく～」倒置になっている　not only A but (also) B「AだけでなくBもまた」

3行目 in the sense that it's not well known to most people「それ（＝カタール）が多くの人に知られていないという意味で」in the sense that ～「that 以下という意味で」同格の that

5行目 easily the most expensive tournament「確かに最も費用のかかった大会」easily「（最上級を強めて）確かに、明らかに」

［類例］This is easily the best hotel.「これは確かに一番よいホテルだ」

6行目 spend over $220 billion preparing for the event「大会を準備するのに2,200億ドル以上を費やす」spend＋金額＋～ing「～するのに金額を費やす」

7行目 host large international events hoping

that 〜「that 以下を期待して大規模な国際的イベントを主催する」

8行目 bring in more money from tourism「観光事業からより大きな収益を得る」

make nowhere near that amount「その総額（＝2,200億ドル以上）に近い収益をあげる場所はどこにもない」

9行目 instead「その代わりに」a chance to introduce Qatar to the world「世界にカタールを紹介する機会」to 不定詞は a chance を修飾する形容詞的用法である。

11行目 with all that money「そのお金で」→ 6行目の大会を準備するのに支出した2,200億ドル以上のお金

12行目 since「（理由を表して）〜なので」face extreme heat「強烈な暑さに直面する」

14行目 giant indoor farms「巨大な屋内の農場」

15行目 in addition「ほかに、さらに」receive「迎え入れる、受け入れる」

16行目 with +O (over one million people fans) +C (expected to attend)「100万人以上のファンが訪れると予想されたので」with + O+ C で付帯状況で理由「〜なので」を表している。O と C は主語・述語関係で「〜のファンは訪れるのを予想されたので」という意味になる。

18行目 World Cup officials alone would take up nearly every hotel room「ワールドカップの役員だけでほぼ全てのホテルの部屋が埋まりそうだった」would は仮定法で、やろうと思えば全ホテルの部屋を独占できるという条件が含まれている。take up「占める、埋める」

19行目 be set up「設置される」in fact「実際」accompany「〜に付随する」

21行目 will it be enough to make the world interested in Qatar?「世界にカタールを興味持ってもらうのに十分なものになるのだろうか？」make（V）+ the world（O）+ interested in Qatar（C）「世界にカタールを興味持ってもらう」O ＝ C（主語・述語関係）の第5文型

5

[訳]

(1)今までにホラー映画ほど成功した映画のジャンルはない。ホラー映画が大好きな人もいれば、その一方で大嫌いな人もいる。しかしほとんどの人は怖がることを楽しんでいる。ホラー映画の製作は通常安価で簡単なので、不足することは決してない。十分怖いシーンを配信する限り、人々はそれらを見て喜ぶであろう。

(2)怖い瞬間に使われる、おそらく最も一般的なテクニックはジャンプスケアと呼ばれている。これは観客を驚かす突然のシーンのことである。それはほとんど何か悪いことが起こりそうな緊張したシーンの後で起こる。通常大きな効果音を伴っている。たとえば—「キャット・ピープル」より—主人公が通りで誰かに追われている。彼女は足を速め、後ろを振りかえり続けると、突然バスが横を通り過ぎる。観客は彼女に背後にいる人物に集中し過ぎていて、騒々しいバスのことを予想もしていなかった。現代のホラー映画はこのような怖いシーンでいっぱいである。

(3)人はなぜ怖いものを見たがるのだろうか？心理学者のドルフ・ジルマンは、ホラー映画を見ることは観客にとっては健康的なものになりえると信じている。ジルマンは、興奮転移理論を作り上げた。基本的に、1つの感情を担うエネルギーは、新しい感情に移行することがある。ホラー映画の強烈なシーンは、大きな恐怖感を生じさせることがある。しかし、いったんそのシーンが終わり、緊張感がなくなると、安堵感が生まれる。恐怖感を生み出したすべてのエネルギーは、まだそこにあるのだが、今やそれが大きな安心感と幸福感を生み出すのである。

(4)ジルマンはもしこの移行がすぐに起きなければ、この感情の高まりが無駄になるだろうと言及している。実際、否定的な感情が多すぎると体に害になることがある。ほとんどのホラー映画は観客に最終的に幸せになることを望んでいる。だからジャンプスケアがすぐに、また頻繁に起こるのだ。ジャンプスケアはしばしばその直前の怖い瞬

間からの安堵感をもたらすものである。

⑸多くの人がホラー映画を好むもう1つの理由は、それらは単に映画にすぎないからである。人はそれらを見ることを選ぶ。実生活で、恐怖感は人に危険な状況を回避させるのに役に立っている。しかし、人は危険な状況に追い込まれると、脳は体を警戒させようと速く働く。人は行動を起こすか自身を守るか、それはしばしば闘争か逃走かモードと呼ばれる突然エネルギーの流れが起こる。この素早い考えと高まる注意力で、人は現実での怖い瞬間に驚くべきことができるのだ。映画で怖いシーンを見ているとき、危険はないという特別な恩恵を受けて、脳は同じような反応が起こる。

⑹ホラー映画は楽しめるし、リラックスもさせてくれる。その見返りとして、人が実生活の問題を対処する助けになる。最近の研究では、ホラー映画ファンは普通の人よりも、新型コロナウイルス感染症のパンデミックをうまく対処したことがわかった。彼らは厳しい時代に備えができていた。今までの最も有名なホラー映画の何本かは、戦争や大きな危機の中で製作された。それらが作り手を触発させたかもしれない。この感染症のパンデミックが始まってから、多くの優れた新作ホラー映画が公開されている。ホラー映画は観客と作り手が困難な時代に対処するのに役に立つことができる。このために、常に多くのホラー映画が公開されるであろう。

[解説]
問41 ［答］③
　第1段落の要点は何か？
①ホラー映画に興味がない人は、めったにそれを見に映画館に行かない。
②現在、今までにないほど多くのホラー映画が製作されている。
③ホラー映画は成功している。製作が簡単で多くの人が楽しめるからである。
④十分に怖いシーンを配信することは、人が想像するよりも難しい。
[ヒント]冒頭にホラー映画ほど成功した映画のジャンルはないとあり、その理由もホラー映画の

製作は通常安価で簡単で、十分怖いシーンを届けていれば、多くの人はそれらを見て喜ぶと述べている。これに当てはまるのは③である。

問42 ［答］④
　第2段落によると、正しいのはどれか？
①ジャンプスケアの使用は映画で使われる最新の技術である。
②多くのジャンプスケアは映画が静かでのんびりしているときに起こる。
③観客は注意していればジャンプスケアで怖がることはない。
④普通ジャンプスケアは緊張する後で起こる。
[ヒント]6行目に、ジャンプスケアはほとんどの場合何か悪いことが起こりそうな緊張したシーンの後で起こるとあり、それに該当するのは④である。

問43 ［答］②
　第3段落に説明されているジルマンの理論とは何か？
①映画は観客の焦点を何か他のものに向けることで観客をだますことがある。
②恐怖感はいったんなくなると、安堵感のような感情に変わることがある。
③映画で恐怖を感じることによって、実生活でもものごとを怖がらなくなる。
④映画が生み出す感情は短時間ですぐに消える。
[ヒント]15〜17行目に、ホラー映画の強烈なシーンは、多くの恐怖感を生み出すが、そのシーンが終わり、緊張感がなくなると安堵感が生まれるとある。これに合うのは②である。

問44 ［答］④
　第4段落によると、ほとんどのホラー映画の目的は何か？
①観客が前の怖い瞬間を思い出すこと
②観客が映画を見た後でも怖がること
③観客が否定的な感情を避けること
④観客が最後に喜ぶこと
[ヒント]19〜20行目に、ほとんどのホラー映画

は観客に最終的に幸せになることを望んでいるとあるので④が正解となる。

問45　[答]　②

第5段落によると、正しいのはどれか？
①ホラー映画を見る人は危険な状況への対処が下手である。
②ホラー映画を見るとき、人はより素早く考え、より注意を払う可能性が高い。
③ホラー映画は、実生活であまり怖がらない方法を練習するのに役に立つ。
④映画の中で、闘争か逃走かの考えを人に引き起こすのは、危険な影響を及ぼすことがある。
[ヒント] 25行目以下に、人は危険な状況に追い込まれると、脳は体を警戒させるために速く働き、闘争か逃走かの迅速な判断ができるとある。これは②と合致する。

問46　[答]　④

最終段落によると、パンデミックについて正しくないのはどれか？
①ホラー映画ファンは他の多くの人よりもパンデミックをうまく対処した。
②パンデミックは新作のホラー映画が公開されるのを止めてはいない。
③パンデミックによって引き起こされた問題は、作り手がより良いホラー映画を製作するのに助けになるかもしれない。
④近い将来公開される多くのホラー映画は、多分パンデミックについてであろう。
[ヒント] 32～33行目に、最近の研究ではホラー映画ファンは普通の人よりも、新型コロナウイルス感染症のパンデミックをうまく対処したとあり①は正しい。②は35～36行目に、この感染症のパンデミックが始まってから、多くの優れた新作ホラー映画が公開されたとあり②も正しい。③は34～35行目に、有名なホラー映画の何本かは、戦争や大きな危機の中で製作され、そこから起こった問題が作り手を触発させたかもしれないと述べているので③も正しい。④は本文にその記述はなく正解となる。

問47　[答]　②

もっとも良いジャンプスケアを生み出しているのはどれか？　シーン：夜、女性が1人アパートにいる。窓が開いているのを見る。彼女はゆっくりと窓に近づき、突然□□□□.
①彼女は外を見るが、あたりには誰もいない。
②1匹のネコが走り過ぎ、「ニャー」と大きな声で鳴く。
③カメラはゆっくりと別の部屋に移動し、すでにその部屋にいたナイフを持った男を映す。
④彼女は外で待っている男を怖がらせるために窓を飛び越える。
[ヒント] 6～7行目に、ジャンプスケアは何か悪いことが起こりそうな緊迫したシーンの後で起こり、通常大きな効果音を伴うとある。これに合うのはネコの鳴き声がある②である。

問48　[答]　③

実生活において、女性がナイフを持った覆面の男性に近寄られる。本文によるとこの女性は何をする可能性が最も高いか？
①彼女はホラー映画のシーンを思い出し、同じ行動をする。
②彼女は怖がり過ぎないように冷静に解決法を見いだそうとする。
③彼女はその男と戦うか逃げるかの決断をすばやくする。
④彼女の最初の恐怖感は、結局安堵感に変わる。
[ヒント] 25～27行目に、人は危険な状況に追い込まれると、脳は体を警戒させようと速く働き、闘争か逃走かモードの突然エネルギーの流れが起こるとある。つまり、その男と戦うか逃げるかの決断をすばやくするという③が正解である。

[語句と構文]

1行目 No other genre of film has been as successful as horror.「今までにホラー映画ほど成功した映画のジャンルはない」as ～ as …の原級で最上級の意味を表す。
[類例] No other river in Japan is as long as this river.「この川ほど長い川は日本にはない」
some people ～ while others …「～という人も

いれば、その一方で…の人もいる」

2行目 enjoy being scared「怖がらされることを楽しむ」→「怖がることを楽しむ」 since「（理由を表して）〜なので」

3行目 as long as they deliver a scary enough scene「（製作会社が）十分怖いシーンを配信する限り」as long as「〜する限り」

6行目 it almost always happens following a tense scene「それ（＝ジャンプスケア）はほとんど緊張したシーンの後で起こる」tense「緊張した、緊迫した」

7行目 a tense scene when it seems like something bad will happen「何か悪いことが起こりそうな緊張したシーン」when は先行詞が a tense scene の関係副詞。it は形式主語で like 以下を指す。it usually has a loud sound effect with it「それ（＝ジャンプスケア）は通常一緒に大きな効果音を伴っている」

8行目 someone is following the main character「誰かが主人公の後を追っている」この進行形を受け身にすると the main character is being followed（by someone）「主人公が通りで誰かに追われている」となる。

9行目 keep looking behind her「後ろを振りかえり続ける」all of a sudden「突然」

10行目 be focused on 〜「〜に集中している」

11行目 be filled with 〜「〜でいっぱいである」

12行目 psychologist［saikálədʒist］「心理学者」

13行目 watching horror movies can be healthy for audiences「ホラー映画を見ることは観客にとっては健康的なものになりえる」watching は動名詞で主語になっている。can be healthy「健康的なものになりえる」can は「（可能性・推量を表して）〜がありうる」

14行目 the energy responsible for one emotion「1つの感情を担うエネルギー」形容詞 responsible が後ろから名詞 the energy を修飾する形容詞の後置修飾になっている。
〜 can transfer into a new emotion「新しい感情に移行することがある」可能性・推量を表す can

15行目 intense「強烈な」once「（接続詞）いっ

たん〜すると」

16行目 a feeling of relief「安堵感」all of the energy that created the fear「恐怖感を生み出したすべてのエネルギーは」that は先行詞が all of the energy の関係代名詞

17行目 it creates a great sense of ease and happiness「それ（＝すべてのエネルギー）は大きな安心感と幸福感を生み出す」

18行目 note「言及する」this buid-up of emotion「この感情の高まり」

19行目 too much of a negative emotion「過度な否定的な感情は」→無生物主語だから「否定的な感情が多すぎると」と副詞的にする。

20行目 want their viewers to eventually be happy「観客に最終的に幸せになることを望む」want+ 人 +to do「人に〜することを望む」that's why 〜「それが〜の理由である、だから〜なのだ」

21行目 the jump scare is often what provides relief「ジャンプスケアはしばしば安堵感をもたらすものである」what は先行詞を含んだ関係代名詞「〜するもの」provide「提供する、もたらす」

23行目 another reason（why so many people love horror movies）is 〜「多くの人がホラー映画を好むもう1つの理由」why は先行詞が another reason の関係副詞で、why 節をカッコでくくると主語 another reason に対する述語動詞（＝is）が明らかになる。they（＝horror movies）are only movies「それらは単に映画にすぎない」

24行目 it（＝fear）lets people avoid dangerous situations「それは人に危険な状況を回避させる」let + 人 + do「人に〜させる」avoid「回避する」

25行目 be forced into danger「危険な状況に追い込まれる」

26行目 keep（V）+the body（O）+alert（C）「体を警戒した状態に保つ」O と C が主語・述語関係にある第5文型。alert「（形容詞）警戒して」
a sudden rush of energy「突然のエネルギーの流れ」rush「激しく流れること、急増」

27行目 a sudden rush of energy to either take action or to save themselves,（which is）often called fight-or-flight mode「行動を起こすか自身を守るか、それはしばしば闘争か逃走かモードと呼ばれる突然のエネルギーの流れ」to take action or to save themselves は a sudden rush of energy を修飾する形容詞的用法の不定詞。, (which is) often called fight-or-flight mode カンマがついた非制限用法の関係代名詞 which の省略で、先行詞 to either take action or to save themselves を補足説明している。fight-or-flight mode「闘争か逃走かモード」with this fast thinking and increased attention「この素早い考えと高まる注意力で」

28行目 do amazing things「驚くべきことができる」→見事に対処することができる。during real scary moments「現実での怖い瞬間に」

29行目 a similar reaction with the brain happens「脳は同じような反応が起こる」→脳に体を警戒させようと、思考力・注意力を高める突然のエネルギーの流れが起こること。

30行目 with the extra benefit of not being in danger「（映画なので）別に危険はないという特別な恩恵を受けて」benefit「利点、恩恵」

31行目 horror (movies) can be fun「ホラー映画は楽しめる」movies の省略
in return「見返りとして」help people deal with real-life problems「人が実生活の問題を対処する助けになる」deal with「対処する」

32行目 a recent study found that ～「最近の研究では～であることがわかった」
did a better job handling the COVID-19 pandemic「新型コロナウイルス感染症のパンデミックを対処するよりよい仕事をした」→「～をうまく対処した」handling は a better job を修飾する現在分詞の後置修飾。handle「対処する」

33行目 They were prepared for the tough times「彼ら（＝ホラー映画ファン）は厳しい時代に備えができていた」

35行目 ～ war or a major crisis, which may have inspired creators「戦争や大きな危機、それが作り手を触発させたかもしれない」,which は関係代名詞の非制限用法。先行詞 war or a major

crisis の補足説明である。may have inspired ～「～を触発させたかもしれない」

36行目 help both audience and creators deal with difficult times「観客と作り手が困難な時代に対処するのに役に立つ」

37行目 because of ～「～のために」

英語　　正解と配点

問題番号		正　解	配　点
1	1	③	2
	2	①	2
	3	②	2
	4	③	2
	5	②	2
	6	④	2
	7	③	3
	8	②	3
2	9	①	2
	10	②	2
	11	③	2
	12	②	2
	13	③	2
	14	②	2
	15	④	2
	16	①	2
	17	③	2
	18	②	
	19	⑤	2
	20	④	
	21	②	2
	22	①	
	23	②	2
	24	⑤	
	25	⑤	2
	26	④	

問題番号		正　解	配　点
3	27	②	3
	28	①	3
	29	①	3
	30	④	3
4	31	②	2
	32	④	2
	33	①	2
	34	③	2
	35	③	2
	36	④	2
	37	③	2
	38	③	2
	39	②	2
	40	①	2
5	41	③	3
	42	④	3
	43	②	3
	44	④	3
	45	②	3
	46	④	3
	47	②	3
	48	③	3

＊問17〜26は2つ完答で2点。